ちくま文庫

証言集 関東大震災の直後 朝鮮人と日本人

西崎雅夫 編

筑摩書房

目次

子どもの作文

文化人らの証言　当時の記録

文化人らの証言　その後の回想

朝鮮人の証言

市井の人々の証言

公的史料に残された記録

編者解説

読者の皆さんへ

一、本書は関東大震災の直後に起きた、いわゆる朝鮮人虐殺事件について、様々な文章に残された記述を集めたものです。なるべく多くの証言を収録するために、一部抜粋のものが多数あります。

二、「子どもの作文」「文化人らの証言　当時の記録」「文化人らの証言　その後の回想」「朝鮮人の証言」「市井の人々の証言」「公的史料に残された記録」に章分けしてありますが、分類はあくまで編者と編集部の判断に依ったものです。

三、本文中の○×などの表記は、原文通りのものです。その多くは「鮮人」「朝鮮人」「不逞鮮人」などを伏字にしたと推測されます。

四、本書では、読者の読みやすさを優先し新字新仮名を使用しています。また、数字や漢字については一部表記を統一したところがあります。また、原文の不要なルビは削除するとともに、適宜あらたにルビを振りました。

五、証言者の朝鮮人名へのルビは編者が振ったものです。

六、本書でのそれぞれのタイトルは、編者の判断で、抜粋該当部分の見出し等を使用したものがあります。

七、本文中の〔　〕［　］内の文章は編者によるものです。

八、本書の中には民族や職業、身体・精神障がいについて、差別的とおもわれる表現がありますが、文章が書かれた時代背景と史料的意義とにかんがみ原文通りとしました。

証言集　関東大震災の直後　朝鮮人と日本人

自警団遊び

竹久夢二

「萬ちゃん、君の顔はどうも日本人じゃあないよ」豆腐屋の萬ちゃんを摑まえて、一人の子供がそう言う。郊外の子供達は自警団遊びをはじめた。

「萬ちゃんを敵にしようよ」

「いやだあ僕、だって竹槍で突くんだろう」

「そんな事しやしないよ。僕達のはただ真似なんだよ」そう言っても萬ちゃんは承知しないので餓鬼大将が出てきて、「萬公！　敵にならないと打殺すぞ」と嚇かしてむりやり敵にして追いかけ廻しているうち真実に萬ちゃんを泣くまで殴りつけてしまった。

子供は戦争が好きなものだが、当節は、大人までが巡査の真似や軍人の真似をして好い気になって棒切を振りまわして、通行人の萬ちゃんを困らしているのを見る。

ちょっとここで極めて月並の宣伝標語を試みる、

「子供達よ。棒切を持って自警団ごっこをするのは、もう止めましょう」


（竹久夢二「東京災難画信―六」『都新聞』一九二三年九月一九日）

子どもの作文

悲しき思ひで

青柳近代［横浜市寿高等小学校一年女］

その夜中頃地震だ火事だという声がおこった。その内朝鮮人がぴすとるをもって一五人ばかりきたという事だった。その夜はだれもねず、火をどんどんもしてばんをしていた。とうとう朝鮮人はこなかった。そのあした朝鮮人が殺されているというので、私は行ちゃんと二人で見にいった。すると道のわきに二人ころされていた。こわいものみたさにそばによって見た。すると頭ははれて血みどろになってシャツは血でそまっていた。皆んなは竹の棒で頭をつついて「にくらしいやつだ、こいつがゆうべあばれたやつだ。」とさもにくにくしげにつばきをかけていってしまった。

（在日大韓民国居留民団神奈川県本部編著『関東大震災横浜記録』在日大韓民国居留民団神奈川県本部、一九九三年）

恐しき流言

安藤多加［高等小学校二年］

もう今日は二日となった。朝より鮮人さわぎで驚かされた。角角には在郷軍人だの有志等等が、手に手にこん棒杖を結びつけ、張っている。「それ四つ目の路に入った」「それ此方だ」と夕方迄「あっちだこっちだ」「お寺の墓場だ」「いやこっちで姿を見た」とどったんばったん人々は大そうなさわぎだ。「鮮人がつけ火をするそうですから裏口を用心して下さい」「井戸に女が毒を入れるそうですから張番を置いて下さい」その度になんだか胸がつまる様な感がした。東北にはあやしい綿をちぎった様な物が、もくもくとして空に浮んでいる。見つむれば見つむるほど凄い。

鮮人鮮人とおびやかす人のさわぎは四、五日も続いた。今度は又「今どこそこで鮮人が殺されていましたわ」「今三十人位音羽町でつかまったそうですよ」

鮮人のころされたのを見て来た人の話によると鮮人を目かくしにして置いて一二三で二間ばかりはなれた所より、射さつするのだそうで、まだ死に切れないでうめいていると方々からぞろぞろと大勢の人が来て「私にも打たして下さい」「私にも少しなぐらせて下さい」とよって来るのだそうだ。そして皆でぶつなり、たたいたりするので遂に死ぬそうである。こう云う話に又流言に、夢の様な一ヶ月が過ぎた。けれどずいぶん今考えると馬鹿げた事をしたと思う、今でも色々と人の作り言葉が時々来る。

（初等教育研究会編『子供の震災記』原本、一九二四年、自費出版）

自警団

五十嵐武次［浅草区済美高等小学校一年男］

震災当時、不逞〇人の横行する三日目の晩。この王子の町も矢張り震害を蒙った所である。町は真黒、戸の開けてある家は一軒も無い、ただ自警団の提灯と、避難して来る人々のさげて来る提灯の灯が「ポッチリポッチリ」見えるだけである。

［略］外へ出れば不逞〇人と間違えられて半殺しにでもされてしまったらそれこそ大変だ、本でも読みたいが本もない。そこへ兄が矢張りツマラナソウな顔してやって来た。

僕は何気なく通りの方へ近よって行くと、外から面白相な話し声、澄して聞いていると耳のせいか自慢話でもしている様だ、中でも声の大きい威勢の良さそうな男が「俺がこの木剣を持った以上はチャンチャン坊主の一〇人や二〇人何でもねえや――」と大層鼻息が荒い。僕は何だか外へ出て見たくなった。そこへ丁度この家の兄さん（伝ちゃん）がこれ又、太い樫の棒を持って威風凛凛何者をも圧迫するかの様な剣幕で鉢巻をして出て行く、僕は益々出て見たくなった、と後に兄がついている、してやったりと僕はすぐ又後へついて表へ飛び出した。

通りには皆鉢巻をした連中が思い思いの武器を持ち恐ろしい顔して縁台に腰かけ、まださっきの話を続け続け通行人を一々調べている、その一人がいきなり「やあ！　伝ちゃん！　良い木剣だね！　これなら二〇人だって三〇人だって片っぱしからぶんなぐるぜ」とさっきに敗けずに力味だした。そしてぶんぶんと振りまわした、僕は愉快で愉快でたまらない。すると半町ばかり離れた向うの連中が一時に騒ぎ出した。此方の連中もぶんなぐりたさに「ホーラ〇人だ〇人だ」と口に言いながら一人残らず向うに加勢しに行ってしまった。僕も勿論何事ならんと思って行くと皆が「何んでえー笑わせやがらー」と言いながら帰って来る。それは言葉があやしいと云って騒いだのだ。

（東京市学務課『東京市立小学校児童震災記念文集——高等科の巻』培風館、一九二四年）

大正大震災の記

岩崎之隆［麴町区富士見尋常小学校六年男］

〔一日夕〕その中に誰言うともなく、〇〇人が暴動を起したとの噂がぱっとたち、それで無くてさえびくびくしている人達は皆ふるえあがって、そして万一を気づかって多数の人が竹槍を持ったり、鉄棒を握ったり、すごいのになると出刃包丁を逆手に持って警戒をし始めた。而して〇〇人だと見ると寄ってたかってひどいめにあわせる。前の通りでも数人ひどいめにあわされたと言うことである。その暮れのものすごい有様は、今でも思いだすとぞっとする。

〔略〕一時頃になると代々木の原の側の半鐘が急にヂャンヂャンヂャンヂャンヂャンと激しく鳴り出した。〔略〕そして話を聞けば今すり番をならしたのは、〇〇人が代々木に再び入った為、非常召集をやったのだそうだ。

〔略。二日〕夜が明けるが早いか巡査がやって来て、一軒一軒に「かねてから日本に不安を抱く不逞〇人が例の二百十日には大暴風雨がありそうなのを知って、それにつけ込んで暴動を起こそうとたくらんでいた所へ今度の大地震があったので、この天災に乗じ急に起って市中各所に放火をしたのだそうです。又横浜に起ったのは最もひどく、人と見れば子供でも老人でも殺してしまい、段々と東京へ押寄せて来るそうだから、昼間でも戸締を厳重にして下さい」

と、ふれ歩いたので、皆はもう恐くて恐くて生きた心地もなく、近所の人とひとつ所に集って、手に手に竹槍、バット等を持って注意をしていた。

午前一〇時とおぼしい頃、坂下の魚屋や米屋や八百屋の小僧等が、わいわい騒ぎながら僕の家の前へ入っていった。何事かとこわごわ聞いて見ると、

「前の家に〇〇人が入ったようだというので皆で探しに来たのだ。」

と言う。どうか早く捕ってくれればいいとびくびくしながらも、こわいもの見たさに門の所に出て見ていた。その中に段々人も大勢きて前の家を包囲しながら中を探し出した。けれどもそれは何かの間違だったのだろう。幾らさがしても出ないので、皆はどんどん帰ってしまった。それで僕はほっとした。余震は中々ひどく揺すってまだまだ安心出来ない。東の空を見ても火事はまだ消えないと見えて真赤である。その中に町内の若い人達が来て、

「今度は〇人が井戸に毒薬を入れ、又は爆弾を投げるから用心して下さい。」

と警告してくれた。皆は又々震え上ってしまった。時々グワウガラガラ……と耳をつんざくばかりの響が聞こえる。皆はあれは鮮人が爆弾を投げた音だとか、或は火事と地震で物の崩れる音だとかいろいろ噂をし合っていた。

（東京市学務課『東京市立小学校児童震災記念文集――尋常六年の巻』培風館、一九二四年）

焼跡の市内

榎並寛司［神田区佐久間尋常小学校五年男］

私は人ごみの柳原電車通りをぬけて行った。美倉橋のかり橋を渡ろうとする時、黒山の様に人がたかってこちらへやって来る。何事かと思ってのび上ってみると、こん棒で頭を破られ顔からえり首へかけて血を流した一人の〇〇が竹やりを持った大勢の人々にかこまれて行った。私はただぼうぜんとして見送った。

（東京市学務課『東京市立小学校児童震災記念文集――尋常五年の巻』培風館、一九二四年）

地震の為に

太田とき［高等小学校一年女］

あくる日夜の明けない内に起きて見ると、わいわいと男の人が、さわいでいるので、母さんにどうしたのと聞くと、きのうの夜、朝鮮人がくるから、ねないで下さいと、いいに来たから、きっと朝鮮人かもしれないといった。すると又もわいわいとちかくに聞えました。私は聞のする方へ行って見ると、男の人が大ぜいで、棒を持って朝鮮人をぶち殺していました。夜が明けておなかがへったので、おばさんと一所に山を下りて、食物をさがしに行きましたが、売っていませんでした。

（横浜市寿小学校『大震遭難記』。のち琴秉洞『朝鮮人虐殺関連児童証言史料』緑蔭書房、一九八九年）

これから

川島一郎［尋常小学校五年］

僕はこの大震大火について、お父さんに聞いて見ると鮮人が爆弾を投げたのもうそだそうだ、四ツ木に避難した時も、鮮人が来たといってどんどん音がして驚かすそんな時、僕はお父さんの刀をぬこうとした事も少なくなかった。土手へ上って見ると鮮人が兵隊さんに追いつめられて、うんうん悲鳴を上げているのも聞えた、僕が大きくなったら兵隊になってあのにくらしいざんこくな朝鮮人を皆殺にしてやろうと思っているが、あの声をあげているのを見ているとなんとなくかわいくなってくる。

（「第二岩淵小学校児童作文集・震災号」一九二四年二月〔冨田駿策氏所蔵〕。のち北区史編纂調査会編『北区史・資料編・現代1』東京都北区、一九九七年）

汽船八丈丸

後藤光重［四谷第五尋常小学校六年］

……八丈丸はいかりをあげてお台場沖へと逃げましたが、ここもあぶないというので品川沖に逃げました。［略］僕等は早く上陸したいとあせっていましたが、船員達は「今上陸しても鮮人騒ぎで歩けないからもうすこし待て」と言われました。

やがて我々は上陸し……、そこで一安心しました。その夜、また、おそろしい光景をまのあたり見せられました。今考えても身がちぢまるような心地がします。それは鮮人騒ぎで、三人まで日本刀やピストルで惨殺されるのを目のあたり見せられたことでした。血刀をひっさげた男が
「お前達もみな殺すのだぞ」

と私達の前へ来た時には、恐しさにふるえあがりました。その晩はねむれませんでした。

（東京市四谷第五尋常小学校編『震災記念、児童の実感』一九二四年九月一日。のち奈良和夫『歴史地理教育』歴史教育者協議会、一九七三年九月）

横浜を焼き尽した地震

小林フミ〔高等小学校一年女〕

〔二日目の朝〕近所の子供が「朝鮮人が交番にしばられているから、見にいかないか」と大きな声でいっていました。君江さんは、私に「見にいかないか」といったので、私はいやともいえないので、じゃあゆきましょう。いって見ると、朝鮮人は電信にいわいつけられて、真青な顔をしていました。よその人は、「こいつにくらしいやつだ」といって竹棒で頭をぶったので朝鮮人はぐったりと、下へ頭をさげてしまいました。わきにいた人は、ぶってばかりいてはいけない、ちゃんと、わけを、きいてからでなければいけないと言っていました。朝鮮人は頭を上げながら、かく物を、くれと、手まねしていました。君江さんは、もうかえらないかといわれたので、じゃあ帰りましょう、といいながらろじへ入ろうとした〔略〕

夕がたになったら、近所の人が、「朝鮮人が、火をつけにくるから皆んな、きをつけておいでなさい」といってくれた。私はこっちのほうへくるのかと思うと、こわくてたまりませんでした。小叔〔おじ〕は又「子供は早く寝てしまいなさい」といったけれども私はその時ばかりはこわくて寝られませんでした。〔略〕二人で寝ようとしたけれど、近所の人が、大きな声でさわいでいるので、私はいられませんでした。きがおちつかないので、私はこわくてたまりません。二人でおきてきてしまいました。その夜にかぎって、山へ逃たとか、いろんなことを言っていました。私は今にこっちへくるかと思うと胸をどきどきしてきました。私はどうしてこんなところへ、朝鮮人がきてあばれるのだろうと思うと、にくらしくてたまりませんでした。

（横浜市寿小学校『大震遭難記』。のち琴秉洞『朝鮮人虐殺関連児童証言史料』緑蔭書房、一九八九年）

あゝ鮮人

榊原八重子〔高等小学校一年女〕

「男の方は夜けいに出てくださいいてくださいよー」と、大勢の人が同じ事をいいながら歩いていた。女子供は影の方でねていた。〔略〕やっと皆んながねむりについた頃、がやがやという人声がきこえて、此方へ来るようであった。するとの方でピストル音が五、六度したと思うと、ばたばたと人が此方へ来るようであった。私達のねている前へ来ると、土びたにぺたっとすわった。こっちでねている人はたいがい目がさめてしまったから、その人の様子をいきをこらして見ていた。「私朝鮮人あります。らんぼうしません」といいながら、私達の方に向って幾度も幾度も頭をさげておじぎをしました。そこへ大勢の夜けいの人達が来て、その朝鮮人に向って頭のような人がそばによって、「これお前はさっきいろといった所にいないでこんな所へ来たのだ」「私さっきの地震おっかない事あります」「うそいえ、そんな地震はいつあった」朝鮮人はだまっていた。頭立った人は皆んなと色々と話をしていたが、又向き直って、「おい」「はい」「さっきけいさつのだんなと立ち合った時には何んにも持っていないといったが、今お前のもっているのは何だ」「ええっ」と、いったが、「これはさっきもらった米です」「そうか見せろ」「いえだめです」「何がだめだ、これでもか」といいながら、こしにさしてあった日本刀をぎらりとぬいて、朝鮮人の目の前につき出した。朝鮮人はそれでも大事そうに小さい油紙につつんだ物をはなそうともしなかった。私は心の中で早く出せばよいのに、たかがお米なら中を開いて見せてやればよいと思った。いつまでたっても返事をしないので、こん度は大勢の人が日本刀でほうをしっぱたいたり、ピストルを向けたりしても鮮人はだまっていた。さっきの人が鮮人に向い「おいだまっていちゃあわからねえよ、なんとかしねえか」と、いって刀をふり上げて、力まかせに鮮人のほほをぶった。その時に月の光が輝やいて、そのすごさといったら身の毛もよだつくらいでした。いくらなにをされても鮮人は一言もはなさなかった。しらべる人からがをおって〔我を折って〕鮮人に向い、「おいしかたねえから、けいさつへ行ってだんなの前でお話をしろよ」そういいながら大勢でよってたかってかつぎ上げて、門の方へと行ってしまった。〔略〕私は翌朝までまんじりともしなかった。

東の空がだんだん白らんでくる頃、私は松山へ行こうと思って足をはやめた。寿けいさつの前を通りこそうと思うと、門内からうむうむとうめき声が聞えて来た。私は物ずきにも、昨夜の事などはけろりとわすれて、門の内へはいった。うむうむとうなっているのは、五、六人の人が木にゆわかれ、顔なぞはめちゃめちゃで目も口もなく、ただ胸のあたりが、びくびくと動いているだけであった。

私はいくら朝鮮人が悪い事をしたというが、なんだかしんじようと思ってもしんじる事はできなかった。その日けいさつのにわでうめいていた人は今どこにいるのであろうか。

（横浜市寿小学校『大震遭難記』。のち琴秉洞『朝鮮人虐殺関連児童証言史料』緑蔭書房、一九八九年）

忘れ得ぬ日

嶋田初枝［本科五年］

〔西戸部（横浜市）で二日〕すると突然「朝鮮人が井戸へ毒を入れたから、しばらく飲まずにいて下さい」という知らせ。この先水も飲めないなんて、なんてあわれな事だろうと思っている間もなく、「ホラ、朝鮮人が山へかくれた」というので、気の荒い若い人達は、手に手に鳶口やふとい棒を持って山へおいかけて来た。とうとう二人だけはつかまえられてしまって、松の木へしばりつけられて、頭といわず顔といわず皆にぶたれた。気の立っている人々はそれでもまだあきたらず、血だらけになった鮮人を山中ひきずりまわした。そして、夜になったら殺そうと話していた。

〔略。二日夜〕そうしている内「今、鮮人が逃げたから気をつけて下さい」という。間もなく「ローソク消せ」という。あたりは一面真くら。その中でピストルの音さえ聞えるのである。私等はまるで戦場にでもいる心地がした。その内ガサガサと私共のいる所へ人の来るけはいがした。「ホラ鮮人だ」と私等（女）は顔をふせてしまった。「誰れだ」とどなると「私です。どうぞ少しの間ここへおいて下さい」というのはたしか日本人らしいので、やっと安心して夜の明けるまでおいてあげた。

（フェリス女学院一五〇年史編纂委員会『フェリス女学院一五〇年史資料集第一集――関東大震災女学生の記録』フェリス女学院、二〇一〇年）

大地震の思出

泉津雅枝［本郷区富士前尋常小学校五年女、一三歳］

それから一日たってからの事であった。おじさんが夜警から帰って来てからの話である。朝早く〇人が池袋へはどっちへ行くのですかと聞いたから、そんな所でまごまごしていると殺されますよ、その電車線路の所を行けばいいんですといってやったらずいぶん頭を下げて礼を云った。無事に行き着いたろうか、殺されたかしら、と心配そうにおっしゃった。私はおじさんは情深い人だと思った。くりーむ屋のおじさんだったら殺したかもしれないと思った。

あくる日も又〇人のさわぎだ、井戸の中に毒を入れるとか石油を入れるとか云って大さわぎであった。お母さんは、井戸にふたをしておけとか、垣戸をしめて置けとかこわがっていらっしゃった。一人や二人の〇人がそんな悪い事をしても〇人みんながそんな悪い事はしまいと思った。

（東京市学務課『東京市立小学校児童震災記念文集――尋常五年の巻』培風館、一九二四年）

こまった事

鄭チヨ［深川区霊岸尋常小学校三年女］

じしんが少しとまりましたので急いで家へかえりました。そのうちにすさきから火事が起りました。家の人たちは皆にげました。火はだんだんあとを追ってきましたので、川の方へにげました。

もうここまでは、来ないと安心して、その晩は外でねました。あくる日の朝どての所へこやをこしらえていると、あっちこっちから丸太を持った人が来ておとうさんや家にいたしょくにんたちをしばってけいさつにゆきました。そしてあしたかえしてやるといってなかなかかえしてくれませんでした。そのばんはお母さんとにげる時、ひろった赤ちゃんと、家にいた男の子と私と四人でさびしがっていました。すると又しらない男の人が小屋の中へ入って来てお前らは○○の女ではないかといいました。お母さんがそうですといいましたら、きさまらころすぞといいました。そしておこりました。私はしんぱいでなきながらなんべんもあやまりました。そんなら女の事だからゆるしてやるといって行きました。よろこんでけいさつにいってお父さんのいっているならしのという処へつれていってもらいました。お父さんはみんなはしんだと思っていましたから、大へんよろこびました。それからみんな東京へ送ってもらいました。

（東京市学務課『東京市立小学校児童震災記念文集――尋常三年の巻』培風館、一九二四年）

大地震と大火事

萩原忠次

それから火もだんだん消えましたので、又大橋を渡り横丁をまがって日暮里にゆきました。その途中の道のわるいこととても難儀をしました。朝鮮人は見つかるとすぐに殺されてしまいました。それから田端王子と歩いてきました。

（「第二岩淵小学校児童作文集・震災号」一九二四年二月〔冨田駿策氏所蔵〕。のち北区史編纂調査会編『北区史・資料編・現代1』東京都北区、一九九七年）

震災記

増田清三〔尋常小学校六年〕

〔二日〕間もなく指ヶ谷町〔現・文京区〕まで来た。ここから方々の電信柱に、今朝出かける時にはなかった新しいはり紙がしてあった。それは「各自宅に放火するものあり注意せよ」と書いてあった。不思議に思いながら歩いて行くと、向うの方から二人の巡査に、両方からつかまえられながら、一人の朝鮮人が、血だらけになって、つれられて行くのにあった。〔略〕今度は又火事より、鮮人の事でこわくなり、もし火をつけられたらという用心に、にげじたくをすっかりした。〔略〕そのうちに家の巡査の塩原さんが警視庁から帰って来た。話によると、「不逞鮮人はどしどし検束していますから御安心下さい。」

〔略。三日〕僕はもう火事の事はすっかり安心した。後気にのこるのは不逞鮮人のつかまえそこなったやつである。〔略〕しばらくすると青年団員が一人「深川方面の鮮人が約七〇名一団となって小石川方面に向けて来たから、一七歳以上のものはその警戒の義務に当ること、これは警視庁からの命令です」とどなって歩いた。又何んだか鮮人の事がこわくなって来た。

［略。四日］今日はもう火事もすっかりやみ地震ももうそう大したのはこなくなった。しかし不逞鮮人のうわさは益々ひどくなり、白山神社の井戸に女の鮮人が毒をいれたから各自宅の井戸を注意せよなぞと方々はり紙がしてある。昨日の鮮人襲来や、巣鴨監獄をやぶってあれまわるという一団もどこへも来た様子がない。

（初等教育研究会編『子供の震災記』原本、一九二四年、自費出版）

感心したこと

松本達郎［尋常小学校四年］

或日のことだった。鮮人のうわさがあった。それは青年団や色んな人が、中学位の人に「もしも鮮人が来たらめちゃくちゃになぐってしまえ」といっていた。そんなに言わなくっても鮮人にも善い人がいるかも知れない。

［略］横浜のあき本さんのそばに鮮人がひなんしたのを、悪いこともしないのにころされたりした。これも実によくないことである。

（初等教育研究会編『子供の震災記』原本、一九二四年、自費出版）

大震大火災記

真鍋洋三［尋常小学校六年］

〔二日〕夜に入った。度々の地震で不安な我々は、親類の家の庭に一夜をあかすこととなった。鮮人が来たから鉄棒でももっていろというので、一尺ほどの鉄棒をたずさえた。

　夜は更けてもうまっくらになってしまった。今は、あれ程の市街も全くの焼の原となって、提灯一つついていない。

「ドンドンドンドン」銃声は暗を破って恐しく聞える。

「きっと鮮人のピストルだろう。して見るともうじきそこだ。もしここへ来……いや僕は日本男子だ。鮮人の百や二百……」と思いかえして鉄棒を握った。

「ふてい鮮人をたたきころせい」「ふてい鮮人を皆ころしにしてしまえ」

こう言いながら通っていくものもある。

　昨日からのつかれで眠くはあるが、何となく不安だ。日本橋方面の空はまだ真赤である。さあ僕らはどうなるのであろうか。幸福な道に行くのか、不幸な道に行くのか、今や我々は運命のわかれ道に立ったのだ。（二日終り）

〔略〕「鮮人が土手へのぼったぞう」

「鮮人が土手へのぼったけいせきがあるぞう」飯田町のガード方面から声がきこえる。「ええどこまで……」「ああそうですか」をやっていた連中、皆とんで行ってしまった。しかしこれはうそであった。しばらくすると又見附の外で、「鮮人がお堀にとびこんだぞう」という。間もなく「ドーン」銃声が一発きこえた。自動車はカーバイトを堀の方にこらしている。「わあいわあいわあい」まるで戦争のようだ。しかし僕は戦争を見たことはない。

見附の外から来た者にきくと、「神楽坂の下は提灯をもった人が左右に立っていて、その後に兵隊が、さあこいといわぬばかりに銃けんを持っている。あれじゃ何かものいいでもしたら一つきにされてしまうだろう」と言っている。

さあこのような不安の日はいつまでつづくだろうか。

（初等教育研究会編『子供の震災記』原本、一九二四年、自費出版）

恐るべき大震災大火災の思出

丸山眞男〔当時九歳〕

それから又朝せん人が、ばくだんを投げたり、するそうで、市の方で、けいかいが、げんじゅうになったから、こっちの東中野の方へ来たと言う話だ。ここまで逃げてきて、ばくだんで、やられたら、こなみじんに、なるだらう。と思うと、思わず、身ぶるいする。昼頃になって、火はまったくやんだ。

〔略〕お父さんは、こんぼうをもって「ガランガラン」と通りをけいかいしている。それは、朝せん人が、悪い事をするからである。

毎夜毎夜、近所の人と、かわりばんこに夜、あやしい者が見えたら誰何するのである。

〔略〕震火災の後、朝せん人が、爆弾を投げると言うことが、大分八釜しかった。それであるから、多くの、せん人を防ぐのには、警察ばかりではどうしても防ぎきれない。それから自警団と言うものが出来たのである。だが、今度の自警団はその役目をはたしているのではなく、朝せん人なら誰でも来い。皆、打ころしてやると言う気だからいけない。

朝せん人が、皆悪人ではない。その中、よいせん人がたくさん居る。それで、今度は朝せん人が、二百余名は打殺されている。その中悪いせん人は、ほんのわずかである。それで警察の方ではなおいそがしくなる。それであるから今度の自警団は、暴行を加えたことになる。しらべて見ると、中には、せん人をやたらに、打殺したので、警官が、しばろうとすると、それに、うってかかって、さんざんなぐった末、警察にまでおしこんで行くようならんぼう者もある。このようにするのなら、あってもなくても同じである。かえってない方がよいかもしれない。こんなことなら自警団をなくならせた方がよい。

自警団とは前にも申した通り、警察ばかりでは防げないから、そこで自警団と言う物を作ったのであって、決して、朝せん人を殺すやくめとはまったくちがう。

〔四谷区（現・新宿区）愛住町四八に住み、火災をのがれて東中野の長谷川如是閑宅に避難〕

（「みすず」編集部編『丸山眞男の世界』みすず書房、一九九七年）

下村まで

本宮鈴子〔尋常小学校三年〕

〔二日夜、富岡八幡様（現・江東区）の公園で〕その夜はそこにねましたが、こんどはちょうせん人がすさきの方からおしよせてくるというので、男の人はみんなふせぎにでてゆきました。あとはみんな女子供やとしよりですから四人ばかり男の人がのこっていてくれましたのですこしは安心しました。それでもはやく夜があけるといいと思いました。

あくる日〔三日〕はよいお天気でした、又にごったおもゆをすすって、今度は水をのもうと思いましたら、ちょうせん人がどくを入れたからのんではいけないといわれました。そのうちに雨がふってきたので、みなさんがつなみがくるといけないと心配していました。

（「第二岩淵小学校児童作文集・震災号」一九二四年二月〔冨田駿策氏所蔵〕。のち北区史編纂調査会編『北区史・資料編・現代1』東京都北区、一九九七年）

大震火災

山路愛子［尋常小学校四年］

二日の朝、勝子さんたちは家へお帰りになりました。私が起きたじぶんは、とおくの方のもえているのが見えました。九時一〇時頃たびたびゆりかえしの小さなものがあるので外にいました。二日の日の夕方ごろになったら、今度は朝鮮人さわぎが始りました。「ひさかた町の方で朝鮮人が一人つかまった」という話が出るかと思うと、下のおうちの方で「ちょうせん人がつかまった」「朝せん人はむこうへ行った」など大さわぎをしているらしく聞えるので、二日の日も大へんこわいでした。

夜になると、まわって来る人が「とく川さまに朝せん人が入りましたから御用心下さい」などと言って来るのです。時々とく川さまへ朝せん人が入ったなぞと言うので、とく川さまへ兵隊さんが番をしていました。浜さんへも兵隊さんが来ていました。まき野さんの広い原などはかくれば所もあるから、朝せん人がはいってもちょっと分らないから、兵隊さんにいてもらった方がよいだろうと言うので、兵隊さんが来て番をしていたこともありました。本とうに朝鮮人さわぎはいやでした。

（初等教育研究会編『子供の震災記』原本、一九二四年、自費出版）

九月二日の夜

吉野正彦［尋常小学校五年］

九月二日の夜は本当にこわうございました。〇〇人が追い回されて組を作って口ぶえを吹くと、見はり人がぴりぴりとよびこをふくとすぐうをうをといって刀を持ったりピストルを持ったりして、おいまわします。僕等は庭に戸いたを敷いてかやをつり床をとってねていましたが、どうしてもねむれませんでした。

一二時頃は僕等もかい中電気を持って、すてっきを持っておいまわせと言われた事もありました。僕はすてっきを持っていました。八百屋さんのえんの下に〇人が一人はいったので、八百屋の男の人が、おったらかきねをこしてにげました。

（『大震大火おもひでの記』成蹊小学校、一九二四年）

大正大震災大火災遭難記

渡邉厚［尋常小学校六年］

二日二時頃、朝鮮人がつけ火をしてまわるから気をつけろと言いまわった在郷軍人がいた。三時一五分頃市ヶ谷の方で人がたかってさわいでいるので見に行くと一人の朝鮮人が、足でふまれ、木でたたかれて泣き声を上げている時、走って来た軍人がいた。何をするかと見ていると人々をおしのけて朝鮮人を救い出し、人々に向って、この人も日本国民の一人でありますから、そうひどくいじめるのはかわいそうですと、はっきり言をのべてから朝鮮人をつれてどこかへ立ち去ってしまった。後で或る人に尋ねると、あの朝鮮人は、煙草とマッチを持っていたので、マッチで放火するのではないかと疑われたのであった、と。

その日は五、六名つかまえられた。その中には友達の家へ行こうと思って家を出たのがつかまっていたものもあった。五、六人の内、一人顔のにくいようなのが半殺しにされて、警視庁の自動車に乗せられて行ったものもある。

さっきの軍人は僕はよく物事が分っている軍人だと思った。

朝鮮人さわぎが始ってから自警団が出来て、皆安心して眠る事が出来るようになった。

殺された朝鮮人は約三百名いるとの事だ。

（初等教育研究会編『子供の震災記』原本、一九二四年、自費出版）

文化人らの証言　当時の記録

震災見舞（日記）

志賀直哉

九月一日、午後、電柱に貼られた号外で関東地方の震災を知る。東海道汽車不通とあるに、その朝特急で帰京の途についた父の上が気にかかる。列車へ電報をうつ為め、七条京都駅へ行く。

もう列車には居られますまい。案内所の人に云われ日暮れて粟田へ帰る。

それ程の事とも思わず寝る。

翌朝（よくちょう）、家人に覚（さ）まされ、号外を見せられる。思いの外の惨害に驚く。麻布（あざぶ）の家、心配になる。父の留守（るす）女ばかり故一層気にかかる。

上京するにしても何（ど）の道から行けるか見当つかず。兎（と）も角（かく）、山科（やましな）のH君を電話で呼び、一緒に行く事にする。箱根に避暑中の人を気遣い焦慮（あせ）っているK君に電話で相談すると、鉄道は何の道も駄目と云う返事で、不得止（やむをえず）、神戸から船という事に決める。

日曜で銀行の金とれず、S君とN君に借りる。

信越線廻わりで川口町（かわぐちまち）まで汽車通ずる由、H君聴いて来（きた）る。H君は一度山科へ帰り、途中の食料を用意し、停車場で再び落ち合う事にして別れる。

病床の妻、所謂前厄と云う自分の年を心配し、切りにかれこれ云う。大丈夫々々と自分は繰返す。

T君に送られ、三時何分の列車にてたつ、客車の内、込まず、平日に変りなし、窓外の風物如何にも平和。瀬田の鉄橋を渡る時、下に五六人の子供、半身水に浸って魚漁りをしている。

伊吹山。

やがて名古屋に着く。名古屋に来り初めて幾らか震災の余波を見るように思う。停車場は一杯の人だった。

父が来る時泊った志那忠支店により、消息を訊ねたが、帰りは来ぬと云う。

八時四十分、臨時川口町直行と云うに乗る。旧式な三等車の窓際に陣取ったが後から後から乗って来る人で箱は直ぐ一杯になった。皆東京へ行く人だ。名古屋を中央線で出端れようとする辺に新式な公園があり、其所の音楽堂のイルミネーションが此場合何となく気持に適わなかった。

短いトンネルを幾つとなく抜け、木曾川について登る。

塩尻でも、松本でも、篠ノ井でも、下車して次の列車を待って呉れと云われる。然し乗客達は直行を引返す法はないと承知しなかった。その度、長い間、具図々々と待たした揚句汽車はいやいやそうに又進んで行く。

篠ノ井では信越線の定期を待つ人々が歩廊（プラットホーム）に溢れて居た。歩廊（プラットホーム）には反対側から乗込もうとする人々が線路に沢山立って居る。

何の停車場でももう食物を手に入れる事は困難になって居た。H君は篠ノ井で汽車の停って居る間に町へ行き、出来るだけ食料品を買込んで来た。自分の為めに蕎麦を丼ごと買って来て呉れた。

車中の人々は皆幾らか亢奮（こうふん）して居るが、その割りには何所（どこ）か未（ま）だ呑気な空気が漾（ただよ）っていた。もう皆灰になって居るでしょう。火葬の世話がなくていい、こんな事を云う人にも本当に打砕かれた不安な気持は見えなかった。

自分としても、麻布の家、叔父の家、その他親類友達の家々を考えて、何という事なし、何れ（いず）も無事と云う気がし、それより嘸（さ）ぞ驚いた事だろうと思う方が強かった。

三十一日、妻と子供二人を残して来たと云う若い人が、家は深川の海に近く、地震、火事、津波、こう重なっては希望の持ちようがないと、眼をうるませ、青い顔をしていた。直ぐ遠く立退いて呉れればいいが、あの辺をうろうろしてたんじゃ迚（とて）も助かりっこありません、と云っていた。此人（このひと）の不安から押しつぶされて行く気持が変に立体的に自分の胸に来た。

こう云う場合、現場（げんじょう）に近づき確かな情報を得るに従い、事実は新聞記事より小さいのが普通だのに、今度ばかりは反対だ、それが不安でかなわぬと云う人があった。

汽車は停って二時間余りになるが却々(なかなか)出そうにない。吾々は京都を出て一昼夜になる。やがて信越線の定期が着いたが、客車は既に一杯以上の人だった。五六百人の人々はそのまま歩廊(プラットホーム)に立尽くさねばならぬ。間もなく定期よりも先に吾々の列車が動き出した。此方の乗客達は歓声を挙げ、手を拍(う)って騒いだ。

信州の高原には秋草が咲乱れていた。沓掛(くつかけ)辺の別荘の門前で赤いでんちを着た五つ六つのお嬢さんが霧の中に三輪車を止め、吾々の汽車を見送って居た。

客車の中は騒がしかった。窓から入って来た男と其所にいた東京者とが喧嘩を始め、東京者が「何いやがるんだ、百姓」と云ったのが失敗で、他の連中まで腹を立て大騒ぎになった。

軽井沢、日の暮れ。駅では乗客に氷の接待をしていた。東京では鮮人が爆弾を持って暴れ廻っているというような噂を聞く。が自分は信じなかった。

松井田で、兵隊二三人に弥次馬十人余りで一人の鮮人を追いかけるのを見た。「殺した」直ぐ引返して来た一人が車窓の下でこんなにいったが、余りに簡単過ぎた。今もそれは半信半疑だ。

高崎では一体の空気が甚(ひど)く嶮(けわ)しく、朝鮮人を七八人連れて行くのを見る。救護の人々活動す。すれ違いの汽車は避難の人々で一杯。屋根まで居る。

駅毎高張提灯(たかはりちょうちん)をたて、青年団、在郷軍人などいう連中救護につとむ。

汽車での第二夜、腰掛けたっきりで可成り疲れている。飯を得られずビスケットとチーズでしのぐ。

大宮。歩廊に荷を積み一家一団となっている連中多し。それだけの人数と荷物では込み合うて汽車に乗り込めないのだろう。

四日午前二時半漸く川口駅着。夜警の町を行く。所々に倒れた家を見る。

H君の家に女中に来て居たと云う人の家に寄る。その女、魚河岸にいて、火の為め彼方此方と追われ、前夜漸く此川口町に帰る事が出来たと云う。兄なる人、妹を探す為め町々を歩き市中の様子に精しく、此人の口から二人の家の無事を聞き、安堵する。吾々が庭の椅子で久しぶりの茶を飲み、左う云う話を聴いていると近所の老婆来て、今晩又大きな地震ある由、切りに云う。兄なる人五月蠅そうにし、相手にならず。

此所を出て、堤を越え、舟橋にて荒川を渡る。其辺地面に亀裂あり、行く人逃れ出る人、往来賑う。男のなりは色々だが、女は一様に束ね髪に手拭を被り、裾を端折り、足袋裸足。時々頭に繃帯を巻いた人を見る。

赤羽駅も一杯の人だった。駅前の大きなテントには疲れ切った人々が荷に倚って寝て居た。自分もきたない物の落ち散った歩廊に長々となる。何時か眠る。

H君に起こされ、急いで日暮里行きの列車に、窓から乗込む。

入谷から逃れ、又荷を取りに帰ると云う六十ばかりの女と話す。火にあおられ、漸く逃れ、井戸を見つけて飲もうとすると、毒を投込んだ者があるから飲めぬと云われた時は本統に情けない気がした、など云う。

汽車の沿道には焼けたトタン板を屋根にした避難小屋が軒を並べていた。田端あたりの貨車客車にいる家族もある。

日暮里下車。少し線路を歩き、或る所から谷中へ入る。往来の塀という塀に立退先、探ね人の貼紙が一杯に貼ってある。所々に関所をかまえ、通行人の監視をしている。日本刀をさした者、錆刀を抜身のまま引きずって行く者等あり。何となく殺気立っている。

谷中天王寺の塔がビクともせず立っている。露伴作、「五重塔」という小説が此塔の事を書いたものではなかったかというような事を思い、見上げながら過ぎる。

上野公園は避難の人々で一杯だった。上野の森に火がつき避難民全滅というような噂を高崎辺で聴いたが嘘だった。避難小屋の間を抜けて行くとすえ臭い変な匂いがした。

交番の傍に人だかりがしている。人の肩越しに覗くと幾つかの死体が並べてあり、自分は女の萎びた乳房だけをチラリと見てやめる。

三宜亭という掛茶屋の近くにある、あの大きな欅の洞が未だ弱々しく燃えていた。烟と共に小さい火の粉と細かい灰を時々吹き上げていた。

山から見た市中は聴いていた通り一面の焼野原だった。見渡すかぎり焼跡である。自分はそれを眺める事で心に強いショックを受けるよりも、何となく洞ろな気持で只ぼんやりと眺めて居た。酸鼻の極、そんな感じでは来なかった。焼けつつある最中、眼の前に死人の山を築くのを見たら知らない。然しそれにしろ、恐らく人の神経は不断とは変って了っているに違いない。それでなければやりきれる事ではないと自分は後で思った。それが神経の安全弁だと思った。此安全弁なしに不断の感じ方で、真正面に感じたら、人間は気違いになるだろう。入りきれない水を無理に袋に入れようとするようなものだ。袋は破裂しないわけに行かぬ。安全弁があり、それから溢れるので袋は破れず、人は気違いにならずに済む。

　自分はそれからも悲惨な話を幾つとなく聴いた。どれもこれも同じように悲惨なものだ。どの一つを取っても堪らない話ばかりだ。が、仕舞いには左ういう話を自分は聞こうとしなくなった。傍で左う云う話をしていても聞く気がしない。そして只変に暗い淋しい気持が残った。

　自分は一体「方丈記」を左う好かない。余りに安易に無常を感じているような所が不服だった。人の一生にはそれだけの事は最初から計算に入れていていい。その心用意なしには生きられないのが現世で、その現世をありのままに受け入れるのが吾々の生活であると、こんな風に思っていた。勿論人間の意志の加わった不幸、人間の意志で避けられる不幸はありのままに受け入れる事は出来ないが。

然し自分は今度震災地を見て帰り、その後今日まで変に気分沈み、心の調子とれず。

否応なしに多少方丈記的な気持に曳き入れられるのを感じた。

広小路の今は無いいとう松坂の角で本郷へ行くH君に別れ、電車路をたどって行く。焼けて骨だけになった電車、焼錆て垂れ下がった針金、その下をくぐって行く。「松のみどり」と云う名代(なだい)の髪油を売る老舗の壊れた倉の中で鞴(ふいご)で吹かれた火のように油が燃えていた。然しそれを見ている人はなかった。

黒門町、万世橋(まんせいばし)、須田町、此所の焼けて惜しくない銅像は貼紙だらけの台石を踏まえ反りかえって居た。

駿河台と云う高台を自身の足元から、ずっとスロープで眺めるのは不思議な感じがした。

ニコライ堂は塔が倒れ、あのいい色をした屋根のお椀がなくなって居た。

神田橋はくの字なりに垂れ下がって渡れない。傍の水道を包んだ木管の橋を用心しいしい渡る。

二昼夜の旅と空腹で自分は可成り疲れて居る。所々で休み、魔法壜の湯を呑む。

そして大手町で積まれた電車のレールに腰かけ休んでいる時だった。丁度自分の前で、自転車で来た若者と刺子(さしこ)を着た若者とが落ち合い、二人は友達らしく立話を始めた。

「——叔父の家で、俺が必死の働きをして焼かなかったのがある——」刺子の若者が得意気にいった。「——鮮人が裏へ廻ったてんで、直ぐ日本刀を持って追いかけると、それが鮮人でねえんだ」刺子の若者は自分に気を兼ね一寸此方(ちょっとこっち)を見、言葉を切ったが、直ぐ続けた「然しこう云う時でもなけりゃあ、人間は斬れねえと思ったから、到頭やっちゃったよ」二人は笑っている。ひどい奴だとは思ったが、不断左う思うよりは自分も気楽な気持でいた。

　和田倉、馬場先、あの辺の土手の上、商業会議所あたりの歩道、立往生の電車、何所にも巣をかまえていた。電車の胴は掲示場に利用された。壊れた石垣を伝って、青みどろの濠水(ほりみず)で沐浴をしているのはその後新聞の写真で見た通りだった。

　日比谷公園も避難の人々で一杯だった。酸(す)え臭い匂いと、何か得体の知れぬ変な匂いとがする。池では若い連中が腰まで入り、棒切れで浮び上る鯉(こい)を叩いていた。腐った飯が所々に捨ててある。

　疲れた身体(からだ)を漸く赤坂福吉町(ふくよしちょう)のS君の門まで運ぶ。S君は日本橋の蒲鉾(かまぼこ)屋で、福吉町にも私宅を持っている。S君は亢奮して遭難の模様を話す。S君は自分の訪ねた事を非常に喜んだ。

　然し此辺に来るともう、それは日頃の此辺と変りなかった。この事が何となく不思議にも亦当然のようにも思われるのだ。氷川神社の前から坂を下り、坂を上がり、麻布の家に近づく。向うから父が四日前京都駅で別れた儘(まま)の姿で、俥(くるま)に乗って来る。父は自分を認めず、門を入って行った。

麻布の家は土塀石塀等は壊れたが、人も家も全く無事だった。二番目の妹の婚家が焼け、皆で来ている。只鎌倉の叔父と横須賀の叔母と保土ケ谷に置いて来た二番目の妹の娘の安否だけが知れなかった。

父は清水から汽船で前日横浜に上陸し、他の連中はそのまま日づけに入京したが老年の父は荷を皆捨ててついて行ったが直ぐ後れ、一人川崎の労働者の家の框に一夜を過ごし、翌朝漸く俥を得て帰って来たと云った。疲れ切り、よごれ切っているが水道が来ぬので湯に入れない。然し皆は互に皆の無事を喜び合った。最初男っ気のなかった麻布の家は其日から従弟のKさんが万事世話を焼いていた。その他、避難してきた親類の男の人、出入りの男などが皆よくしている。

午後、Kさんに牛込の妻の実家と、武者のお母さん達の立退き先きに行って貰う。その間自分は熟睡した。

夕方、柳が兼子さんと共に見舞いに来てくれる。柳の家も無事、（後で房州にいる兄さんの不幸を知る）兼子さんの実家も無事という事だった。二人の帰りを送りがてら一緒に出る。柳が朝鮮人に似ているからと離れる事を兼子さん気にする。

六本木で柳と別かれ、後から来たH君と新龍土の梅原君を訪ねる。皆無事。日頃身ぎれいにしている人が、今日はすすけていた。流石に将棋でもなく、然し気楽に話す。有島兄弟達の無事を聞く。京都への簡単な伝言を聞き、夜警の往来を帰って来る。

H君麻布に泊る。二人共熟睡。

鮮人騒ぎの噂却々烈しく、この騒ぎ関西にも伝染されては困ると思った。なるべく早く帰洛する事にする。一般市民が鮮人の噂を恐れながら、一方同情もしている事、戒厳司令部や警察の掲示が朝鮮人に対して不穏な行いをするなという風に出ている事などを知らせ、幾分でも起るべき不快な事を避ける事が出来れば幸だと考えた。左ういう事を柳にも書いて貰う為め、Kさんに柳の所へいって貰う。

T来る。Tの上渋谷の家は小さい川の傍で余り地盤がよくもなさそうに思え、心配していたが、人も家も共に無事だったとの事。

「随分驚いたろう?」

「それがあんまり驚かないんだよ」こういって変な顔をしていた。その時Tは丁度銀座にいたのだ。話を聴くと可成り驚いていい筈なのが、驚かなかったという事が如何にも呑気なTらしく、同時に如何にも大地震らしく思えた。

(大正十二年九月)

(『新興』第一号、一九二四年二月。翌年四月、志賀直哉著『雨蛙』改造社に収録)

多難な後半期——日記の中から——

秋田雨雀

九月四日（火）晴

　東京に向って出発。

〔略〕出発間際に遇然（ママ）朝鮮の劉鳳吉君が訪ねて来たので、二人で家を出た。すると刑事が絶えず二人の後を微行して来た。僕等が一緒に上京するものと誤認したものらしい。

青森市へ着くと、二人の刑事がちゃんとプラットホームで待っていた。

『もし、あなた方が一緒に上京なさるのだと、何うしてもここで保護検束をしなければなりませんが……』

と一人の若い方の刑事が言った。

『一緒に？　僕は上京するのだし、劉君は弘前へ行くんですよ。』

『はあ、然うですか、それじゃ安心しました。何しろ、大宮辺で朝鮮の人が皆なやられていますから。』

と刑事はいって帰って行った。

　夜の急行に乗る。列車の中は北海道の方面から来た救護団や見舞客で立錐の余地もない。恐怖―想像―憶測―偽愛国―偽社会奉仕―粗野―偽善―野獣性―飲食―を乗せて汽車が走る。

九月五日（日）（ママ）　晴

汽車の中で眼を覚す。

沿道は最早戦乱の巷だ！

槍を持った者

長剣を持った者

鳶口を持った者

旗を持った者

棍棒を持った者

これ悉くわが国土を守る勇士かと思えば、豈（あに）はからんや、流説に動されて数百人の人類同胞をほふった憐れむべき犠牲者だ！　その一人は車窓の前に立って、『この槍でやったんです……え、これでやってんですとも』と意気昂然たるものだった。

僕は淋しかった！　こんな淋しい気持を同胞に対して懐いたことが初めてだ。誰もこの淋しい気持を話す人がいない。皆なこの勇士達の行為を是認して一点の疑いも挟むものがなかった。

僕は淋しかった！

たった一人学生がいた。その学生は僕の顔を知っていた。（文科生らしい。）

『君実は大事件じゃありませんか……僕は淋しい気がします。』

と僕が言うと、その学生は眉をひそめて、

『ほんとうに然うです。朝鮮人も人間だということが、この人達に解らないんでしょうか？』

と言った。

『人間』を『人間』だと思えない私達日本人は一体何んな教育を受けて来たのだろう？ああ、簡単なこの『人間』ということ！

死んだ都へ汽車が着いた。

〔劇作家・詩人・童話作家・小説家・社会運動家。当時四〇歳、秋田から東京雑司が谷（豊島区）の自宅を目指す〕

（『改造』一九二三年一一月。のち琴秉洞編『朝鮮人虐殺に関する知識人の反応2』緑蔭書房、一九九六年）

大震雑記

芥川龍之介

僕は善良なる市民である。しかし僕の所見によれば、菊池寛はこの資格に乏しい。

戒厳令の布かれた後、僕は巻煙草を啣(くわ)えたまま、菊池と雑談を交換していた。尤も雑談とは云うものの、地震以外の話の出た訣(ママ)ではない。その内に僕は大火の原因は〇〇〇〇〇〇〇そうだと云った。すると菊池は眉を挙げながら、「嘘だよ、君」と一喝した。僕は勿論そう云われて見れば、「じゃ嘘だろう」と云う外はなかった。しかし次手にもう一度、何でも〇〇〇〇はボルシェヴィッキの手先だそうだと云った。菊池は今度は眉も挙げると、「嘘さ、君、そんなことは」と叱りつけた。僕は又「へええ、それも嘘か」と忽ち自説（?）を撤回した。

再び僕の所見によれば、善良なる市民と云うものはボルシェヴィッキと〇〇〇〇との陰謀の存在を信ずるものである。もし万一信じられぬ場合は、少くとも信じているらしい顔つきを装わねばならぬものである。けれども野蛮なる菊池寛は信じもしなければ信じる真似もしない。これは完全に善良なる市民の資格を放棄したと見るべきである。善良なる市民たると同時に勇敢なる自警団の一員たる僕は菊池の為に惜まざるを得ない。

尤も善良なる市民になることは、――兎に角苦心を要するものである。

［小説家。当時三一歳、田端（北区）に住む］

（芥川龍之介『感想小品叢書第八編――百艸』新潮社、一九二四年）

大震雑記

荻原井泉水

〔二日〕其夕方の事であった。「此辺に〇〇人があばれて来る」という飛報が伝った。その噂に依ると、此の地震を機会として〇〇人の叛逆が起った、彼等は平生用意して置いた〇〇を以て要所の家々に放火した、地震と共に随所に火を生じたのは全く彼等の所業なのだ、而して彼等の仲間の近県に居る者は、大挙して東京へ急行しつつある、火に残された山手方面を焼尽そうというのが、彼等に残された目的だというのであった。今の場合、警察力は全く用をなしていない。各自を護るものは各自の外にない。日本刀を提げて来る者もあった、猟銃を持って来る者もあった、少人数ではいけない、手分けをしなければならない、義勇軍というようなものが、しぜんと作られた。此時も在郷軍人である清潔屋さんと人造石屋さんとが、しぜんに指揮者の形となった。

「皆さん、番号をつけて下さい」「一、二、三、四、五、六、なな、八……」などと不慣れな声が受けつがれた。其等の人の多くは鉄の細い棒をもっていた、それは町の裏手の井上侯爵の邸境にもと植えてあった鉄柵を何処からか取出して来たのだった。竹槍をこしらえて持っている者もいた。合言葉が定められた。「ミと云ったらムラというのだ」。

それは宮村町という町の名を分けたものだった。「それでは十人位ずつ一手になって、桜田町の口に一組、三軒家の坂に一組、狸坂の下に一組、それから裏の山に一組、あとは遊軍として随時に応援に出ることが出来るように……」。宛も、戦争の騒ぎであった。血気にはやる者は、後ろ鉢巻をして、細い鉄棒をしごくようにして勇み立っていたが、露営をしている家族の女たちは戦慄して居た。而して此夜もまた暗い夜になった。〔略〕

「朝鮮人が三百人押し寄せて来た、今、桜田町通りで交戦中だ」という声が立った。女達は悲鳴を挙げた。「爰にいちゃ危ない、逃げろ」「いや、散り散りになっては危ない、ここにかたまっている方がいい」「提灯は皆消せ、而してひっそりしていなくちゃいけない」「提灯はなるべく多くつけて大勢居るように見せた方がいい」。指揮する者の説もまちまちだった。其説の違うたびに人々は動揺した。

上の坂の方から三四十人の避難者が、それぞれに包みを担って、ぞろぞろと逃げて来た。「それ」と又立騒いだが、その避難者は、雨が降って来た為めに、どこか雨覆いのある所を求めて、移るものだと解った。私達の露営は日除などで、不完全ながらも蔽ってあったので、そこへ割り込んで来る者もあった。初めからぎっしりな所が錐を立てる隙もない程になった。

「狸坂の下で一人刺された」という報があった。それは朝鮮人と誤られた八百屋さんだという事だ。警戒している者が誰何した時、八百屋さんは答えずに逃げようとしたので

（恐くはこちらで対者を鮮人と思って逃げようとしたのであろう）、気早にも刺されたのだという。そんな話も人々の気をとげとげしく悪く尖らした。早く夜が明ければいい、と人々は念じた。東の空は夜明前の朝焼のように赤らんでいたが、それは遠く本所深川の辺に、まだ燃えている火が映っているので、黎明が来るには時間があった。

［略。三日］朝鮮人襲来の噂は、やはり人の心を騒がした。前夜は日比谷公園に露営していた人が、朝鮮人の為めに斬られたという説がある。今しがた、裏の山の草叢の中に懐中電燈をつけて潜んでいる奴があるという者がある。義勇軍の人達は前夜と同じく、鉄棒を引きならして、警戒に当っていた。蒼い稲妻がすさまじく閃く夜であった。

（『層雲』一九二三年一一月〜一二月号、層雲社）

［俳人。当時三九歳、宮村町（現・港区元麻布）に住む］

震災所感

倉田百三

〔二日夕〕すると突然、大工が顔色を変えて飛んできて、「今朝鮮人と支那人とが三百人許り刃物を抜いてやって来たから早く逃げなさい。」と云って来た。其の大工の様子では直ぐ其処まで押しかけて来ているような口吻であった。急に警鐘が鳴り出し、外の方が騒がしくなった。自分等は嘘とは思えなかった。ありそうな事に思えるので随分面喰らった。早速母を、書生に背負わせて外に出た。大勢の人達が大騒ぎをして避難して居た。それで益々本当としか思えなかった。自分達は一寸した松林のかげになった丘の上に息せき登ったが、もとより其処も適当な避難所でなく、それに病人と子供を連れて居るので手早くは出来ない。自分自身も一町も歩けない病人でそれに突嗟でコルセットをつけるひまもなかったので、気があせっても息が切れてもう此の上歩けそうにない。松林の直ぐ下ではピストルの音が聞え、人の騒ぐ声、子供の泣き声が、絶えず乱打される警鐘の音にまじって聞えている。自分の頭の中をあのフン人の侵略の時の光景が掠めて過ぎた。実際その異様な叫び声は野蛮人、それも東洋人らしい、変な、しつこい酷いことをやりそうな、恐ろしいものを聯想せしめた。〔やがてその叫び声は犬の吠え声だとわかる〕

［略。夜］電燈が点らず、真暗だから大丈夫だろうと云って家に帰った。しかしまた幾度も朝鮮人が来たといってはくらやみの中に隠れねばならなかった。その夜は夜通し警鐘の音が聞えて居た。町では朝鮮人が横浜方面から入り、××××××××捕えられたりしたそうであるが、自警隊の組織が出来、地震も漸く収まって、今は取り乱れた状態の中にもやや落ち着き、東京の恐ろしい出来事や、今後の復興に就いての覚悟や、友人達の安否や、自分達のうけた災害に対する処置や、困難になった生計の方法や等に就いて考える丈けの余裕の中に、兎も角も日々を送って居る。

（倉田百三『超克』改造社、一九二四年）

［劇作家、評論家。当時三二歳、大森新井宿美奈見（現・大田区）に住む］

日記

倉富勇三郎

〔二日夜、近隣に住む安藤則光から不穏な噂を聞く〕

朝鮮人千人許、横浜の方より東京に侵入せんとし、大森区〔現・大田区〕にて警察官が之を禦ぎたるも、人少く力及ばず、遂に朝鮮人五百人許、東京に侵入せる趣に付、之を防ぐ為、丹後町にても自警団を組織する企ありと云う。少時の後、数十人団を為し、夜警に当たりたり。

〔略〕夜半頃、報あり。「朝鮮人二百人許、青山御所に侵入せる旨、赤坂見附上の警察官より通知あり。婦人には朝鮮人が暴行を為すに付、男子と婦人とを識別すべからざる様に為す為、婦人は手巾を以て頭を包み居る様にすべし」と。下婢等は之を聞き大に恐れたり。流言の人を惑わす亦甚し。

〔司法・宮内官僚、法学博士、枢密院議長。赤坂丹後坂（港区）に住む〕

（佐野眞一『枢密院議長の日記』講談社、二〇〇七年）

震災日記

高群逸枝

二日（夜）

夕方、警告が廻ってきた。横浜を焼け出された数万の朝鮮人が暴徒化し、こちらへも約二百名のものが襲来しつつあると（もちろんデマ）。

〔略〕村の若い衆や亭主たちは朝鮮人のことで神経を極度に尖らせている。これはちょうどわが軍閥の盲動に似ている。もどかしい、いまわしいことどもだ。三軒茶屋では三人の朝鮮人が斬られたというはなし。私はもうつくづく日本人がいやになる。先方では「たすき掛け」できたというが、それがもし真実としても、「食う道」が絶えては、それになんらかの弾圧（ありそうなことだ）が加えられたとすれば、仕方のないことであろう。

〔略〕隣の植六さんらが、朝鮮人があぶないから、いっしょに集まって、戸外に蚊帳を釣って寝めといいにきた。朝鮮人よりも地震がおそろしいと家人がいうと、六さんは私の夫に、

「ねえだんな、地震はもう大丈夫ですね。それより朝鮮人がなんぼか恐ろしいですね」

という。

なみ夫人は、

「朝鮮人がきたら柿の木にのぼろう。私は木登りはうまいから」

と真剣な顔でいう。

それにしてもこの朝鮮人一件はじつにひどいことだ。たとえ二百名の者がかたまってこようとも、これに同情するという態度は日本人にはないものか。第一、村の取りしまりたちの狭小な排他主義者であることにはおどろく。長槍などをかついだり騒ぎまわったりしないで、万一のときは代表者となって先方の人たちと談じ合いでもするというぐらいの態度ならたのもしいが、頭から「戦争」腰になっているのだからあいそがつきる。自動車隊には用賀あたりの女や子どもたちが詰め寄せているらしい。〇〇たちは手ぐすね引いているらしい。××人が来たら一なぐりとでも思っているのか知ら。じつに非国民だ。いわゆる「朝鮮人」をこうまで差別視しているようでは、「独立運動」はむしろ大いにすすめてもいい。その煽動者にわたしがなってもいい。

「軍国的」狭量。軍国的非行、不正。

どうか天よ。かれら二百名の上に「けが」のないように。聡明な人間が一人ぐらいは村にいてもよいではないか。私は心からそれを思う。そして私は心から二百名の無事をいのる。どうか食糧と天の祝福とに彼らがありつけるように。本所、深川も全滅と。ああ労働者たちを思う。政府の救助がどうか洩れなく、緻密に、豊かに。そして朝鮮人たちも同様に。

［略］

三日

三日間が過ぎた。不安はまだいつ払いのけられることじゃやら。東京からは引っ切りなしに飛報がとどく。朝鮮人日本人を合して数万のものが暴動化したと。私はなんとなく勇み立つような、うれしいような気がした。

もうそこの辻、ここの角で、不逞朝鮮人、不逞日本人が発見され、突き殺されているという。

朝鮮人は爆弾を二つあて持っていて、市内ではあらゆるところで兵隊と衝突し合っているという。

監獄が破られて数百数千の囚人が解放されたという。

［略］自動車隊の畑で朝鮮人がかたまって、火を燃やしているという情報が伝わると、ここの男衆金ちゃんも、他の同士といっしょに竹槍をひっさげて立ち向かって行った。

おお無知なる者よ。

（高群逸枝「火の国の女の日記」『高群逸枝全集第一〇巻』理論社、一九六五年）

［詩人、民俗学者、女性史家。当時二九歳、世田谷の三軒茶屋の先に住む］

荒都記——赤い地図第二章

竹久夢二

三日の夜あたりから本当に自然の暴威と天災の怖しさをやっと感じ出したように思う。誰が宣伝したのか、宣伝の目的が何であったか私は知らないが、また実際そんな事実があったことも、私は見ないから知らなかったが、三日の夜の如きは、私もやはり空地へ出て、まだテント生活をしている人と同じ心持で、何か知らない敵を仮想していた。川崎の方から××××××××××××、×××××××××××××××××××。××××××××××、新宿のタンクへ向っているというのだ。二三町先の駅の近くでは、群集のただならぬ騒ぎや叫び声が、はっきり聞える。軍隊の自動車が幾台か坂の上の方からまっしぐらに走って下りる地響きがする。其中にピストルの音がした。それにつれて悲鳴があがる。

「おい、灯を消せ」誰かが言った。テントの中でも、立っている人も提燈の灯を消した。息をこらして、本能的にみな地の上に伏した。後できくと大地に穴を掘って、妻子を埋めた人もあったそうだ。

私は何の武器も持っていないから、敵を殺す気もなかった。だから殺されもすまいときめて、垣根の所へ腰かけて、遠くの叫喚を聞いていた。それは、幾百人の群集が入り乱れて戦っているかと思われるのだった。

だが何事もなくその夜は過ぎた。

流言蜚語の第一報が人から人へ伝わった時間が、西は、浜松あたりから、東は川崎、目黒、駒込、千葉あたりまで、殆んど同時間であったことも、その地方から来た人にきいて、いまでも不思議に思っている。それは人間の本能的な第六感とでも言ったら好いだろうか。

(『女性改造』一九二三年一〇月号、改造社)

[画家・詩人。当時三八歳、渋谷区宇田川に住む]

震災日誌

寺田寅彦

九月二日。曇

［略］帰宅して見たら焼け出された浅草の親戚のものが十三人避難して来て居た。いずれも何一つ持出すひまもなく、昨夜上野公園で露宿していたら巡査が来て○○人の放火者が徘徊するから注意しろと云ったそうだ。井戸に毒を入れるとか、爆弾を投げるとかさまざまな浮説が聞こえて来る。こんな場末の町へまでも荒して歩く為には一体何千キロの毒薬、何万キロの爆弾が入るであろうか、そういう目の子勘定だけからでも自分にはその話は信ぜられなかった。

［物理学者、随筆家、俳人。当時四四歳、千駄木曙町（現・文京区）に住む］

（寺田寅彦『寺田寅彦全随筆五』岩波書店、一九九二年）

大震雑感

長岡半太郎

予が居住していた此下浦に、二日夕方から三日四日に予期しなかった騒ぎが始まった。それは帝都附近で何処にも共通なる鮮人騒ぎである。流説の出所は誰とも分らぬ。鮮人が横浜地方から湘南に向い、行く行く井戸に毒を投じ、邦人を困めるとの飛報が来た。毒薬は亜砒酸昇汞の類であって、危険な薬だから各自注意せよとのことである。予もこれは堪らない。茅屋の傍の井戸は海浜にあっても頗る清冽、近所五六軒の飲料水となっている。我家の迷惑になるのみならず、亦累を他人に及ぼす虞れがあるからと思い、甕焼きの井筒に嵌まっている亜鉛版の蓋を、確と針金で縛り付けた、夜中に鮮人はよもや往来から隔りたる家の井戸を索して、毒を投ずるようなことはあるまいと安心して、二日の晩は睡った。翌朝起きて見れば、ポムプの口は丸る開きで、此処に薬を投下せられたならば、井水は如何であったろうと苦笑した。狼狽したときには誰も彼れも辻褄の合わぬことを語ったり仕出かしたりするものである。序に井水のことを記して置きたいのは、大震後間もなく汲み取ったときには、平素より少く濁っていた。翌日になれば全く復旧した。近傍の井戸で水が涸れたのもあり、濁って数日間洗濯用にもならぬものがあった。要するに井底の土の崩壊したか否かの事情を示す丈に止って、余り深い意味はないようである。

三日の朝になれば村の若い衆は、火事装束で鳶口を持ち、いかめしく道路を固めた、道に材木青竹数本を横たえ、鮮人ござんなれという風勢を示していた。幾人捕われたか不明である。爰に四日の正午頃、長男治男は鎌倉から自転車で訪ねて来た。途中ひどい目に逢ったと言いながら、鮮人騒ぎの余波を蒙った話をする。折も折、会社員であれば、不断はハイカラ服であるところに、十年前着古した一高の小倉服を着て、芸術家風の長髪と来ているから、若い衆は髪の長いのは鮮人と極め込んでいる矢先に顕われた快漢、これこそ捕物と、途を遮って自転車を止める。此の場合手向いすれば反て身の害と、飛び降りたはよいが、少々の弁解では容易に承知せぬ。幸に鳶口連の中に、見覚えあるものが、是は治男さんだと言ったので、終に物笑いになったそうである。始めから鳶口を揮い廻されては危険であった。是に懲りて治男は帰り途、斯る危難を繰返さぬ為に、村役場に行き証明書を貰い出懸けた。宮田附近に来ると、復前同様、証明書を示しても中々に承知せぬ。音楽家か油画かきのような髪を眺めて、訝かしく思っている若い衆達に対し、かねて饒舌りで、散々爺を困らせた口吻を以って、長演舌を奮っても何の効能も表れぬ。やがて究問者の一人は、朝鮮人なら、こんなにぺらぺら日本語は喋べれないなと言い出したので、一呼吸ついているところに、知己の小学校長が通り懸って助太刀に出た。此証明書の通りだ。間違い無い、俺が保証すると言ったので、漸く血路を開いて自転車を駆ったそうである。此の如き辛き目に逢った人は随分多数あるであろうが、鮮人ならざるものも亦迷惑千万である。

〔物理学者。当時五八歳、三浦半島の下浦に住む〕

（『思想』一九二四年一月号、岩波書店）

大震災之記

梨本宮伊都子

〔九月二日〕夕刻、又々行水して、はじめて家の内にて夕食をなし、追々おちつくならんとよろこびいたるに、火事の鐘の音きこえたる故、裏に出みるに、人々さわぎ、いたずらに、やけない家に火をつける人がある。大へん大へんと云いつつ通る人あり。又、東北の方にあたり火の手はエンエンとあがり、又々、昨夜の如く雲もあかくなりつつあり。いずこなるらんと思う内、宮様、表よりかけてならせられ、朝鮮人の暴徒おしよせ来り今三軒茶屋のあたりに三百人も居る、それが火をつけてくるとの事。

これは大へんと家に入、色々大切なる品々とりあつめ鞄に入れ、衣服をきかえ、立のきの用意し、庭のテント内に集り、家中の人々、皆々庭に出、火をけし、恟々たる有様。日はくれる。心細き事かぎりなし。遠くにて爆弾の音などする。

松平信子〔伊都子の実妹〕は節子を連れ避難し来り。恒雄・一郎は護身用のピストル・鎗等持ちて家の付近を警戒するよし。其内、兵隊十二名・憲兵三名・巡査も来り、邸内のすみずみそれぞれかため、テントのまわりも兵と家の人々にてかため、いつにても夜はふせぐ有様ものすごし。いまだ、もう、せんなし。運は天にまかせ、もろもろの神の御守護をまつのみと、一日おがみてしずかにテント内に居る。

十時ごろ、よびこの音して町の方そうぞうしく、何かと思えば、今こっちへ朝鮮人にげこんだ、いやあっちと外は外にて人ごえ多く、兵は猟銃をつけ、実弾をこめてはしる。其内にピストルをうつ音、小銃の音、実に戦場の如し。やがて又静かになる。今、宮益にて百数名、六本木にて何名とっつかまったとの事。夜通しおちつかず。一同テント内にて、夢うつつの如くしてくらす。

［略。九月三日］追々考えてみると、朝鮮人の暴徒は全くうそにて、神奈川県にて罪人をはなしたる故、それらの人々色々流言を以て人々をさわがせ、朝鮮人も多少居ったにはちがいないが、皆悪るい心はなく思いちがいのためひどい目に会ったものもあり、後それらの事わかり、悪くない朝鮮人はよく集め、ならし野に送り保護する事となれり。

［元皇族。当時四一歳、渋谷宮益坂の梨本宮邸に住む］

（小田部雄次『梨本宮伊都子妃の日記――皇族妃の見た明治・大正・昭和』小学館、一九九一年）

一瞬間の前後

人見東明

日本刀、鳶口、竹槍、銃、ピストル、鉄棒、村の青年達は手に手に得物を持って畑道を右往左往しています。そして今鮮人団がせめて来た、彼等は皆恐ろしい爆弾を持っている、東京、横浜の大火は彼等の爆弾投下によるのである。

横浜を焼き払った鮮人団が大挙して六合川（ママ）にさしかかったとき軍隊と衝突した。その一隊が今淀橋に押しよせて、騎兵二個小隊と衝突して騎馬隊が全滅した、だから今にも本村に押し寄せるから、男と云う男は得物に身をかためて警固の任に当るのだと云っています。

その物々しさと云ったら、千軍を前に控えた勇士のいでたちのように——だが、底知れぬ恐ろしさに胴顫いをしています。顔は土よりも青いのです。こうした風ですから村はあげて亢奮しきってその真疑さえ考えるゆとりもない風であります。

気の毒なのは朝鮮人です。多数の中にはこの機に憤満の情を多少満足させた者があるかも知れないが、徒党を組んで運動をするなどとは到底常識では是認出来ない事であります。

［略］夜が更けるに従って流言は益々甚だしい。半鐘を乱打する、太鼓を叩く、けたたましい喊声が起る、ピストルが鳴り響く。まるで狂気の沙汰です。

可愛相に私の子供は急造テントの下で、乱打する半鐘の音に小さな体をわなわな顫わせています。小さい者の霊は狂気じみた情勢に圧倒されつくしています、いや、それにも増して当の朝鮮人は何うであったろう。是非善悪の区別もなく一様に辱められ、苦められた事であろう。きけば命を奪れた者も少くないと云うことであります。まあ何と云う残忍なことでありましょうか。

東京の空の赤みは夜明近くなって薄らいだが警鐘の乱打は依然として物惨い音をたて騒然としています。まあ馬鹿な人達の狂態を想像して下さい。大正の十二年。而も文化の進んでいるべきはずの帝都に近い所に於てすらこうであります。往昔の天変地異に対して様々な迷信や流言非語が真実とされたのも当然であります、こうなりますと文明、知識と云う者も案外たよりにならないものであります。

私は丁度はじめて衆愚と云う者の存在を明らかに見ました、そして、その力の恐ろしさをも知りました。そして人間が馬鹿らしくなりました。


（西条八十等著『噫東京――散文詩集』交蘭社、一九二三年）

［詩人、教育者。当時四〇歳、中野に住む］

ツルボ咲く頃

前田普羅

〔一日夜、自宅近くに避難して〕
一人の男が薄暗い森林を上って来た。提灯がアワテテ灯されると、其の男は、提灯を消して下さい、○○人が日本人を殺しに来るから。と、底力ある声で吐鳴った。男の方は全部寝ずに警戒に当って下さい。と付け加えて直ぐ森林を出て行った。女子供は呼吸も止る程に恐れた。然しなお半信半疑で、男は休息し、女達は露除けの下に幼き者たちの寝床を作った。睦子も明子も小さい蚊帳を釣って静かに寝入った。
〔略〕再び先の男が森林に入って来て、
○○人は地震の最中、石油を壜に入れて方々に投げ込んで放火したので、今箕輪下停留場で三人殺されました。何時其の返報に来るかも知れないから御用心なさいまし。と云い又森林を出て行った。提灯を消し、蚊燻しとあって生枝が釜の下に投ぜられた。子供達は○○人が来ると恐れながらモウ深い眠りに落ちて居る。
〔俳人。当時三九歳、横浜本牧町泉谷戸に住む〕

（『ホトトギス』一九二四年二月号、ホトトギス社）

女の鳥打帽――序に代えて――

矢田挿雲

〔津波の流言の後一日夕刻〕線路の上は線路の下よりも一丈ぐらい高い。それでもいけなければ八景園の山へ逃げる事にきめて一と息つく間もなく『朝鮮人が三百人ほど六郷まで押寄せて来て先頭は大森町に入ったから皆にげて下さい』という布令が廻(ま)った。これは全く予想しなかったことなので私は非常に当惑した。況して地震と火事と津波と暴徒の四つの脅威が同時に女子供の心に働いたのだから、先ずこの位にあわてても仕方はないと思うほど誰しも青くなって取り乱した。小さい子などは全く意味もわからないのに、両手をあげて泣いて其の親にとびついた。〔略〕午後六時我々の界隈は幼稚園主の好意で裏の運動場へ避難させて貰った。男たちは戦線に立つ為めに槍や鉄砲をかつぎ出した。私の家には包丁と鉛筆けずりの外に武器が無かった。この混乱に乗じて我々を襲う暴徒を誰も憎まぬものは無かった。私も亦彼等が武器を以て我々を襲うならば殺しても構わないと思った。しかし少し考えた結果、殺すことは余程考えものだと思った。彼等も用心の為めに武器を携えて居るのかも知らない。その武器を以て明らかに我々を殺そうとする時の外は決して殺してはよくないと思った。午後九時ラッパの音がして軍隊が到着した。やがて海岸の方で銃声が交換された。幼稚園にすくんで居た二百人ほどの男女は初めて少し安心した。或青年は直立不動の姿勢に於て『市街戦が始まりました』と報告した。
その騒ぎの最中であった。四五人の鮮人が東京の方から線路を伝って来た。在郷軍人の一団がすぐに取巻いて検問すると、それは鮮人は鮮人だが品川警察の証明書を命の綱とたのみ、朝鮮まで帰ろうとする出稼ぎ人夫であった。弥次の中から一人の土木の親方らしいのが出て、朝鮮語を交えて猶お詳しく検問した上で『これから夜に向いてあるいちゃ直ぐ殺される。うんにゃ、そんな書きつけあってもナ、それを見せる間に殺されるる』と槍で胸を突いて見せた。四人の鮮人は泣き顔を見合わせて居た。親分が『今晩はおれんとこへとめてやろう。そしてあした早く行くがいい』と荒々しく云ってどこかへ連れて行った。私はその親方に感謝を禁じ得なかった。果して無事に朝鮮まで帰ったろうかと今でも時々思い出す。
幸いにして私は朝鮮人が暴れる所を目撃しないですんだ。朝鮮人を殺すことを否定する心がその翌日から盛んになって来た。そして自警団の中に落着いた青年と浮かれた青年と二いろあることが目について来た。擬似警察権を弄ぶことに有頂天になって、歯の浮くような態度をとっているものがあった。

（矢田挿雲『地から出る月』東光閣書店、一九二四年）

［小説家、俳人。当時四一歳、大森（現・大田区）に住む、報知新聞社会部記者］

地異印象記

和辻哲郎

〔二日〕不安な日の夕ぐれ近く、鮮人放火の流言が伝わって来た。我々はその真偽を確かめようとするよりも、いきなりそれに対する抵抗の衝動を感じた。これまでは抵抗し難い天災の力に慄(ふる)え戦(おのの)いていたのであったが、この時に突如としてその心の態度が消極的から積極的へ移ったのである。自分は洋服に着換え靴をはいて身を堅めた。米と芋と子供のための菓子とを持ち出して、火事の時にはこれだけを持って明治神宮へ逃げろと云いつけた。日がくれると急製の天幕のなかへ女子供を入れて、その外に木刀を持って張番をした。

〔略〕二人の若者が、棒で一つの行李を担って、慌だしく空地へかけ込みながら「火を消して、火を消して」とただならぬ声で叫んだ。それを先程の若者と気づかなかった我々は、何かしら変事の起ったことを感じた。もう直ぐそこにつけ火や人殺しが迫って来たのだと思った。その瞬間が自分にとってはあの流言から受けたさまざまな印象の内の最も恐ろしいものである。もとより火を消す必要もなく、又放火者が近づいて来たわけでもなかったのであるが、こうして我々は全市を揺り動かしている恐慌に忽ちにして感染したのである。

夜中何者かを追いかける叫声が諸々方々で聞えた。思うにそれは天災で萎縮していた心が反撥し抵抗する叫び声であった。

〔略。三日〕自分の胸を最も激しく、また執拗に煮え返らせたのは同胞の不幸を目ざす放火者の噂であった。

自分は放火の流言に対してそれがあり得ないこととは思わなかった。ただ破壊だけを目ざす頽廃的な過激主義者が、木造の都市に対してその種の陰謀を企てるということは、極めて想像し易いからである。が今にして思うと、この流言の勢力は震災前の心理と全然反対の心理に基いていた。震災前には、大地震と大火の可能性を知りながら、ただ可能であるだけでは信じさせる力がなかった。震災後にはそれがいかに突飛なことでも、ただ可能でありさえすれば人を信じさせた。〔略〕そのように放火の流言も、人々はその真相を突きとめないで、ただ可能であるが故に、またそれによって残存せる東京を焼き払うことが可能である故に、信じたのである。（自分は放火爆弾や石油揮発油等の所持者が捕えられた話をいくつかきいた。そうして最初はそれを信じた。しかしそれについてまだ責任ある証言を聞かない。放火の例については例えば松坂屋の弾爆(ママ)放火が伝えられているが、しかし他方からはまた松坂屋の重役の話としてあの出火が酸素の爆発であったという噂もきいている。自分は今度の事件を明かにするために、責任ある立場から現行犯の事実を公表してほしいと思う。)

いずれにしても我々は、大震、大火に引きつづいて放火の流言を信じた。

〔哲学者、倫理学者、文化史家。当時三四歳、千駄ヶ谷(現・渋谷区)に住む〕

(『思想』一九二三年一〇月号、岩波書店)

震災見聞記

黒木伝松

［二日］札の辻まで帰ってくると前方にわあッという鬨(とき)の声が聞える。在郷軍人の服をつけた人、青年団員の銘々、おのおの手に竹槍様のものを持ち、後鉢巻でかけめぐっているではないか。道路に一ぱい群をなしているではないか。此の大地震を機として〇〇〇人の一群が東京を一尽すべくおし寄せたのだという。「もう既に横浜を〇〇さした。〇を放ち井戸に〇を投げるのだ、勢に乗ってもう品川まで二百人程おし寄せている、品川でようやく食い止めている、女子供をよく保護せよ、危険だから通行人は引き返せ。」

道路の中央に地震を避けていた町人は総立ちである。喧々囂々。その裡に叫ぶ在郷軍人等が声は全身に力の満ちた律調をもっている。私の胸は鳴った。

驚きまどうH君を無理に引っ張って私は品川へむかった。道々同じ光景である。馬上の軍人が飛ぶ、在郷軍人青年団員が馳せ違う、と、ここには忽ち検問所が設けられた。広い道路の中央に警官等がすさまじい明りの探照燈を照し、その明りに沿った円錐状に在郷軍人青年団員が列をなし、その後は群集をもってうずまっている。即ち品川方面から来る人々の一人一人を探照燈に照し、道路の中央警官等の所に引っ張って来て姓名を名乗らせるのだ。少しあやしいと見ると忽ち拳骨の雨である。彼等の血は躍っている、腕は鳴っている。私達はしばらく立って見ていた。元気よく姓名を名乗るもの、怖じけて仕舞って碌に口もきけないもの、さまざまの人等がその強い光に照された。とうとう○○は来ない。

品川駅前に来たとき品川の方にむかって走りゆく貨物自動車があった。私はH君をうながして忽ちそれに飛び乗らせ私も走って飛び乗った。自動車は大森行である。もう大丈夫。

道は戦場さながらである。道の両側は後鉢巻でうずまっている。竹槍でうずまっている。吾が自動車は道々十数間も行かぬうちに呼びとめられた。提灯の灯は容赦なく私達の顔につきつけられた。もし○○でもあろうものなら忽ちあの竹槍で一さしである。

〔略〕夜半私達の寝ている近くでピストルを連発した。その○○二名をついにとり逃がしたという。大森警察署には三、四〇人の○人○○人が血にまみれて捕えられたが朝になってそれぞれ釈放されたという。

〔略。五日永代橋の〕焼けて鉄骨ばかりの橋の上を私はようやく這って渡った。深川の地に渡ったのだ。そしてまたこれはどうだ。

「○○だな」と思った。両手を針金で後にくくりあげられたまま仰向に、或は横に、うつぶしに倒れて死んでいる。着物は彼等の労働服だ。顔はめちゃめちゃである。頭、肩にはいずれも大きな穴があいて居り、血がひからびてくっついている。そこにはまた首のない死体がある。首が肩の際から立派に切り取られている。見事に切ったものだ。

〔歌人。当時二二歳〕

（『創作』創作社、一九二三年一〇月号。のち琴秉洞『朝鮮人虐殺に関する知識人の反応2』緑蔭書房、一九九六年）

砂けぶり　二

釈迢空

焼け原に　芽を出した
ごふつくばりの力芝（チカラシバ）め――。
　だが　きさまが憎めない。
たった　一かたまりの　青々とした草だもの

・

両国の上で、水の色を見よう。
せめてもの　やすらひに――。
身にしむ水の色だ。
　死骸よ。この間、浮き出さずに居（ヲ）れ

・

水死の女の　印象
黒くちぢかんだ　藤の葉
よごれ朽（クサ）つて　静かな髪の毛

—ああ　そこにも　ここにも

・

横浜からあるいて　来ました。
疲れきつたからだです—。
そんなに　おどかさないでください。
朝鮮人になつちまいたい　気がします。

・

深川だ。
ああ　まつさをな空だ—。
野菜でも作らう。
この青天井のするどさ。

・

　夜（ヨル）になつた—。
また　蠟燭と流言の夜（ヨル）だ。
まつくらな町を　金棒ひいて
　夜警に出かけようか。

・

井戸のなかへ
毒を入れてまわると言ふ人々―。
われわれを叱つて下さる
神々のつかわしめ　だらう。

・

かはゆい子どもが―
大道で　しばつて居たつけ―。
あの音―。
　帰順民のむくろの―。

・

命をもつて　目睹した
一間の芸術
苦痛に陶酔した
涅槃（ネハン）の　大恐怖
おん身らは　誰をころしたと思ふ。
かの尊い　御名（ミナ）において―。

おそろしい呪文だ。
　万歳　ばんざあい

我らの死は、
涅槃を無視する――。
　擾乱の　歓喜と
飽満する　痛苦と

［釈迢空は民俗学者・折口信夫の詩人・歌人としての号。当時三六歳］
（『日光』一九二四年八月号。のち『折口信夫全集第二二巻』、中央公論社、一九六七年）

震災日誌

加藤一夫

九月二日
この調子では市民の暴動が起らないとも限らない。起これぱもう主義者は片っぱしから殺される。だから今のうち姿をかくしたらいいと告げに来て呉れる。

〔略〕鮮人が放火をするとか、井戸に毒薬を入れると云う噂が立つ。市民は殺気立つ。

今夜から市民の夜警が初められる。朝鮮人が放火しようとして居たので、たたき殺し
た。と云って居る。乱暴者は殺してもいいと、直ぐ青年団の人らしいのがふれて来る。

夜警に出て居る人達が時々ワーッと騒ぎたてる。

九月三日
〔略〕小石川原町の島中〔雄三〕君のところを見に行く。

自警団の物々しい警戒に驚く。

〝不逞鮮人の放火〟

〝火事は鮮人と社会主義者との放火〟

等の貼出しがある。

島中君の番地がわからなかったので抜刀の男がついて来る。

〔略〕夜寝ているとドヤドヤと人がやって来た。〝誰だ〟ときくと、〝警察だ〟と答える。あけてやると、検束だと云う。十名ばかり来て居る。〝何で検束だ。鮮人の事でか〟〝まあそうだ〟雪がとび出して来て、女や子供や病人ばかりで困ると云うと、誰か居るだろうと云う。〝居ない〟〝では見せろ〟見せてやる。誰も居ないのに安心して、検束しないで帰る。

九月五日
多分大家のした事らしい、竹槍その他の兇器を持った青年団が二十人ばかり事務所を襲って来たそうだ。

〔略〕差入のためにと、午後巣鴨警察署へ行く。

差入れを頼み、石黒〔鋭一郎〕君に面会したいと云うと、〝君も戒厳令撤廃まで検束だ〟と森と云う高等主任が云う。

冗談だと思って〝冗談云っちゃ困るよ〟と云う。だが何うしてもきかない。そのうち盗棒（ママ）〔どろぼう〕刑事がひっぱたくぞと云う。

仕方なく来いと云うところに行く。

警察の中庭だ。鮮人その他が一ぱいになって居る。

自分の姓名を書きとり、所持品をよこせと云う。自分がシースの中のものを検べさせると、主任が〝警察を盗棒（ママ）と思うのか〟と自分の横面をなぐる。それから拳骨の雨。自分はそこへたおされ打たれ蹴られて止む時を知らない。勝手にしろと大の字になってやる。やっとで起き上ったとき、あまり悔しくて、つい〝覚えて居やがれ〟と云う。

再びまた打たれ初め、倒され、蹴らる。

〝殺してしまえ〟

〝戒厳令の功き目を知れ〟

そのうち主任が盗棒刑事をとめたがきかない。主任が怒ってやっとの事でやめさす。

［略］留置場に行くと、官房がぎっしり一ぱいにつまって居る。怪我してウンウンうなって居るものがある。

〝さあ銃殺だ〟と呼び出しをうけて居るものがある。遉（さすが）に寂として声がない。

戒厳令が長びくだろう。その間に食糧が行き渡ればいいが、それがもし不可能だったら。水道は途だえて居る。電燈がつかないとすれば。掠奪が初まるかも知れない。暴動が起るかも知れない。そしてその時は？　その時こそ、我等はただ無法の制裁を受けて、人知れず殺される事だろう。

［略］自分のそばに居た男が（彼は何でも電柱の工夫だと云う事だった）〝私達はやられるでしょうか。社会主義者は皆殺されるんでしょうね〟と云う。

顔だけ知って居る男が〝随分やられましたね。よく殺されなかったものです〟と云う。［略］やがて暫くすると、自分の家に行ってもらった尾行が呼びに来た。行って見ると、雪が来て居る。

〝あのね、何処かへ行くなら帰してもいいと云う事ですが〟と云う。

自分はそれを信ずる事が出来なかった。けれどその一言で自分の心は動揺し初めた。ことによったら出られる。そして助かると云った心が起る。

〝東京に居ても危険なばかりだ。危険でないところに行って静かにして居る方がいい。ことに、ここは一日も早く出る方がいい〟と思う。そこで自分は、〝それなら東京を去ろう〟と答える。〝何処へ行く〟〝兎に角郷里の方へでも〟〝それならよかろう〟〝何時？〟〝一週間〟と雪が云う。〝それは駄目だ〟と云う。

〝いや直きにでも立てる〟

そうして遂に、兎に角郷里の方に向って（しかしこれは限られたのではない）東京を立つと云う事で釈放ときまった。

［九月六日昼頃釈放される。略］散髪に出かけたが、やって呉れない。すぐ後へ、〝社会主義者が〟と青年団のものらしいのがつけて来る。

［詩人、評論家。当時三六歳、巣鴨宮仲（現・豊島区）に住む］

（『自由人叢書②』「自由人」別巻「震災日記」、緑蔭書房、一九九四年）

夜潮閣日録

久保田米斎

・二日（日）晴

［略。港区高輪二本榎で］午後五時過鮮人数十人大崎方面より隊を入り来り或は掠奪或は放火をなすにより女子は避難めしよと誰いうとなく伝え来るに人々騒然たり。いろいろ聞けばいよいよ諸説出ずれどもとにかく鮮人入りこみしは事実なりというに家人を附近の蜂須賀侯別邸にやり一人家の内外を守りつつ人々にきき合すに目黒方面より剣つけ鉄砲を持ちて来りつつありて今格闘中などというもあり。否爆弾をもちて来れりというもあり。何れが真なりや知り難きも町内にて警戒することとせり。又一説には虚報なりというもありて家人等は帰り来れり。午後十時頃一人言葉の怪しきものを捕えたりと人々騒ぎて警官に渡さんとせしが中に知る人ありてこれは近所の洗濯屋の甥にて唖なりと判明したるもかかる際さる不具者を外へ出すは不心得なりと戒め人をつけて帰しやりぬ。

［略］

・三日（月）陰　驟雨あり

［略］夕方五時町内の人々集まられたし自警の為めに相談すべきことありと善隣会の人

のふれ来りしかば指定の所にゆきつ集るもの七八十名ばかり路傍に立ちて待つ。程なくやや肥りたる人高き台の上に立ち上り不逞鮮人をして此西町二、三番地の一区画内に入らざらしめざる様要所要所をもよりの人々にて終夜警戒する事とし竹槍を持ち白布を手首に巻つけて合印とせん。又武器を持ちてもよろしとの事にて議論沸騰し可否の説二つに分れしが遂に持ちてもよろしけれど猥りに害せざる程度にすることに相談を定めし時善隣会長の花房氏とかいう人貴族院に勤務する由なるが彼所より帰り来り。山本内閣の成立せしこと（後にて二日午後七時赤坂離宮内にて摂政宮殿下により親任式を行わせられたるを知る）を告げそれにつきてやや脱線的の演説をせんとして他の人に注意されそれより鮮人の行動云々は多くに風説なりとて生温きことをいい初めたれば人々承知せず。やはりはじめの通り夜警を厳にし且つ火を戒むの目的にて此夜は徹宵して人々の辻に立つこととしたり。

［略］かかるとき巡査の服装をなしたる鮮人今里方面より入り来りたり。宜しく警戒すべしと伝え来るとまもなくこのさきの某氏邸の庭園にまぎれ入りしとて大騒をせしも何の得るところもなかりき。流言蜚語行われ風声鶴唳にも驚かるるに途ゆく人を一々誰何するなど穏ならざるけしきなり。［略］

［日本画家。当時四九歳］

（『日本近代文学館年誌　資料探索　6』日本近代文学館、二〇一〇年）

戒厳令と兵卒

越中谷利一（えっちゅうやりいち）

〔習志野騎兵連隊が〕亀戸に到着したのが〔二日の〕午後の二時頃、おお、満目凄惨！　亀戸駅附近は罹災民でハンランする洪水のようであった。と、直ちに活動の手始めとして先ず列車改め、と云うのが行われた。数名の将校が抜剣して発車間際の列車の内外を調べるのである。と、機関車に積まれてある石炭の上に蠅のように群がりたかった中から果して一名の朝鮮人が引摺り下ろされた。憐むべし、数千の避難民環視の中で、安寧秩序の名の下に、逃れようとするのを背後から白刃と銃剣下に次々と仆れたのである。と、避難民の中から、思わず湧き起る嵐のような万歳歓喜の声。（国賊！　朝鮮人はみな殺しにしろ！）

これを以って劈頭の血祭とした聯隊は、其日の夕方から夜に這入るに随ていよいよ素晴らしいことを行い出したのである。兵隊の斬ったのは多く此の夜である。有名な亀戸事件は知らなかった。〔小説家、俳人。当時二二歳、一九二二年に習志野騎兵連隊に入隊〕

（『戦旗』一九二八年九月号。のち『越中谷利一著作集』東海繊維経済新聞社、一九七一年。越中谷利一「関東大震災の思い出」『日本と朝鮮』一九六一年九月一日号により、伏字を復元）

手記「信毎時代」大正十一年夏頃―昭和二年

風見章

熊谷にはいったのは〔四日〕正午頃であったと記憶する。一天からりと晴れ渡って、日はカンカンに照りつけ、ひどい暑熱であった。

熊谷町役場の前にさしかかると、大道に何十となく菰をかけたままの死体がならんでいた。まことに凄惨な光景である。急いで通りぬけて、一目しか見なくとも気持が悪くなるほどなのに、その近くでオートバイが多分子供に前を横切られたためであったように思う、一寸止まったので後ろをふりむくと、子供を背に負った婦人達が二三人、その死体に唾を吐きかけながら、何というひどい鮮人めだと叫びあっているのを耳にした。

〔略。熊谷を出て高崎に向かう途中〕路傍に撲殺されたままでころがっている屍骸を一つ目撃した。これを見て私は、新聞記者章と身分証明書とだけでオートバイの尻に乗って行くことに危険を痛切に感ぜざるを得なかった。

〔略〕どの辺であったかは忘れたが、申訳に菰をかぶせたままで、いくつかの死体を無雑作に積んだ荷馬車二三台に出会した。その馬車輓は戦利品でも積んだかの如く意気揚々としていた。

［略］熊谷警察では何処から送りとどけられたのか、東京からだともいわれていたが、とに角何十名かの鮮人を署内の武術場内に保護留置して置いた。［略］民衆は留置中の鮮人達を引きずり出して悉く私刑に処したのである。私が四日に同所を通過した折に目撃した屍体の列は、それ等鮮人であったのだ。

［政治家。当時三七歳、信濃毎日新聞主筆］

（北河賢三・望月雅士・鬼嶋淳編『風見章日記・関係資料1936〜1947』みすず書房、二〇〇八年）

地上百首（抄）

土岐善麿

赤羽橋心光院に避難、流言頻りに来たる

戸ざしせぬ庫裡のひさしの星月夜どよめき近く夜はいまだ深し

ひそひそとをしへられたるあひことば暁闇におり立つわれは

ひたと、さわぎ静まる橋のかなた、かの追はれしは殺されにけむ

両岸よりひた投げに投ぐる礫のした沈みし男遂に浮び来ず

［歌人・国文学者。当時三八歳］

（『改造』一九二四年三月号。のち『編年体大正文学全集第一三巻』ゆまに書房、二〇〇三年）

運命の醜さ

細田民樹

避難者の右往左往する大通りを、鼠色の小倉服を着た、十七八の少年鮮人が、在郷軍人の徽章をつけた男に引っぱられて行く。

「私、怪しいものじゃありません、おやじと一緒に、神田の家を焼け出された商人です！」

少年は真蒼な、恐怖に満ちた顔をして、上手な日本語で弁解した。引っぱって行く在郷軍人は、多少解っていると見えて、唯少年の袖を握っているばかりだが、後からぞろぞろとついて行く群集が、××××××くやら、バケツで××××り飛ばす。一旦擦れちがって行き過ぎた男も、それが××だと聞くと、わざわざあと返りをして×××つける。或ガードの下まで来ると、私服を着た巡査が、「俺の方が本職だ。」といわんばかりに、腕をまくって、その少年を受け取ると、ぐいぐいと××××××る。

私は人間の腕の存外強いのに驚いた。あんなに××上げられて、どうして××××のだろう。或いは××ていたかも知れない。

私は少年の様子から見て、それが決して所謂不逞の徒とは思わなかった。そして今でも、私の眼の間違はなかったのを信じている。

〔略〕私の隣りの部落の夜警は、附近の原っぱに寝ていた白痴を滅多斬りに斬って、警官に渡した。私は斬られた男を見た。

「バカで神経が鈍いから歩けたんですが、普通の人なら、とてもあの傷で歩けるもんですか。」

　警察へ引致しておいて、帰った警官が言った。

　私はその前、輸送貨車の中で、自分さえ乗れば、他に避難者は乗せまいとする、いやな避難者を叱りつけたが、それと同じように、この白痴を斬った男が解れば、承知出来ないような気がした。

　夜警をしていると、方々でピストルの音がして、

「警戒！　警戒！」と、石油缶を叩く。

　そんな時には、誰にも頼ることなく、自分ひとりで出来るだけ応戦しようという気になる。無警察、無秩序の恐怖から脱け出て、とにかく自分ひとりでも強くなって、防がねばならないという心持になる。

　恐らく、多くの人も、そんな気持で夜警をしたに違いない。それで却って、自警団の団結が固くなったのだろう。


〔小説家。当時三一歳、下谷浅草西（現・台東区）で被災〕

（『文章倶楽部』〈凶災の印象・東京の回想〉一九二三年一〇月号、新潮社。のち琴秉洞編『朝鮮人虐殺に関する知識人の反応２』緑蔭書房、一九九六年）

亀戸労働者殺害事件調書［一五］南喜一聴取書

南喜一

私ハ然ラバ殺シタ者ノ遺骨ハドウシタカ、ト云ウト、〔古森亀戸〕署長ハ骨ハ荒川放水路ノ四ツ木橋ノ少シ下流デ焼イタカラ自由ニ拾ッテ呉レトノコトデアッタカラ、私ハ彼所ニハ機関銃ガ据付ケテアッテ朝鮮人ガ数百人殺サレタコトハ地方人ニ公知ノ実見事実デアルカラ、アンナ所ニ捨テタ骨デハ誰ノ骨ダカワカルマイト談シタ所ガ兎ニ角明日〔十月十一日〕午前九時ニ来テ呉レ案内ヲスルカラトノ事デシタカラ其日ハ私ハ帰リマシタ。

〔実業家。当時三〇歳、寺島（現・墨田区）でグリセリン工場経営〕

（亀戸事件建碑記念会編『亀戸事件の記録』日本国民救援会、一九七三年再録）

（遺骨引取交渉が決裂し、空の骨箱を抱えて亀戸警察署から帰る南喜一・川合さと・佐藤てい等亀戸事件の遺族達。『国民新聞』一九二三年一〇月一四日より）

日記

吉野作造

〔一九二三年〕九月三日　火曜(ママ)

三日、此日より朝鮮人に対する迫害始る。不逞鮮人の此機に乗じて放火、投毒等を試むるものあり大に警戒を要すとなり　予の信ずる所に依れば宣伝のもとは警察官憲らし無辜の鮮人の難に斃る、者少らずと云う　日本人にして鮮人と誤られて死傷せるもありと云う　昼前学校に行くとき上富士前にて巡査数十名の左往右返此辺に鮮人紛れ込めりとて狼狽し切っているを見る　やがてさる一壮夫を捉うるや昂奮し切れる民衆は手に手に棒などを持って殺して了えと奴鳴る　苦々しき事限りなし

〔一九二四年〕七月九日　水曜

学生の一人より知人の看護婦の話なりとて次の様な惨話をきく　去年九月のこと千葉に朝鮮飴売の律儀者あり　妻君は日本人なり　十三になる男の子あり　あの騒ぎで主人公は忽ち殺され子供は学校よりの帰りに襲われ片目はつぶされ　からだ中疵穴だらけで病院に飛び込み来る　喉が渇いて堪らぬので水を求むれども何処でも呉れぬ　病院なら貰えると思って来た　どうか助けてとおがむばかりに頼む　不憫に思い手当してやる

すると之を聞いた民衆が承知せぬ　出せ出せと云う　已むなく因果を含めて出て貰う　跡ふり返りながら悄然として出て行く　すると物の一時間も立たぬうちに死骸となりて運び込まれたという　夫より十日程経て妻君は流産し又喉を突いて自殺をはかる　之も病院に運ばる　傷は大したこともなかったが産褥熱の為に之も果敢なくなる

斯んな話は幾らもあるが直接取扱った人の話丈に印象が深い　之を悔いざる国民は禍である

［政治学者、思想家。当時四五歳、本郷区駒込神明町（現・文京区）に住む］

（吉野作造『吉野作造選集一四・日記二』岩波書店、一九九六年）

文化人らの証言　その後の回想

地震

石垣綾子

〔二日〕夜になる前に男たちは、わが家を守るため、自警団を組織した。丁度たそがれ時、高い音を立てて走る足音が聞え、弟があらわれた。

「大塚で朝鮮人が五百人、爆薬庫に火を付けた」、と弟は興奮して叫んだ。

ろうそくのゆらめく炎が庭で、ぼんやり明るい小さな円を描いた。叔母の顔は、ろうそくの光でほんの一部見えたが、青ざめていた。しばらくの間誰も口をきかなかった。木の葉が静けさの中でさらさらと鳴った。それから女中がいった。「井戸に水を汲みにまいりましたら、朝鮮人が井戸に毒を入れているから、気を付けねばいけないと申しておりました。恐ろしいことではございませんか。」

〔略〕「朝鮮人は爆薬を持って、屋根から屋根へと火を付けているという話だ」、と弟は恐怖で声を詰まらせていった。

〔略〕全くの闇の中で誰かが走ってくるのが聞え、叔母のところの下男が息切れしながら大声でいった。「今警察の告示を見てまいりました。朝鮮人の悪党どもがそこら中にいて、略奪し、火をしかけ、井戸に毒をいれていると書いてございました。気をつけるようにと。家に戻る途中で、人が多勢集っているのを見ました。疑わしげな朝鮮人が打たれていました。朝鮮人がきいきい悲鳴をあげているのが聞えました。シャツはずたずたに破けていました。［略］まちがって日本人も何人か打たれました。通りの角々には自警団がおります。『そこへ行くのは誰だ』と聞かれて、すぐに自分の名前と住所を思い出せなくて、どもると、朝鮮人だと思い、自警団は散々なぐりつけます。」

［略］十六歳の弟は、自警団に入っているのが自慢で、町の出来事のニュースを持ってきた。

今度は、目をまるくして弟はいった。「たった今、社会主義者が暴動を起して、皇居を急襲したって聞いた。朝鮮人をそそのかしたのは社会主義者だといっている。何千人もの社会主義者が逮捕されて、何人かは殺されたって。」弟は水を一杯のんで、また走り去った。

［評論家、社会運動家。当時一九歳、市谷加賀町（現・新宿区）に住む］

（一九四〇年にマツイ・ハルの名でニューヨークで出版。石垣綾子（マツイ・ハル）・佐藤共子訳『憩なき波――私の二つの世界』未來社、一九九一年）

関東大震災

伊波南哲（いばなんてつ）

夜間になると、わが一中隊は閑院宮邸警護の命令を受けて出動した。市内の電燈は消え、至るところに松明や焚火が燃えていた。

宮邸の庭には大きな釜を据えて、焚き出しがはじまった。昼食抜きの私たちは、お握りとタクアンでようやく飢えをしのいだ。

「一中隊集合——」

小越中尉は、軍刀をぎらりと引き抜いて、右肩に構えた。各将校は実戦さながらに軍刀を帯びていた。

「中隊命令を伝達する。今宵十時を期して戦闘を開始する。情報——本日午後十時を期して朝鮮人大挙して閑院宮邸を襲撃するとのことである。依ってわが中隊はそれが防戦につとめる。発砲せずに突撃を敢行するやも知れず。諸君は未だ実戦の体験はないが、戒厳令が施行されたら実戦と同様である。実弾を装塡して安全装置をしておく。命令のあるまでみだりに発砲することを禁ずる。おわり」

秋霜烈々たる命令であった。

私は全身こきざみに慄えて、心は凍る思いがした。せっかく近衛兵に選抜されて入営はしたものの、これで戦死するのかと思うと、朝鮮人の大挙襲撃が、単なるデマであれかし、と祈らずには居られなかった。

腕時計を見ると九時十分なので、あと五十分の生命かと思うと、故郷の父母や弟妹の顔がちらついて、悲痛な気持に襲われるのであった。

「敵襲――」

伝令が叫んだ。急に門前が騒がしくなって、自警団員が頓狂な声で、何かを罵っていた。

「一中隊集合、着剣、戦闘準備――」

小越中尉は軍刀を引き抜いて緊張した。

そのとき、がやがやと騒ぎながら、一人の怪しい男を縛って、自警団員の白鉢巻が多勢で、私たちのところにやってきた。赤坂憲兵隊の友利軍曹が付き添っていた。

「憲兵さん。この男は私たちが捕えたんですから、自警団に渡してください。こちらで処分します」

「それはいかん。一応憲兵隊へ同行して取調べる」

怪しい男を縛った捕縄の縄尻は、憲兵の友利軍曹が、しっかり握っていた。

「憲兵！　おれたちの捕えた朝鮮人だ。おれたちの手で成敗してつかわす。その男を渡せ」

自警団員は気が立っているので食ってかかった。

「黙れッ。憲兵に向って何をいうか。戒厳令下では一切の権限は軍隊が握っている」

友利軍曹は、憲兵隊の弓張りの提灯を振りまわしながら、朝鮮人らしい容疑者を曳いて行った。大山鳴動して鼠一匹。朝鮮人が大挙して襲撃するというのは全くのデマであった。さらに朝鮮人が井戸に毒物を流したとか、爆弾を所持しているとか、いろいろのデマが乱れ飛んでいたが、それらはすべて流言蜚語であった。

幽霊の正体見たり枯尾花で、これらのデマに踊らされて、罪もない朝鮮人が惨殺された話が至るところにあった。甚だしいことには、日本人が朝鮮人の顔に似ているというので袋叩きにされたものもあった。

私は、なまじっか無茶な戦闘を交えて、殺し合わなかったので、無血のままで済んだことを、心から神に感謝するのであった。

［詩人・作家。当時二〇歳、赤坂（現・港区）の近衛第三連隊第一中隊所属］

（伊波南哲『天皇兵物語』日本週報社、一九五九年）

関東大震災直後

井伏鱒二

〔一日夕〕鳶職たちの話では、ある人たちが群をつくって暴動を起し、この地震騒ぎを汐に町家の井戸に毒を入れようとしているそうであった。私は容易ならぬことだと思って、カンカン帽を被り野球グラウンド〔早稲田大学戸塚球場〕へ急いで行った。小島君〔小島徳弥〕は一塁側の席の細君のところにいた。私が井戸のことを言う前に、小島君が先に言った。スタンドにいる人たちも、みんな暴動の噂を知っているようであった。彼等が井戸に毒を入れる家の便所の汲取口には、白いチョークで記号が書いてあるからすぐわかると言う人がいた。その秘密は軍部が発表したと言う人もいた。

その当時、早稲田界隈の鶴巻町や榎町などでは、旧式の配水による内井戸を使っている家と共同井戸を使っているところを見かけたが、下戸塚などの高台では一様に手押しポンプで板の蓋を置いた井戸を使っていた。蓋を取れば井戸のなかが丸見えで、毒を入れられたら一溜りもない。

〔略。二日〕日が暮れてから三塁側スタンドへ出かけて行くと、昨日と同じところに小島君がしょんぼり腰をかけていた。暴動のことを訊くと、大川端の方で彼等と日本兵との間に、鉄砲の撃ちあいがあったそうだと言った。もし下戸塚方面で撃ちあいが始まったら、我々はどうなるかという不安が強くなった。［略。七日夕］中央線の大久保駅まで歩いて行くと、街道に暴動連中の警戒で自警団が出ているので、大久保から先は線路伝いに歩いて行った。［略。中野駅付近の薯畑で野宿しようとしていると］「お前さん、日本人か」と私を咎める者があった。見れば、六尺棒を持って草履脚絆に身をかためた四十前後の男が、枕元に立っていた。

私は日本人だと答え、立川から汽車に乗るためここまで来ている者だと言った。相手は私が日本人であることをすぐ認め、「お前さん、こんなところで寝ると風邪を引くよ。薯畑だって、蚊が来るからね。うちへ来て寝るといいよ」と言って、新しい大通りのほとりにあるトントン葺の長屋に連れて行ってくれた。

［小説家。当時二五歳、牛込区下戸塚（現・新宿区西早稲田）の下宿に住む］

（井伏鱒二『荻窪風土記』新潮社、一九八二年）

闇と人間

黒澤明

下町の火事の火が消え、どの家にも手持ちの蠟燭がなくなり、夜が文字通りの闇の世界になると、その闇に脅えた人達は、恐ろしいデマゴーグの俘虜になり、まさに暗闇の鉄砲、向う見ずな行動に出る。

経験の無い人には、人間にとって真の闇というものが、どれほど恐ろしいものか、想像もつくまいが、その恐怖は人間の正気を奪う。

どっちを見ても何も見えない頼りなさは、人間を心の底からうろたえさせるのだ。

関東大震災の時に起った、朝鮮人虐殺事件は、この闇に脅えた人間を巧みに利用したデマゴーグの仕業である。

私は、髭を生やした男が、あっちだ、いやこっちだと指差して走る後を、大人の集団が血相を変えて、雪崩のように右往左往するのをこの目で見た。

焼け出された親類を捜しに上野へ行った時、父が、ただ長い髭を生やしているからというだけで、朝鮮人だろうと棒を持った人達に取り囲まれた。

私はドキドキして一緒だった兄を見た。

兄はニヤニヤしている。

その時、

「馬鹿者ッ！」

と、父が大喝一声した。

そして、取り巻いた連中は、コソコソ散っていった。

町内の家から一人ずつ、夜番が出ることになったが、兄は鼻の先で笑って、出ようとしない。

仕方がないから、私が木刀を持って出ていったら、やっと猫が通れるほどの下水の鉄管の傍へ連れていかれて、立たされた。

ここから朝鮮人が忍びこむかも知れない、と云うのである。

もっと馬鹿馬鹿しい話がある。

町内の、ある家の井戸水を、飲んではいけないと云うのだ。

何故なら、その井戸の外の塀に、白墨で書いた変な記号があるが、あれは朝鮮人が井戸へ毒を入れた目印だと云うのである。

私は惘（あき）れ返った。

何をかくそう、その変な記号というのは、私が書いた落書だったからである。

私は、こういう大人達を見て、人間というものについて、首をひねらないわけにはいかなかった。

［映画監督・脚本家。当時一三歳、小石川大曲（現・文京区）付近に住む］

（黒澤明『蝦蟇の油――自伝のようなもの――』岩波書店、一九八四年）

下町のひとびと

佐多稲子

〔一日〕暮れかけてきて、どこからともなしに伝わってきたのは、朝鮮人が井戸に毒を投げた、という噂であった。その井戸は近くだし、あっちでも朝鮮人が毒を投入する瞬間につかまえられた。そしてそれは打殺され川に投げられた、という。

〔略〕今夜、少しさきの空地へ避難した方がよい、というのは弟で、その弟はどこから持ってきたのか、私に、消防の持つとび口を一本握らせた。とび口のさきは鋭く、銀色に光って、それは重いものだった。弟はこれを私の護身用に、それも朝鮮人に対する護身用に握らせたのであった。つまり、こういう形で、いわばいち早く人心動揺のほこ先転化が計画されたので、弟の持ってきたとび口はしかるべき官筋から出たのにちがいなかった。が、このときの私に、そういう判断のつく力はなかった。

夜になって、私は年寄りを連れ、工場わきの空地へ逃れたが、そこには身ひとつでここまで逃れてきた老人夫婦もうずくまっていた。私は持っていた夜具の一枚を分けて、その一夜を心細く、とび口を抱いて地べたに坐っていた。この空地の周囲で、いわゆる朝鮮人騒ぎが起っているからであった。

アラララ、と聞える高い叫び声は朝鮮語らしく聞える。竹刀でも激しく打ち合うような音も聞える。朝鮮人がこの大動乱に乗じて暴動を起したという筋書を疑う力もないから、空地の周囲の叫び声や、打ち合うもの音を、朝鮮人との戦いなのだ、と私はおもっていた。異常な経験の中にいるから特に恐怖というものもない。私にはむしろ、銀色に光るとび口の重さの方がものものしかった。

私はこのときのことをおもい出すたびに、同じ長屋で親しくしていたひとりのおかみさんの言った言葉を同時におもい出す。日頃から気性の勝った人だった。夫は旅まわりの劇団についてまわっている貧しい興行師で、その留守中、病人の舅と幼い娘を自分の内職で養っている、そういう人であった。とにかく騒然とした一夜が明けて、長屋のものが半壊のわが家のまわりに寄り合ったとき、ひとりが自分のゆうべの恐ろしかった経験を話し出した。話し手の彼女は、一晩中朝鮮人に追いかけられて逃げて歩いた、というのだ。それを聞いたとき、興行師のおかみさんは、利口にその話を訂正した。彼女はこう言ったのである。朝鮮人が暴動を起したなんていったって、ここは日本の土地なんだから、朝鮮人より日本人の数の方が多いにきまっている。朝鮮人に追いかけられたとおもっていたのは、追われる朝鮮人のその前方にあんたがいたのだ。逃げて走る朝鮮人の前を、あんたは自分が追われるとおもって走っていたにすぎない、と。

私はこの訂正を聞いたとき、強いショックでうなずき、兼ねてこの人への尊敬をいっそう強くした。全くそのとおりだとおもったし、しかもそういう判断にいっこう気づかなかった、ということにショックを受けた。

あの動乱のとき、この怜悧な判断を持ったのは、庶民の知恵というものだろうか。朝鮮人を特に軽蔑する感情もなく、むしろ同情する貧しい生活者の知恵というものだったろうか。これはたまたま私がこういう怜悧な人の言葉を聞くときに居合せたことだったかもしれない。多くの庶民があの流言蜚語に迷ったも事実にちがいないのだから。

私も見たのだが、近くのどぶ川にうつぶせに浮んでいたのは、町の住民に殺された朝鮮人の死体であった。工場街である寺島のあたりは朝鮮人騒ぎの大きかった所と聞いている。この問題は今日明らかになっていることだが、貧しい興行師のこの妻のような怜悧で正しい判断は、あの当時住民の多くは持ち得なかった。政府の流した蜚語は、大地震という自然の脅威におののいている住民の、異常な神経を煽った。このことは今日、多くの人が知っておく必要がある。

［小説家。当時一九歳、日本堤（現・台東区）で被災し寺島（現・墨田区）の家へ帰宅、そばの京成電車の停留所に近所と寄り添う］

（『中央公論』一九六四年九月号、中央公論社）

米騒動や大震災の思い出

正力松太郎

次に朝鮮人来襲騒ぎについて申上げます。朝鮮人来襲の虚報には警視庁も失敗しました。大地震の大災害で人心が非常な不安に陥り、いわゆる疑心暗鬼を生じまして一日夜ごろから朝鮮人が不穏の計画をしておるとの風評が伝えられ淀橋、中野、寺島などの各警察署から朝鮮人の爆弾計画せるものまたは井戸に毒薬を投入せるものを検挙せりと報告し二、三時間後には何れも確証なしと報告しましたが、二日午後二時ごろ富坂警察署からまたもや不穏鮮人検挙の報告がありましたから念のため私自身が直接取調べたいと考え直ちに同署に赴きました。当時の署長は吉永時次君（後に警視総監）でありました。私は署長と共に取調べましたが犯罪事実はだんだん疑わしくなりました。折から警視庁より不逞鮮人の一団が神奈川県川崎方面より来襲しつつあるから至急帰庁せよとの伝令が来まして急ぎ帰りますれば警視庁前は物々しく警戒線を張っておりましたので、私はさては朝鮮人騒ぎは事実であるかと信ずるに至りました。私は直ちに警戒打合せのために司令部に赴き参謀長寺内大佐（戦時中南方方面陸軍最高指揮官）に会いましたところ、軍は万全の策を講じておるから安心せられたしとのことで軍も鮮人の来襲を信じ警戒しておりました。その後、不逞鮮人は六郷川を越えあるいは蒲田付近にまで来襲せりなどとの報告が大森警察署や品川警察署から頻々と来まして東京市内は警戒に大騒ぎで人心恟々(きょうきょう)としておりました。しかるに鮮人がその後なかなか東京へ来襲しないので不思議に思うておるうちようやく夜の十時ごろに至ってその来襲は虚報なることが判明いたしました。

〔内務官僚、実業家、政治家。当時三八歳、警視庁官房主事〕

（正力松太郎『悪戦苦闘』早川書房、一九五二年。のち『正力松太郎――悪戦苦闘』日本図書センター、一九九九年）

天幕編集者

野村秀雄

二日の夜に荒木社会部員が飛んできて、「いま各所を鮮人が襲撃しているから、朝日新聞で触れ回ってくれと警視庁が言っている」と急報した。一同はこれを聞いて、「よしっ」とばかり小高運動部長ら五、六人と自動車に乗って全市の要所へ「鮮人が襲撃するから用心せよ」と触れ回ったものだ。この朝鮮人騒ぎというものは、実は、通信が途絶えたため警視庁にも正確な情報が集らず、あわてたものだ。流言の因は当時六郷の郊外電車の架橋工事に多数の朝鮮人工夫が働いていたが、震災にあって飯がないので付近の民家へ入って飯を食ったということが誤り伝えられたものらしい。また朝鮮人が井戸へ毒薬を入れたという風説もあったが、これはその二、三日前に牛乳配達だか新聞配達だかが、月末にお得意先の家に白ボクで○印を付けて歩いたのを地震になってからこれを見た人々が勘違いして朝鮮人の毒薬投入説をふり撒いたものらしかった。

［放送経営者、ジャーナリスト。当三四歳、東京朝日新聞政治部記者。震災時は二重橋前に避難し、「天幕編集局」を設置］

（『朝日人』一九六三年九月号。のち有竹修二『野村秀雄』野村秀雄伝記刊行会、一九六七年）

衆愚

鈴木東民

九月一日が来る。関東大震災は四〇年前の昔ばなしとなったが、東京の真中でそれを経験したわたしの印象は、今でもなまなましい。そのときわたしは地獄絵を目のあたりに見たのです。数々の惨劇の中でも、朝鮮人虐殺にわたしは戦慄と憤りとを感じました。「朝鮮人反乱」のデマを発案した張本人が誰であるかをわたしは知らないが、それを流布するのに官憲も手伝ったことは事実です。「朝鮮人三〇〇〇人の一隊が機関銃を携えて代々木の原を進撃中」とか「朝鮮人の婦女子が毒物を井戸に投入しつつあり」とかいった類のビラが麗々しく、いたる所の巡査の交番にはられているのをわたしは見ました。

朝鮮人を殺せというので「自警団」が組織されました。八百屋や魚屋のあんちゃんたちまで、竹ヤリや日本刀をふりまわして、朝鮮人を追いまわし、われわれ市民を監視したり、どなりつけたりしました。わたしの下宿の主人は、錆びついた仕込み杖をひっぱり出して砥石にかけました。

それを笑ったというので、その下宿の主人と下宿人である若い検事とが、わたしに食ってかかりました。朝鮮人の反乱を信じない態度が、非国民的だというのです。その検事はどなりました。「警察が認めていることを、君は否定するというのですか」と。東京市民の九九％までが、この調子でした。こうして幾十万の朝鮮人が虐殺されたのです。

それから三年目にわたしはドイツへ行きました。そこにはアドルフ・ヒトラアというデマゴオグがいました。冷静な外国人であるわたしの目には、この男は精神異常者としかうつらなかったのに、ドイツの大衆はかれの一挙一動に魅せられました。そしてかれの指揮するままに、ユダヤ人虐殺に協力しました。わたしはその惨劇も目撃しなければなりませんでした。

（一九六四・八・二八）

［ジャーナリスト、労働運動家、政治家。当時二八歳、麻布（現・港区）で下宿］

（鈴木東民『市長随想―東北の一隅から―』刀江書房、一九六六年）

自歌自註「東京詠物集」

折口信夫

増上寺山門

国びとの　心さぶる世に値ひしより、顔よき子らも、頼まずなりぬ

［略］大正十二年の地震の時、九月四日の夕方ここ（増上寺山門）を通って、私は下谷・根津の方へむかった。自警団と称する団体の人々が、刀を抜きそばめて私をとり囲んだ。その表情を忘れない。戦争の時にも思い出した。戦争の後にも思い出した。平らかな生を楽しむ国びとだと思っていたが、一旦事があると、あんなにすさみ切ってしまう。あの時代に値って以来というものは、此国の、わが心ひく優れた顔の女子達を見ても、心をゆるして思うような事が出来なくなってしまった。歌としては相当な位置にあるものだと思うが、芯にある固いものが、どこまでもこの歌の美しさを不自由ならしめている。

［民俗学者、国文学者、国語学者、釈迢空と号して詩人・歌人。当時三六歳、芝増上寺（現・港区）山門での体験］

（折口博士記念古代研究所編纂『折口信夫全集第二六巻』中央公論社、一九五六年）

「水の流浪」の終わり

金子光晴

　この天災で、多くのものがくずれ去った。江戸時代からのこっていた建物や什器、その他、二度と存在しないような貴重な物件が烏有に帰した。なんらかの意味で、過去の完成に支えられていた僕じしんの精神の拠点がゆらぎ出したとともに、その後の日本の崩壊も、すでにその時に端を発していたとおもえる節があった。単なる災厄ではない。明治が早幕に築きあげた新しい秩序が、ようやくその上塗りを剝がされ素地の非力を露呈しはじめたものとも考えられる。そのどさくさのあいだにおこった朝鮮人さわぎや、左翼書生への神経病的な当局、並びに一般市民の警戒ぶりが、はっきりそのことをものがたっている。地震のひびわれのあいだから、反政府の思想運動が芽ぶき、人々の心に不安と、一脈の共感をよびさませた。余震は十日すぎても猶つづいた。各町内に自警団が組織され、椅子テーブルを持出して通行人を一々点検した。髪の毛をながくしていたために社会主義者ときめられて、有無を言わさず殴打されたうえに、警察に突出されるのを、僕は目撃した。アナーキストだった壺井繁治などが逃げあるいたり、弘前なまりのために、鮮人とまちがえられた福士幸次郎が、どいつを唄って、やっと危急をのがれたりというようなことが、あっちでもこっちでもおこった。いつもわけのわからない人間が多勢集るというので、僕のうえにも疑惑の眼が光った。

［略］暴力団のような男がいて、大曲の河岸で待っているから来いと、僕のところへ申し入れてきた。誰にも言わず、僕は、日本刀を腰にさして出かけていった。青江下阪の三尺近い細身の長刀で、造りもよく、奈良安親作の赤銅に鉄線の花を彫りあげた精巧な鍔がねうちのものだった。まさか、それであいてを切る気でもなかったのだろうと思うが、ゆきがかり上、わきへそらせることのできない融通の利かない性格のために、つい先へ、先へと自信もないのにすすみ出てしまうのはわれながら日本人の、とりわけ東京育ちの弱点を備えていると気づいておどろいたものだ。先方は、棍棒をもって三人で待っていた。「この社会主義者奴、くたばれ」といって、いきなり一人が棒をふり廻してきた。僕は、やっと事態のばからしさに気がついて、ニヤニヤ笑い顔をつくって立っていると、先方も顔をみあわせて、ぶつぶつ話していたが、このへんにまごまごしていない方がいい、二度と顔をみたらただではおかないと凄んだ果てに引上げていった。左の拇指と、左の耳のうしろに僕は傷をうけていた。僕はひどく悲しくなって戻ってきたが、そのために牛込を去って、鶴見の潮田の汐見橋の橋詰にある叔母の家に当分行っていることにした。

［詩人。当時二七歳、牛込赤城元町（現・新宿区）に住む］

（金子光晴『詩人――金子光晴自伝』平凡社、一九七三年）

大震災がつけた芸名

千田是也

そのころ私は千駄ヶ谷に住んでいた。朝鮮人襲撃のうわさが広まったのは震災の翌日だった。朝鮮人が日ごろの恨みをはらしに来るとか、社会主義者、無政府主義者が井戸に毒を投げるとか、罹災者に毒まんじゅうを配っているとか、さまざまな流言が飛びかっていた。

若い者は自警団に出ろというので、私も登山杖を持って、向かいの大学生といっしょに警備に当たることになった。家の近くを巡らしていたが、夜になってもだれも来ない。待っているのももどかしくなり、偵察のため千駄ヶ谷駅の線路の上の土手を登って行った。すると内苑と外苑をつないだ道路（当時は原っぱだったが）の方から、提灯が並んでこっちにやって来るのが見えた。あっ、〝不逞朝鮮人〟だと思い、その方向へ走っていった。不意に私は、腰のあたりを一発殴られてしまった。驚いてふりむくと、雲をつくような大男がいて「イタァ！　チョウセンジンダァ！」と叫んでいる。それは、千駄ヶ谷駅前に住んでいる、白系ロシア人の羅紗売りだった。

そのうち、例の提灯にも取りまかれ、「畜生、白状しろ！」とこづきまわされる。私はしきりに、日本人であることを訴え、早稲田の学生証を見せたが信じてくれない。興奮した彼らは、薪割りや木剣を振りかざし「あいうえおを言え！」「教育勅語を言え！」と矢継ぎ早に要求してくる。この二つはどうにか切り抜けたが「歴代天皇の名前を言え！」と言われたときはさすがに困った。こちらは中学を出たばかりだから半分くらいしか覚えていない。

もうダメだと覚悟したとき、「なあんだ、伊藤（本名）さんのお坊っちゃまじゃないですか」という声がした。それは日曜学校でいっしょだったころの知り合いだった。この一声で私は救われた。

それにしても、私は殺られずに済んだが、ちょっと怪しいというだけで、日本人も含めた罪のない人々がいったい何人殺されたのだろう。

後になってそれは、政府や軍部が流したデマだと知って、がく然とした。震災の混乱を利用して、階級的対立を民族的対立にすり替えることで、大衆の不満をそらそうとしたのだ。これはナチスがとった手段と全く同じではないか。異常時の群集心理で、あるいは私も加害者になっていたかもしれない。その自戒をこめて、センダ・コレヤつまり千駄ヶ谷のコレヤン（Korean）という芸名をつけたのである。（談）

［演出家、俳優。当時一九歳、早稲田大学聴講生］

（毎日新聞社編『決定版昭和史・第4巻——昭和前史・関東大震災』毎日新聞社、一九八四年）

関東大震災

田河水泡

品川警察署に寄ったところ

「〔従兄弟がいる〕五反田方面は火災もなく心配はないが、夜遅く君のような長髪で歩いていては、自警団に怪しまれて危険だから、今夜は警察で保護する。今夜は刑事部屋で寝て行くほうが安全だ」

と親切な態度で泊めてくれた。長い道のりを歩いて疲れていたから、寝具もない刑事部屋の畳にごろ寝のままぐっすりやすませてもらった。

夜が明けて、きのうの巡査に礼を言って警察をでたが、道々、自警団が日本刀の抜身をぶらさげて、通行人をうさん臭そうに睨んでいる。私は長髪なので社会主義者だろうと思われて、抜身をぶらさげた男たちに呼びとめられた。

「どっから来た。どこへ行く。職業は?」

といろいろ聞かれるので、ズボンに少し油絵の具がついていたのを見せて、絵描きであることを納得させて放免されたが、これが夜だったら自警団も気が立っているから、どんなことになったか、危ないところだった。

［漫画家、落語作家。当時二四歳、二日朝、大磯（神奈川県）を発って東京深川（江東区）の伯母の家へ徒歩で向かい、夜暗くなった頃に品川警察署前まで辿りつく］

（田河水泡・高見澤潤子『のらくろ一代記──田河水泡自叙伝』講談社、一九九一年）

十五円五十銭

壺井繁治

〔二日〕わたしは牛込区弁天町〔現・新宿区〕の居出の下宿に避難した。彼は早稲田の法学部を卒業後も学生時代の下宿に陣取り、そこから海軍省へ通っていた。その避難先でも朝鮮人が家々の井戸に毒物を投げ込みまわっているとか、社会主義者が暴動を起こそうとしているとかいう噂で持ちきりだった。つぎの日の昼ごろ居出と連れ立って矢来下から江戸川橋の方へ歩いていった。そして橋の手前に設けられた戒厳屯所を通り過ぎると、「こらッ！　待て！」と呼び止められた。驚いて振り返ると、剣付鉄砲を肩に担った兵士が、

「貴様！　朝鮮人だろう？」とわたしの方へ詰め寄ってきた。わたしはその時、長髪に水色のルパーシカ姿だった。それは戒厳勤務に就いている兵士の注意を特別に惹いたのであろう。その時まではそれほど気にしていなかった自分の異様な姿にあらためて気がつき、愕然とした。わたしは衛兵の威圧的な訊問にドギマギしながらも、自分が日本人であることを何度も強調し、これから先輩を訪ねるところだから、怪しいと思ったらそこまでついてきてくれといった。わたしはその時生方敏郎のことを思い浮かべていたの

だが、傍の居出もしきりに弁明に努めてくれたので、やっと危い関所を通過することが出来た。

わたしは滝野川の岡本の安否が気になったのと、人目を惹き易いこの異様な身なりをなんとかしなければならぬと思ったので、江戸川橋の袂で居出と別かれ、護国寺の方へ向かって急いだ。すると向こうからラッパ卒を先頭に騎兵隊が行進してきた。音羽通りをびっしりと埋め尽すほどの騎兵の大部隊は、暴動の鎮圧に出陣しているかのような殺気だった雰囲気をあたりに撒き散らした。左側の大塚警察署の前までくると、その掲示板に「暴徒アリ放火略奪ヲ逞シウス。市民各位当局ニ協力シテコレガ鎮圧ニ努メラレヨ。」という貼り紙がしてあった。

岡本の家は幸に地震には潰されていなかったが、別の危険がその家を取りまいていた。つまり日ごろから一風変った人間が、絶えず出入りすることで近所から怪しまれていたので、このドサクサに乗じて何をされるかわからなかった。わたしは岡本から浴衣と袴と黒いソフト帽を借り、その帽子で長髪を出来得るかぎり隠してまた居出の下宿へひき返えした。途中富坂辺で野次馬に取り囲まれ、背中から鳶口を打ち込まれている人夫風の男を見た。それは朝鮮人と見られて、そういう惨虐なテロに遭っていたのであろう。

［略。五日］熊谷あたりから列車が駅に着く毎に、剣付鉄砲を担いだ補助憲兵がやってきて、車内を覗いて廻わった。怪しい人間が混雑した車内へ潜り込んでいやしないかと

の探索であった。車内はギュウギュウ詰めで、便所へ立とうとしても立てないぐらいだった。ここでも社会主義者や朝鮮人に関するデマが盛んに話題に上っていた。中には朝鮮人を何人殺したかを自慢話する者さえあった。こんなかにだって、社会主義者や朝鮮人が潜り込んでいるかもしれないぞ、とあたりを見廻す者もあった。長髪を蓄えていることが社会主義者の一つの目標となっていた当時のこととて、わたしは胆を冷やしながら、ソフトをいっそうまぶかにしなければならなかった。そのようにしてまた汽車がある駅に着くと、例の通り剣付鉄砲の兵隊が車内を覗きにきた。彼は暫らくの間車内をジロジロ見廻わしていたが、突然わたしの隣の印絆天の男を指して怒鳴った。

「十五円五十銭いってみろ！」

指された若い土方風の男は、兵隊の訊問があまりに奇妙で且つ突然だったので、その意味が解らなかったらしく、はじめはポカンとしていたが、やがてはっきりとした発音で「ジュウゴエンゴジュッセン」と答えると、兵隊は「よし！」といってその場を去った。剣付鉄砲の立ち去った後で、わたしは隣の男の顔を横眼で見ながら、「ジュウゴエンゴジュッセン　ジュウゴエンゴジュッセン」と、こころの中で繰り返してみた。そしてようやくその訊問の意味がわたしにも呑み込めた。というのは朝鮮人は一般に濁音が正確に発音出来ず、その人間が日本人か朝鮮人であるかを見分けるために、濁音の最も多いこの言葉、すなわち「十五円五十銭」の発音で試すことが、戒厳司令部から駅を警戒する戒厳屯所まで指令されていたらしいからである。そしてもしこの男が朝鮮人なみに十五円五十銭を「チュウコエンコチッセン」としか発音出来なかったとすれば、早速兵隊に引っ立てられ、どんなに悪い運命に見舞われたか知れたものではない。

［詩人。当時二五歳、下谷真島町（現・台東区）の下宿で被災し上野公園へ避難して助かる］

（壺井繁治『激流の魚――壺井繁治自伝』光和堂、一九六六年）

「不逞男女鮮人」の騒ぎ

比嘉春潮

地震後の不安に加えて、朝鮮人が大挙して襲撃するという不穏なうわさが飛び、人びとの恐怖をかりたてていた。在郷軍人を中心に自警団が組織され、日本刀を差したのやら、竹槍をかついだ物騒なのがそこらを徘徊した。淀橋の原っぱでも自警団が出ていたが、ボーと鳴っている石油コンロが注意を惹くらしく、しきりにわれわれのまわりをウロウロする。饒平名(よへな)君が腹を立てたと見え、近づいてきた自警団のひとりをつかまえると、下から顔を覗きこんで、

「こいつ朝鮮人じゃないか」

と冷やかした。朝鮮人はいないか、いないかと探し歩いているのをつかまえて逆手をとったので、相手はいっそう硬化してしまった。

幾日かたって、もう家で寝るようになったある夜半、私たちは自警団の突然の訪問に寝入りばなを叩き起こされた。出ろというから、私がまず玄関に出た。饒平名君も起き出してきて、黙って後ろにすわった。

「朝鮮人だろう」

「ちがう」

「ことばが少しちがうぞ」

「それはあたりまえだ。僕は沖縄の者だから君たちの東京弁とはちがうはずじゃないか」

押し問答をしているうちに、隣に間借りしていた上与那原という学生が出てきた。海軍軍医大佐で有名な人の弟で、沖縄にいたころアナーキスト・グループの中にいた人だ。彼も私の肩を持って、自分の知り合いの沖縄人だと弁明し、

「なにをいっているんだ。日清日露のたたかいに手柄を立てた沖縄人を朝鮮人と一緒にするとはなにごとだ」

と、いかにも彼らしくまくし立てたが、そのことばも聞かばこそ。かえって、

「こいつも怪しいぞ」

とおどかされてすごすごひき下がっていった。

私はこれは危ないと思った。なにしろ相手は気が立っているからなにをされるかわかったものではない。そこで、

「そうか、それでは警察へ連れて行け。そこで白黒を決めようじゃないか」

と持ちかけた。自警団の連中の間から、そうだそうだという声が上がった。

それまで黙々と問答を聞いていた饒平名君、平良君、和木夫妻、私と、女一人をまじ

えた五人はゆかたがけのまま、ぞろぞろと表へ出た。和木君というのは、あとで「三田文学」の編集者になった慶応出の人で、夫妻ともだれが見たってチャキチャキの江戸っ子であった。

私としては、淀橋署に奄美大島出身の巡査がいるのを知っていたから、ここで事が面倒になるより、署へ行った方が安全と思ったのだった。ところが、五人が引っぱってい かれたのは淀橋署ではなく、近くの交番だった。

交番でも、同じ問答のくり返しであった。ごたごたしているうちに、酒屋の親父とでもいったような腹のでっかい男が、

「ええ、面倒くさい。やっちまえ」

と怒鳴った。腰には不気味な日本刀をさしている。一瞬みなシーンとなった。ヒヤリとした時、早稲田の学帽をかぶった青年が、

「この人なら知っています。沖縄の人だ」

と叫んだ。私には見おぼえのない顔だった。彼はすぐ父親らしい男に、

「黙ってろ」

とどやしつけられた。

それでも、なんとかまあ淀橋署へ行くことになった。雨上がりの日で、泥んこ道だった。私ひとりだけ足駄をはいていて、ひときわ背が高かった。ぞろぞろと歩いているう

ちに、まわりをとり囲んでいた自警団のひとりが、

「おい、沖縄人なら空手を知っているぞ」

と叫んだかと思うと、二人の男がやっとばかり後ろから私の両脇を抱えた。和木君の細君は、

「ひどいわ、ひどいわ」

と抗議したが、私たちはそのままの姿で引き立てられて淀橋署に入った。

署へくればもう問題はない。丁重に扱われて、自警団にも帰っていいといった。

〔略〕こういう出来事からもわかるように、実に物騒な状態だった。次から次へとデマが飛んだ。多摩川の方から二百人の朝鮮人が攻めこんでくるとか、どこそこでは交戦状態であるとか、あるいは毒薬を井戸に投げこむ、石油をかけて家を焼くから気をつけろとかいって、人びとは疑心暗鬼に陥っていた。ある時は、私たちの近くの映画館で集会のあった時、だれかがこの中に朝鮮人がいると騒ぎだし、会合は止められる、聴衆は一人ひとり調べられる、夜おそくまで、便所の中や天井うらまでいたるところ捜しまわるという有様だった。またある時は軍人を数人乗せたトラックが通り過ぎたら、あれは偽装した朝鮮人だということになり、そこら中の自警団が追っかけていって調べた。

町の在郷軍人などといった手合だけではなく、相当な知識層の人も同じような不安にとらわれていた。改造社では、地震直後の九月三日に目黒にあった山本社長の家で、今

後の雑誌発行について会議をひらいた。その時、このいわゆる〝不逞鮮人〟の騒ぎが大きな話題になり、山本社長はもちろん、秋田忠義というドイツ帰りの評論家で相当教養もあり、視野の広かった人さえも鮮人襲撃を信じこんでいた。そして、会議の最中に、神奈川との境の橋を、朝鮮人が二百人ほど隊をなしてくるという噂が入り、会も解散ということになった。私たちが、線路伝いに一時間がかりで新宿までたどりつくと、こんどはそこで、いま立ち去ったばかりの目黒では市街戦の最中だ、池袋でも暴動が起こっているなどと聞かされた。

〔略。六日〕町にはやはり自警団が出ていて、私のビールびんを見ると、いきなり、ものもいわずに腕首を押えたりした。朝鮮人ではないか、石油を持ち歩いているのではないかと疑われたのである。私は冗談じゃないといって、水を飲んで見せなければならなかった。

その日の午後になってとうとう〔甥の〕春汀を捜しあてた。飯田橋署に、頭に包帯を巻き、血糊までこびりつかせて留置されていた。〔略。彼は一日〕夕刻になり、血迷った自警団にやられたのだ。最初、向こうからドヤドヤとやってきて「朝鮮人だ」と叫んでいるので、とっさにものかげにかくれ、いったんはやり過ごした。ところが一番後にいた一人が、ひょいとふり返り「ここにいた」というが早いか、こん棒でなぐりかかった。「ぼくは朝鮮人じゃない」と叫んだ時にはもう血だらけになっていたという。

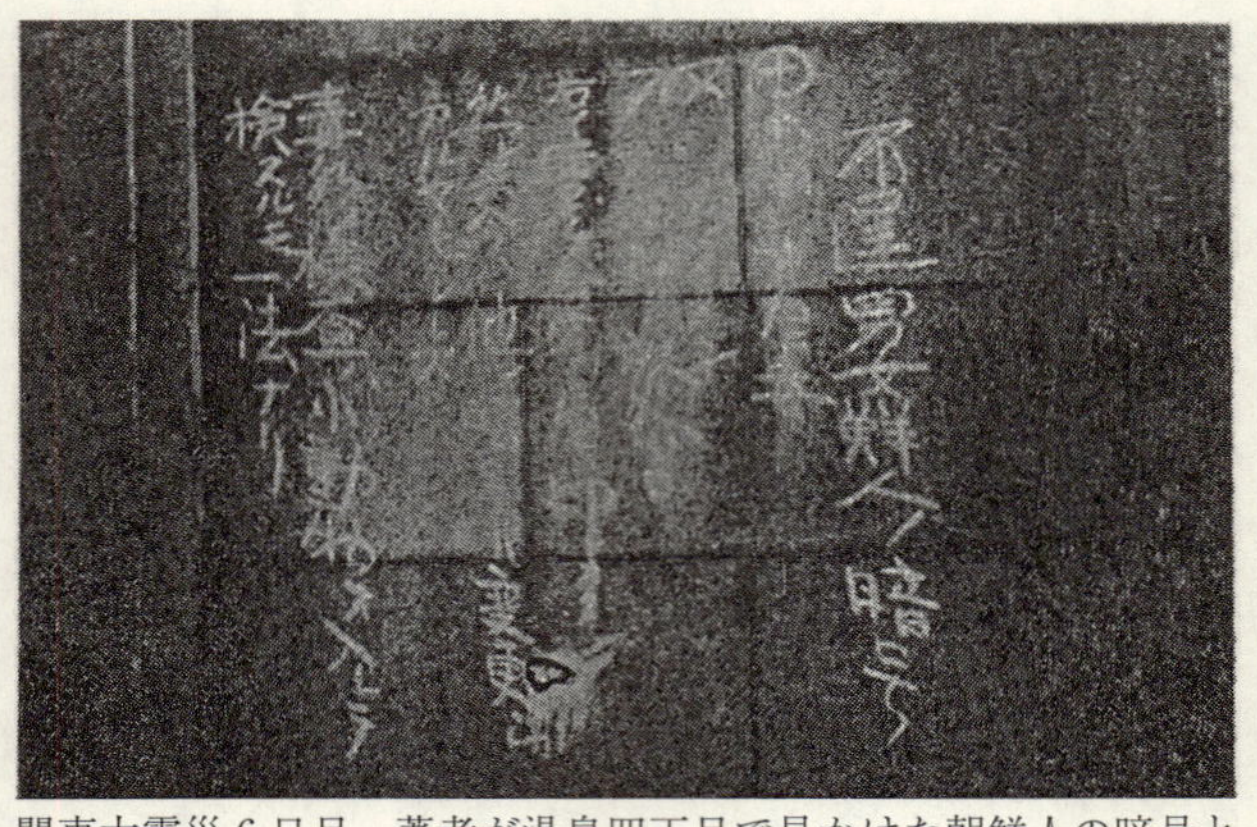

関東大震災６日目、著者が湯島四丁目で見かけた朝鮮人の暗号と称する落書き。あとでまったくのデマとわかった

［沖縄史研究者、社会運動家、エスペランティスト。当時四〇歳、淀橋（現・新宿区）に住み、震災時は近くの原っぱに避難］

（比嘉春潮『沖縄の歳月――自伝的回想から』中央公論社、一九六九年）

田山花袋の〝腕力沙汰〟

木佐木勝

〔代々木新町（現・渋谷区）の田山花袋宅に原稿依頼に行った時の話〕

九月一日以来、朝鮮人暴動のうわさが絶えず、また朝鮮人がひそかに井戸に毒物を投入しているという流言が信じられていたときだった。

「君、朝鮮人が井戸に毒を投げ込むと言うのはほんとうかね」と花袋翁は半信半疑らしい調子で私に尋ねたが、私自身も現場を目撃したわけではなかったので、あいまいな返事をしておいた。

そこで花袋翁は言ったものである。

「昨夜、夜警をしていたとき、近所をうろついていた朝鮮人が、追われて僕の家の庭へ逃げこんできて、縁の下へ隠れてしまったんだ。僕はそいつを引きずり出してぶんなぐってやったよ」

それを聞いて私は、高血圧症の花袋翁の腕力沙汰に目を見張ったものだが、花袋翁の真剣な顔を見ると一瞬返事にとまどった。

〔編集者。当時二九歳。田山花袋は五一歳〕

（木佐木勝「関東大震災体験記」『中央公論』一九九八年一〇月号、中央公論社）

片目が開いた――関東大震災

北林谷榮

ちょうど関東大震災のときが私のおさない目が開くときで、あのときは大日本在郷軍人会というものがあって、在郷軍人が自警団を組織して、竹槍を持ってテントを張って、「どこへ行くんだ！」といって、誰何してちょっと発音がおかしいと、「貴様、朝鮮人だろう」と猛り狂っていたんです。いつもうちに御用聞きにくる炭屋やなんかがそのときだけは鉢巻して在郷軍人の服を着て居丈高になっていました。町内にテントを張って、このときとばかりに肩で風切っていたんです。

それを見ていると、その野蛮さがにくたらしくて、むかついて。

［略］それから何日かたってから、これも朝鮮人だかどうかわからないんですが、竹槍で刺されて仰向けに死んでいる、裸の上に印半纏をひっかけた死骸を見たんです。とにかく裸で黒い印半纏の人が竹槍で突き刺されて仰向けに死んでいて、太陽がさんさんとあたって、九月一日から四、五日後ですから、蝿がたかって、その死体が水脹れみたいに脹らんでたの。殺されるところを見たんじゃないけど、殺されたのが放置されているのを見ました。そこを通る人はみんな「あれは朝鮮人だ」と言っているのを見ました。

子供だから、人種差別なんていう言葉も知らないし、何にもわからないけど、とにかく、これはショックというより怒りでした。ぜったいに許せぬという感じですね。それが言葉でじゃなく、許せぬというのが体いっぱいの中身になって、体をふるえさせました。そのときは一二歳になっていて、やっと初めて子供じゃない目が、片目だけ開いたような感じでした。大正一二年の大震災です。そのときから私は、子供のレコちゃん〔本名・蓮以子（れいこ）〕じゃなくて、いっぺんに大人のほうに踏みこんだみたいです。

〔女優・声優。当時一二歳、銀座木挽町（現・中央区）に住み火事に追われて浜離宮へ避難〕

（北林谷榮『九十三齢春秋』岩波書店、二〇〇四年）

自伝より

木下順二

今も時おり語り草として話されたり書かれたりすることのある騒々しさ、とさっき私がいった地震直後の数日または十数日の記憶は、案外私の中に残っていない。

〔略〕ただ兵器廠、いつもは何の気なくその名を口にしていたあの場所の、塀が倒れて今は見通しになってしまった原っぱのまん中に建っているあの倉庫のようなものの中には爆弾が詰まっている――らしい――が、もしあれが――ということはずいぶん騒がれた。やがて軍隊の馬車が倉庫の中身をどこかへ運んで行ったが、本当に爆薬だったのか、運ぶ必要のある別の品物だったのか、それとも民心鎮静のためのあれが芝居だったのかは分らない。ただ一つだけ鮮烈な記憶がある。

場所はどこであったかということも、前後の脈絡も思い出せない。顔を血で真赤に染めて後手に縛られた一人の男が、林檎箱の上に引き据えるように腰かけさせられていた。大勢で取り囲んでいたにきまっているが、その人々の印象はぼやけてしまっている。縛られていた男の、一点を見据えていた眼が忘れられない。非常な力を持った人間が、絶対に身動きならぬまでに縛りあげられた、という思いを破裂しそうに籠めたまさに眼であった。怒り、悔しさ、屈辱感、そういうものの極限が悲痛に凝りかたまってしまって動くことのできなくなった凝視であった。

動かない眼の中にあれだけの力が籠ってこちらを刺してくる、という事実を、あり得ないことを見てしまったような感覚でいま思い返す。

その男が朝鮮人であることは、少年の私にも自然に分っていた。爆裂弾を投げつけたとか井戸に毒を入れて回っているとかいう〝不逞鮮人〟の噂は、もう九月二日には私も聞かされていたのではないかと思う。兵器廠の爆弾一件もむろん朝鮮人と結びつけて騒がれた。縛られていたその男を取り囲む人々の口からも、そういうことばは散々吐かれていたに違いない。

（木下順二『本郷』講談社、一九八三年）

［劇作家、評論家。当時九歳、大塚窪町（現・文京区）に住む］

二つの地獄

清川虹子

父と再会したのは震災から三日目、上野音楽学校の中でした。家族同士のカンのようなものが働いて出合えたのでしょうか。

被災者たちはそこで仮泊し夜露をしのいでいたのです。炊き出しが始まり、玄米のお握りが一人一個ずつくばられました。朝鮮の人が井戸に毒物を投げ入れたから、水は一切飲んではいけないと言われたのは、この日です。

朝鮮人が襲撃してくる、警戒のために男たちは全員出てくれ、どこからともなく言ってきて、父も狩り出されました。いわゆる「自警団」です。だれが考えたのかわかりませんが、日本人は赤い布、朝鮮人は青い布を腕に巻くことになり、父は赤い布を巻いて出て行きました。すると一時間ほどして、日本人は青で、朝鮮人は赤だったとわかって、父がまちがって殺されてしまうと思い、私は泣き出してしまいました。

あとで、すべてはデマとわかりましたが、そのどさくさでは確かめようもなくて、こうして朝鮮人狩りが始まっていったのです。

朝鮮人を一人つかまえたといって音楽学校のそばにあった交番のあたりで、男たちは、手に手に棒切れをつかんで、その朝鮮の男を叩き殺したのです。私はわけがわからないうえ恐怖でふるえながら、それを見ていました。小柄なその朝鮮人はすぐにぐったりしました。

［喜劇女優。当時一〇歳、神田（千代田区）で被災し上野の音楽学校へ避難］

（清川虹子『恋して泣いて芝居して』主婦の友社、一九八三年）

関東大地震ころ

小林勇

　翌日〔二日〕は、その頃大久保に住んでいた兄の安否をたずねた。兄は無事だった。帰途「牛込へ来た時、武装した青年団や在郷軍人たちがひどく騒いでいるので、何事かと思い、きいて見ると、朝鮮人が放火したというのである。それから帰途は全部朝鮮人騒ぎで大変であった」とあり、ノートにはその後この事についていろいろ考えを述べている。私はその噂を信ぜず、「彼らはそんなことはしないと思う」、しかし「若し仮にそんな朝鮮人が少しくらい現れても当然ではないか。日本人が日頃この人達を迫害圧迫している罪悪に較べれば彼らのお返しの方が小さい」と記した。また「愛国心・偏狭なる愛国心、それらは間違ったる群衆のために如何に悲惨なる結果を引出す事であろう。真理はただ一つである。万人を愛せ。これを本当に理解した者の前に、日本人も朝鮮人もあるものか」と書いている。

〔略〕「朝鮮人騒ぎ」のために「自警団」が組織され、二日の夜から交代で夜警に当たった。私は朝その仕事から解放された時、岩波茂雄が下町の方へ行ってみようといった。〔略〕佐久間町〔現・千代田区〕の狭い一郭が残っていた。川岸に近い所に電車が一輛残っている。二人は中へ入って一休みした。「中には一人の男がいて」私達は問答をした。「えらいことでしたね」「まったくえらいことですね」「ここらも大分朝鮮人騒ぎをしていますね」「ええもうひどいですよ。ようやく焼け残った所を放火されたのではやり切れませんからね」「実際朝鮮人は放火したのでしょうか」「ええもうひどい奴らですよ。どしどし殺してしまうのですね」「殺したりするのですか」「昨夜もこの河岸で十人ほどの朝鮮人をしばって並べて置いて槌でなぐり殺したんですよ」「その屍体は？」「川の中や、焼けている中へ捨てました」

その後道端に、蜂の巣のようにつつかれた屍体を見た。そして私はノートに書いている。「こんどの惨害の中で一等不幸の目に会ったのは朝鮮の人々にちがいない。彼らも同じ人間で同じ地震にあい、同じ恐怖にさらされた。そのうえ生き残った人間に殺されるかもわからないとは何ということだ。」

二十歳の青年は興奮し、憤慨し、感情的になって筆を走らせている。

［略。三日夜、歩いて岩波の家族が住む鎌倉を目指す途中］川崎の駅を過ぎた頃、一人の兵隊と一緒になった。軍曹で、長い軍刀を腰にしていた。

線路のわきの暗がりの中に白い着物の人間がねている。傍を通りぬけるのも無気味なので、皆立ち止った。兵隊は刀を抜き、小山と私は石を拾った。兵隊が誰だ、立てと大声でいったが、全く反応はない。線路から街へ出て歩くことにした。暗い街に提灯が見える。そこには刀、竹槍、鉄砲などを持った人間が屯していて、「こんばんわ」といわせたり、後頭部を撫でたりして通行人を一々調べている。その頃歩いている人は少なかった。線路の人間のことをきくと「ああ、あれはもうやっつけてあるんです。二人いる筈ですよ。昨日やったんです」と彼らは兵隊に平然と答えた。

いたる所で尋問され調べられた。しかし、いつも兵隊が自分の友人だといってことなきを得た。「誰か一人、それっと声をかければ、何と弁解する暇もなくむざむざ殺されてしまうのだ」とノートには書かれている。この時の朝鮮人虐殺の恐るべき見聞は、若い私に実にいろいろのことを考えさせる契機となっている。

［略。歩き疲れて］通りがかりにあった警察に三人は飛び込んだ。たき出しの握飯と沢庵づけがあった。それを無断でしたたか食った。「戦場のような」警察では私たちに注意する者などいなかった。三人は奥まったところにあった畳敷きの部屋を見つけて寝てしまった。朝になって見ると廊下の向うは留置場で、朝鮮人がぎっしり入れられて立っていた。

この警察は東神奈川署であった。

［編集者、随筆家、画家。当時二〇歳、岩波書店に住み込み］

（小林勇『一本の道』岩波書店、一九七五年。「」内は当時のノートからの引用）

大震災の歌

添田知道

下谷で焼け出された筆者らの遭遇を、綴っている場ではないのだが、この目で見たことの省述をゆるされたい。――千葉県我孫子在の叔父の旧友をたよって行く途次、サスマタなどいう古い捕物道具の一式でとり囲まれたこと、帝釈天の宿舎で白刃をつきつけられたことなど、わが身にふりかかる危険もあったが、それよりも鮮明に刻みつけられた情景がある。避難民の列にまじって線路を行く、金町〔現・葛飾区〕に近いあたり、田圃の中の一筋道の彼方から、馬蹄の音がしてきた。見ると、二人の騎乗兵が左右から、縄尻をとった男を中にひきずってくる。男は血まみれ。それを一組として、つぎつぎ十余組がやってくるのだ。近づくにつれ、地上をひかれるのが朝鮮人とわかったが、どれも血だらけの、中には股間を夥しく染め、すでに蒼白の面に、歯をくいしばり、胸を張ってくるのもいた。が、馬を早めると、徒歩の血をたらす人は綱の長さだけ後方から、吊られてゆく形となる。人間が人間に、こういうことができるものだろうか。目をそむけ、つむってみても、灼きついた映像ははなれない。

鮮人さわぎの流言は、あの非常の混乱から、大衆的暴動も予想され、それをそらすための政治的機略だったとする説があったように、ここにまたしても、対鮮政策の過去に加える禍根をきざみこんだことはまちがいなかった。

［演歌師、作家、評論家。「復興節」等の作者。当時二一歳、下谷（現・台東区）で被災］

（『演歌の明治大正史』岩波新書、一九六三年。のち『添田啞蟬坊・添田知道著作集Ⅳ』刀水書房、一九八二年）

新巻の鮭

田辺貞之助

三日目になると、朝鮮人が武装して横浜の方から押しかけてくるから、みんな注意しろ。ことに、井戸へ毒を投げこむそうだから、井戸の警戒を厳重にしろと、巡査がふれてきた。そこで、めいめい鉄棒や竹槍をもちだし、井戸のまわりに縁台をならべて、徹夜の見張をすることになった。

〔略〕四日目ぐらいになると、朝鮮人狩りが本格的になった。〔略。自分の家が軍の屯所になり〕裏の庭で、兵隊さんが牛蒡剣をみがいていた。縄をひろってきて、それへ砂をつけてこするのだが、刃金にしみこんだ血のしみがなかなかおちない。ぼくがぼんやりそばに立ってみていたら、「アンチャン、磨き砂はねえかな」ときいたので、台所から磨き砂をもっていってやった。それでもしみはおちなかった。磨き砂の入物をもとのところへもどしに行くと、母が「兵隊さん、磨き砂をなんにつかったんだい？」ときくから、これこれだと話すと、母は「まあ、いやだ！」といって、その箱を外へ放りなげた。日ごろお鉢や食器をあらうときにつかう磨き砂だったのである。

〔略〕物情騒然とは、あの時分のことをいうのだろう。どこそこでは何人殺された。誰それは朝鮮人と間違えられて半殺しの目にあった。山といわれたら、そくざに川といわないとやられる。そんな話ばかりだった。小名木川には、血だらけの死骸が、断末魔のもがきそのままの形で、腕を水のうえへ突きだしてながれていた。この死骸は引き潮で海まで行くと、また上げ潮でのぼってくると見えて、ぼくは三度も見た。

〔高砂湯前の〕番小屋につめていたとき、隣りの大島町〔現・江東区〕の六丁目に、たくさん殺されているから見に行こうとさそわれた。そこで、夜があけ、役目がおわると、すぐに出掛けた。

石炭殻で埋立てた四五百坪の空地だった。東側はふかい水たまりになっていた。その空地に、東から西へ、ほとんど裸体にひとしい死骸が頭を北にしてならべてあった。数は二百五十ときいた。ひとつひとつ見てあるくと、喉を切られて、気管と食道と二つの頸動脈がしらじらと見えているのがあった。うしろから首筋をきられて、真白な肉がいくすじも、ざくろのようにいみわれているのがあった。首のおちているのは一体だけだったが、無理にねじ切ったとみえて、肉と皮と筋がほつれていた。目をあいているのが多かったが、円っこい愚鈍そうな顔には、苦悶のあとは少しも見えなかった。みんな陰毛がうすく、「こいつらは朝鮮じゃなくて、支那だよ」と、誰かがいっていた。

ただひとつあわれだったのは、まだ若いらしい女が――女の死体はそれだけだったが――腹をさかれ、六七ヵ月になろうかと思われる胎児が、はらわたのなかにころがっていた。が、その女の陰部に、ぐさりと竹槍がさしてあるのに気づいたとき、ぼくは愕然として、わきへとびのいた。われわれの同胞が、こんな残酷なことまでしたのだろうか。いかに恐怖心に逆上したとはいえ、こんなことまでしなくてもよかろうにと、ぼくはいいようのない怒りにかられた。日本人であることを、あのときほど恥辱に感じたことはない。

［略］その翌朝だった。ぼくはやはり番小屋につめていた。毎日、玄米の小さなむすびと梅干だけだったので、腹がすききっていた。そこへ、明け方の四時ごろだったろうか。脂っこい、新鮭をやくような匂いがながれこんできた。いままで、あんなにうまそうな匂いをかいだことがない。豊潤といおうか、濃厚といおうか。女の肌でいえば、きめのこまかい、小麦色の、ねっとりとした年増女の餅肌にたとえたいような匂いだった。それでいて、相当塩気がきいた感じで、その匂いだけで茶漬がさらさらくえそうだった。ぼくは思わず生唾をのんだ。腹がぐうぐう鳴った。だが、その音はぼくの腹だけから出たものではなかったらしい。

「うまそうな匂いだね」と、ぼくは思わずいった。

「まったくだ。新巻の鮭だ！」

「誰がいまごろ焼いてやがるんだろう。いまいましい奴だ。押しかけていこうか」と、誰かが真剣な口調でいった。

ぼくらはたまりかねて、みんな外へ出た。まるで九十九里浜へよせる高波のように、例の匂いがひたひたと町じゅうをつつんでいた。しかも、番小屋のなかでかいだより数倍もつよく、むっと胸にこたえるような匂いだった。

「こりゃ、鮭じゃないぞ」と、誰かがいった。「鮭にしちゃ匂いがつよすぎるし、一匹まるごと焼いたって、こんなに匂いがひろがるはずはない」

ぼくらはしばらく棒立ちになって、いまは不気味な気持で、その匂いをかいでいた。

一人が急に叫んだ。

「わかった！　あの匂いだ！」

「なんの匂いだ？」

「なんの匂いだ？」

「ほら、きのう見にいった、あの死骸をやいているんだ！」

その途端に、ぼくはむっとなにかが胸にこみあげてきて、腰の手拭で口をおさえながら、番小屋のうしろへ駆けこんだ。

［フランス文学者。当時一八歳、旧制一高一年生、砂村（現・江東区）に住む］

（田辺貞之助『女木川界隈』実業之日本社、一九六二年）

いまわしい序曲——関東大震災——

中島健蔵

〔二日の昼下がり〕ともかく、神楽坂警察署の前あたりは、ただごととは思えない人だかりであった。〔略〕群衆の肩ごしにのぞきこむと、人だかりの中心に二人の人間がいて、腕をつかまれてもみくしゃにされながら、警察の方へ押しこくられているのだ。別に抵抗はしないのだが、とりまいている人間の方が、ひどく興奮して、そのためにかえって足が進まないのだ。群衆の中に、トビ口を持っている人間がいた。火事場のことだから、トビ口を持っている人間がいても、別にふしぎではない。わたくしは、地震と火事のドサクサまぎれに空巣でも働いた人間がつかまって、警察へ突き出されるところだな、と推測した。突然トビ口を持った男が、トビ口を高く振りあげるや否や、力まかせに、つかまった二人のうち、一歩おくれていた方の男の頭めがけて振りおろしかけた。わたくしは、あっと呼吸をのんだ。ゴツンとにぶい音がして、なぐられた男は、よろよろと倒れかかった。ミネ打ちどころか、まともに刃先を頭に振りおろしたのである。ズブリと刃先が突きささったようで、わたくしはその音を聞くと思わず声をあげて、目をつぶってしまった。ふしぎなことに、その兇悪な犯行に対して、だれもとめようとしないのだ。

そして、まともにトビ口を受けたその男を、かつぐようにして、今度は急に足が早くなり、警察の門内に押し入れると、大ぜいの人間がますます狂乱状態になって、ぐったりしてしまった男をなぐる、ける、大あばれをしながら警察の玄関の中に投げ入れた。

〔略〕ひどいことをする、と非常なショックを受けたわたくしは、そのときはじめて「鮮人」という言葉をちらりと聞いた。

〔略〕人もまばらになった警察の黒い板塀に、大きなはり紙がしてあった。それには、警察署の名で、れいれいと、目下東京市内の混乱につけこんで「不逞鮮人」の一派がいたるところで暴動を起そうとしている模様だから、市民は厳重に警戒せよ、と書いてあった。トビ口をまともに頭にうけて、殺されたか、重傷を負ったかしたにちがいないあの男は、朝鮮人だったのだな、とはじめてわかった。このはり紙の印象が、今日までずっとわたくしの頭にこびりついているのである。警察の名において——、場所もはっきりしている。神楽坂警察署の板塀であった。時間は震災の翌日の九月二日の昼さがり。明らかに警察の名によって紙が張られていた以上、ただの流言とはいえない。

〔略〕ひとりで歩いて駒沢まで帰ったが、そのころには、まだ「不逞鮮人」さわぎは、家の近所でははじまっていなかった。しかし、夕方になると、悪夢が追いかけて来たように半鐘が鳴り、「爆弾を持った不逞鮮人が隊を組んで、多摩川の二子の方面から街道づたいに襲撃して来る」という報知が、大声で伝えられて来た。

村会の指図で、すぐに自警団が組織された。

［フランス文学者、文芸評論家。当時二〇歳、駒沢（現・世田谷区）に住む］

（中島健蔵『昭和時代』岩波書店、一九五七年）

歩きながら殺された朝鮮人

早川徳次

［略］朝鮮人の従業員の一人の李さんも訪ねてきた。そこへ例の朝鮮人に関する流言蜚語である。町内の連中がきて、

「朝鮮人がいますか？　いたら殺してしまう」

という。私は「いません」といってウソをついた。何も悪いことをしていない人をつき出すわけにはいかない。しかし、かくまっているとただではおかないという風評が伝わってきて家の者たちが動揺し出した。私は固く口止めをして、李さんを押し入れの中にかくまい、三度の食事を自分で運んだ。

岩崎の邸内にいるときから、朝鮮人が井戸に毒を入れたとか、人を殺したとかのうわさが広がっていた。しかし何の実体もない流言であることは私にはわかっていた。馬が暴れて何人かが死んだりしたことがあり、それが朝鮮人の仕業というふうに伝わっていたことを知っていたからだった。

町で実際に朝鮮人が殺されるところを目撃したこともあった。歩きながら殺されていった。いきなりうしろから頭を割られ、それでも歩いていて、ついに倒れると背中やお

腹を金属の棒で突いているのである。こっちに力がないから止めることができず、もし止めようとすればこちらが殺られてしまっていただろう。
勉強好きな李さんはのちに朝鮮に帰り、弁護士になって活躍した。昭和十五年、私の満州の店で、劇的な再会をしたことがある。

〔実業家・発明家。シャープ創業者。当時二九歳、亀戸（現・江東区）で被災〕

（「妻も子も事業も奪われて」『潮』一九七四年一〇月号、潮出版社）

亀戸事件の犠牲者―私は自警団長として、朝鮮人の命を守った。その翌日、南葛労働会にいた弟は虐殺された

南喜一

火の粉がつぶてのように飛んでくる。吾嬬町も寺島町も燃えはじめ、向島は危険にさらされた。［略］寺島一帯は田圃と蓮田に囲まれているので、倒壊した家は多く、家の続く限り焼き尽された。

その夜から、私は寺島の自警団長として警備にあたった。当時私は、町の町会長をしていた。町内の連中はなぜか私に敬意を払っていて、私を先生、先生と呼んでいた。寺島警察署長は私を署に呼び、向島一帯の地図をひろげ、「本庁からの連絡によると、南君、この混乱に暴動を起してひと騒ぎやろうとする者があるかも知れんから、厳重にということだ。ひとつ町内会のほうでもしっかりたのみます」と言うことであった。

［略］朝鮮人が襲撃するという噂がとび、署からの命令で、自警団は各自、護身用の鉄棒、竹やり、天びん棒を持つことになった。夜に入ると、自警団は道路に鈴のついた縄を張りめぐらせた。鈴の音が鳴ると飛び出して行って、「こらっ、朝鮮人だろう、サシスセソ、バビブベボを言ってみろ」と叫んだ。

この騒ぎで殺された朝鮮人はずい分多かった。私はうちの職工の中に朝鮮人がいるの

で、かれらの生命をなんとか護ってやろうと考え、家の中から絶対に出るなと命じた。

弟の吉村光治は南葛労働会の闘士で、この鮮人騒ぎがおこると、そんな馬鹿なことがあるものかと一笑にふし、自警団員として救援に飛び廻っていた。私は残酷に殺される鮮人たちをなんとかしたいと思っても、時の勢いには勝てない。うちの鮮人職工を出せ、出さぬで大いにもめたが、結局、うちの職工は助けることができた。

私は当時寺島にあった日本電線の工場に、朝鮮人が三、四十人いるのを知っていた。私は、暴徒と化した大衆がきっとかれらを殺すだろうと思った。そこで寺島警察に保護を依頼して、急いで日本電線に走り、夜の闇にまぎれて、かれらを一人ずつ警察に逃がした。

ところが、この噂が町に拡がり、「寺島署に朝鮮人がいるぞ、奴らを引き出せ」と叫びながら寺島署に押しかけた。私は署の入口に立ちはだかり、「そんな馬鹿なことは止めてくれ。どうしてもあいつらを連れ出すなら、俺を殺してこの中に入れ」と説得した。寺島や吾嬬町の人々は納得してくれたが、私の顔を知らない他の町の人々は、容易に引き下がらなかった。それでも、どうやら朝鮮人たちは救われた。

〔略〕このような騒ぎの間に、実弟光治が戒厳令下の補助憲兵に連行された。翌日、私は亀戸署の懇意な巡査から、極秘の情報として、今朝ほど署裏の広場で、習志野騎兵十一（ママ）〔十三〕連隊田村少尉指揮の下で、弟さんらが銃殺にされたと告げられた。

「なんだって、死刑だ！　冗談じゃない、何の理由もなく、やたらにそんな無茶なことをされてたまるか！」と私は怒った。

皆の話を総合すると、亀戸警察では上からの命令で相当ひどいことが行われ、鮮人だけではなく、主義者たちも血まみれになって殺されているというのである。

私はその晩、さっそく亀戸警察署へ出かけて行き、小森（ママ）〔古森〕署長と会った。署長は私の名刺を見ると、「やあ、ご苦労さん、南さんは寺島自警団長をしておられますな……」と愛想がいい。

私はむっとして、「弟に会わせてもらいたい」と言った。署長はちょっと妙な顔をし、「南という人はいない」と言った。私は「弟は養子に行ったので、吉村光治という名前です」というと、「その人がどうかなさったのですか」と素知らぬ顔をした。

ここに拘引されているのだ、ぜひ会わせてくれとがんばると、署長は知らぬ存ぜぬの一点張りであった。

「署長さん、本当のことを言って下さい。弟は殺されたのですか」

「それは君の想像にまかせるより仕方ない。私の立場では何も言えない」

署長の言葉に私はテーブルをどんとたたいて、「何だと?」と怒鳴った。

そのとき、骨格のたくましい巡査部長が、「貴様だな、主義者の弟に会いたいと言ってきたのは。さあ来い、会わせてやるから」と私の襟首をつかんだ。巡査部長は私の左腕をかかえるようにして扉の外へ押し出した。廊下へ出たとき、弟の光治がまだ留置場のどこかにいるような気がした。

亀戸警察署の留置場は、事務室のうしろの外廊を曲った、倉庫のような独立の建物になっている。事務室の窓からもれるローソクの灯りが、回廊の石だたみを照らしていた。その曲り角まできたとき、私は足をすべらして前にのめった。あやうく倒れるのを、やっと両手で石だたみをおさえた。そのとき両手にぬるっとするものがついた。血の臭いが鼻をついた。私はあわてて立ちあがり、両手をひろげてみると、どす黒い血がべっとりと掌についている。総毛が立つ思いで、ぞっとし、俺も殺されると、身がふるえた。すぐ傍の中庭に屍体らしいものが積まれてあるのがぼっと見えた。

私はやにわに合気道で巡査部長を投げ飛ばして、逃げ出した。無我夢中で逃げ、中庭のすぐ前の高いコンクリートの塀によじのぼった。すぐ後にわめくような声がした。バン、バンと銃声が二発したとき、私の左足のふくらはぎが焼け火箸を当てられたようにするどい熱さをうけた。

殺される、俺は必ず殺される、と一心に思いながら、這いずりまわり、夢中で香取神社の傍までたどりつき、そこが戒厳司令部の大隊本部だったので、助けを求めにころがりこんだ。

［略］弟の吉村光治はやはりその日、九月四日に殺されたのである。

［実業家。当時三〇歳、寺島でグリセリン工場経営］

（『中央公論』一九六四年九月号、中央公論社）

関東大震災

養老静江

〔一日横浜本牧海岸で夕方頃〕この時、私は生まれて初めて無惨な殺人を目撃しました。十人程の男性の集団が海辺に出てきました。先頭の一人は集団から必死に逃げているのでした。追いつめられた男は遠浅の海にかけ込みました。追手は手に手に武器を持っています。一番先に追いついた男は長いツルハシを振り上げると、逃げる男の脳天目がけて力いっぱい打ちおろしました。血が噴水のように飛び散ったあとは、寄ってたかってメッタ打ち。海水を真赤に染めて男は沈んでゆきました。彼等は「朝鮮人が暴動を起こして井戸に毒を入れまわっている」と、言う風聞に踊らされて殺人を犯したのを後で知りました。

〔略。二日、勤務先の東京帝大病院をめざして〕品川に着く頃にはすれ違う人も多くなり、荷物を背負った負傷者、這うように歩く人、かけ足の人。その眼は一様に血走っています。流言が広まり、手に武器を持っている者や集団で走り廻る群も見えます。

〔小児科医。解剖学者養老孟司の母。当時二三歳、横浜本牧の旅館に滞在〕

（養老静江『ひとりでは生きられない　紫のつゆ草——ある女医の九十年——』かまくら春秋社、一九九二年）

関東大震災絵巻

田中翠璋

上野公園の小松宮銅像前の交番のところに、七、八人の朝鮮人がハリガネで両手をうしろ手にしばられてころがっていました。顔も手足も傷だらけだった。朝鮮人がアナキストと合流して暴動を起そうとしたため、とらえられた、ということでした。上野でも自警団が組織されて、この人たちが警官といっしょになって、朝鮮人を追回していました。だれかが道を尋ねると「なんだ、なんだ」と二、三人が寄ってきて、二、三分もしないうちに、わっと人が集り、うしろの方から「やっちまえ」と叫ぶんです。

（『週刊朝日』一九六三年九月六日号、朝日新聞社）

〔日本画家。当時二五歳、上野桜木町で被災〕

上野公園の交番前でハリガネでしばりあげられた朝鮮人

自伝より

伴敏子

〔一日夜野宿の時〕そこにサーベルの音もものものしく、制服の巡査が巡って来て、

「皆さん、今この非常な天災の時につけ込んで鮮人が暴動を起こして市民の井戸などに毒物を入れて歩いたり、暴れ込むということもあるかもしれない。井戸水は気をつけてなるべく呑まないようにし、警察の方も手が回りかねるので、皆近隣のグループグループで組織を作って、各地区は自分達で守ってほしい。鮮人を見つけたら警察につき出すこと、いいね。」

とふれて行った。しばらくすると高台の方から軍隊のラッパの音が響いて来た。すぐ上は竹田の宮邸だし、北白川とか蜂須賀邸何々邸と大邸宅や宮家がかたまってあるので、父は、

「近衛兵が護衛に来たらしいからこの辺はもう大丈夫だ。」

といったが、おびえた皆んなは、

「いや伴さんが指揮を取って下さって、やはりこの辺も下の方はあぶないかもしれませんから夜警団を作りましょう。」

といい出し、女は落ちた瓦を皆一ケ所に集め、男はもし多数が攻め込んで来たら、武器のない者は女がリレー式に渡す瓦を投げて何としても黒門の所で食い止める。などと今考えればまるで子供の戦争ごっこのようでおかしいことを大の男達が大まじめで話し合った。そしてそれから四、五日の夜は二、三人ずつかたまって夜警の巡回をした。

初めての夜、疲れ果て、ようやく皆がうとうとした頃、誰かが、

「わあー、来た、来た。」

と大声を挙げてわめいた。皆あわてて瓦の山のそばに走る人、重要物を入れたカバンに手をかける人、おおさわぎとなったが、私はなれない床では眠れない性分であったから、何も来た様子はないのにと見回すと、木の枝に掛けてあった提灯が風にあおられたか燃えあがっている。急いで飛び出して離れの前の手洗い水を汲んで来て叩き落としてからそれをかけて消した。

〔略〕泉岳寺〔現・港区〕近くで朝鮮の人が一人殺されて菰を掛けられていた。かんかん照りの暑い日中倒れた石堀の下には未だ死んだ人がそのままにされているとか、潰れた家、半壊の家、ただ気の抜けたようにうろうろと歩き回る人、人、人。数珠繋ぎの朝鮮の人達がどこに連れてゆかれるのか巡査に引っぱられてゆく。

〔略〕段々と皆も落ちついて、制服巡査のふれ歩いた朝鮮人騒ぎも何のことだったのか、その後の報告も、発表は何もなかった。〔略〕毒を入れられたという井戸は何でもなか

った。朝鮮の人は誰も暴れなかったようだった。だのに……。

「がぎぐげごといってみろ」

などといわれて、少しでもなまりが変だと町の人に取りかこまれてビール瓶で叩き殺されたりしたのはなぜだ。本当にどんな悪いことをしたのだろう。なぜだ、なぜだと思いながら、私も自警団の手助けをしたし、地震よりその時はその騒ぎの方がこわかった。

誰がそんな噂をいい出したのだろう。噂や嘘で殺されたのは本当なのだ。その人達にも子供や奥さんがいて人間としての生活があるのに。

もし私が自警団の人達と回っていて、朝鮮の人を見つけたらどうだったろう。皆が殺そうとしたらどうしたろう。何もかもが信じられないようになってしまった。

［画家。当時一五歳、北品川（現・品川区）に住む］

（伴敏子『断層——自立への脱皮を繰り返した画家の自伝』かど創房、一九八八年）

枯れすすきの章

水野明善

敗戦の年をさかのぼること二三年。一九二三年、大正一二年九月一日。生家の浅草橋場から北東へ二キロ半、隅田川をこえて、荒川放水路にかかる旧四ツ木橋の西詰。その夜半、わが家の方向にあたる向島側から人々の異様なけたたましいばかりのざわめきが近づいてきた。私は極度の疲れでぐっすり眠っていた。目がさめた。疲れと興奮とでウトウトしていた。荒川の河川敷に橋桁をたよりに蚊帳を吊って、その蚊帳ばりのなかで息をこらす私たち、母と生後一〇日足らずの末妹・秀子、そして六歳になる私。母子にはその異様の極限ともいうべきざわめきが何を意味するか、まったく見当がつかない。

わが家の方、向島側、西南方は褐色を帯びた紅蓮の炎に天地はおおわれている。阿鼻叫喚ともいうべきものがけたたましさに変わった。我々の頭上あたりまで迫ってきた。その阿鼻叫喚がいくらかおさまったと思われた時、母がマッチをすった。マッチを上下左右させた。押し殺したギャッという叫びが母の口を辛くもついて出た。《血よ、血よ》。私の目はパチッと開いた。母はもう一本、もう一本とマッチをつけた。橋上から滴り落ちる液体が蚊帳を伝わる。赤褐色。血だ。私には、阿鼻叫喚のなかに《アイゴー》《哀号》と泣き叫ぶ声がまじっていようなど、聴きわける分別などあろうはずもなかった。やがて蒲団の上の白い毛布に、はっきりその血痕が印されている。私はただただ震えおののいた。母も私の両手をにぎり、やがて上半身をしっかり抱きしめ、身震いが止まらない。その身震いが、そのまま、私に伝わった。

生涯、私が母に暖かくも冷たくも抱かれた記憶は、この時、ただ一度だけである。

やがて、暫くして父がもどってきた。

《おい、津る、明善はどこだ？》……《やった、やったぞ、鮮人めら十数人を血祭りにあげた。不逞鮮人めらアカの奴と一緒になりやがって。まだ油断ならん。いいか、元気でがんばるんだぞ。》

そういうなり向島側に駆け戻っていった。炎を背に父のシルエットが鮮やかだった。六歳の私の耳には〝鮮人〟の意味も〝アカ〟の意味も当然わかりっこなかったが、ただ、蚊帳のなかの白布にたれた赤い血の色が連想されて、〝アカ〟と父が云ったことだけは鮮烈に記憶に残っている。

後年、早稲田へ入ってそのことを詰問すると、母は《そんなこと忘れなさい》と云い、父は《大杉栄夫妻さえ憲兵隊に殺されたんだ。当り前のことだ》と突っぱねた。

一九二三年、大正一二年九月一日の関東大震災は初震の凄まじい大揺れ、そのごの絶えまない余震の恐ろしい記憶以上に、上述した旧四ツ木橋下荒川河川敷で体験した歴史的な朝鮮人大虐殺の一コマが強烈至極に私の幼い脳裡に焼きつき、私からその前後数ヶ年の記憶を奪ってしまった。

〔略〕ようやくのことに、まだ木橋であった四ツ木橋西詰の土手にたどりついたのは、日がくれようという一瞬のことであった。河川敷に〔大八〕車をおろし、橋桁下に蚊帳をつり、ござ、ふとん、飲み水、あらかじめ作ってきたにぎり飯、必要な身の回り品だけを車からおろし、その蚊帳のなかに身を横たえた。父だけは飛び出していったきり、戻ってこない。かなりたって、血走ったような父が、一度戻ってきた。そして云ったそうだ――というのは、この記憶は私になく、後年母から聴いたもの――、《覚悟しておけよ。これから凄じいことが起るが、決して取り乱すな》。こう父は云って向島側に走り去った、ということである。

そして、あの阿鼻叫喚、赤血のしたたり。

四ツ木橋下での恐怖の一夜、非人道そのものともいえる一夜をへて、翌朝、渡った四ツ木橋の所々方々に見受けられた血塊が無残であった。橋から見た浅草橋場の方角は、有無を云わさず、すでにすべてが灰燼に帰していることを物語る余燼のみがくすぶっていた。四ツ木橋をやっと渡ったと思うと、今度は、二度程、激しい吐き気を催す死臭に往生した。炎天下の野天で焼く死者のものであった。幼年の私に死臭の印象は消し去りがたかった。

［文芸評論家。当時六歳］

（水野明善『浅草橋場―すみだ川』新日本出版社、一九八六年）

朝鮮人の証言

同胞の遺骨を訪ねて

鄭然圭（チヨンヨンギュ）

〔亀戸警察〕署長の話によると、震災前まで該署管轄区内に居住していた朝鮮人は約二百名内外であるが、皆労働者のことだから詳しい正確な数を知ることは出来ない、外にまた支那労働者も二三百人居た、けれども無事に皆保護して習志野に送ったといったけれども、如何にも署長のその時の話振りは心苦しく不自然なものであったために、皆を苦笑いさせた、一時のその場のがれのいいかたであることがありありと署長の顔に描きだされていた。

〔略〕話の歩を署長は進めた。それよりも本所深川辺から逃げておしかけて来た鮮人が五六百からもあったのでそれで非常な混雑を起した、ご存知の通り一度あの不穏な流言が伝わるや、人民たちは警官たちの制するのも聞かずにてんでに棍棒や刀を持ちだしては鮮人と見れば片端から切り殺すという始末ですからと、虐殺事件の罪を全部人民に帰して、それに警官の手は足らないといい続けた、いくら警察署に収容しても収容してもとてもあの際のことだから間にあわなかった、しかし、皆無事に保護して習志野に送ったと手柄話をしようとする時、一人の兄弟から突っ込まれて……『そうでございます、署内で例のあの事件（亀戸社会主義者虐殺事件をさす）があったものですから二三人の怪我はあったかも知れません、この署は鮮人が二階から留置場から何処から一杯でしたから……』といい居るところをまた問いただされて『そうでした何分にも人民がこの警察署を包囲してしまって、「警察署は偏頗な処致をとる、あんな爆弾を投げたり、火をつけたりする鮮人を引っぱって来て検束するというけれども裏口から皆逃がしてしまうんだ、奴等を皆出せ皆出せ切り殺してしまう」といっては、いくら警官が制しても玄関口から激昂してどんどん侵入して来るのですから、それに出なければこの署を叩きこわしてしまうというのですからどうすることも出来ませんでした』と暗々裡に演武場や留置場の中で朝鮮人が殺された事実をほのめかしては、けれども朝鮮人には一人の怪我人もなく皆無事に習志野に送ったと苦しいいいかたをしていた。けれどもわたしらにはこれ以上突込んで聞く要はなかった、ただ一通りの死者の遭難当時の状況を聞き、それからそれ等の人たちの死骸か遺骨を今何処に埋てあるか其処に行って線香をたいて拝んで廻ればいいのだから……。

［略］それから署長は警部にいいつけていよいよ打揃って現場に行く事となった。

『多分其処だと思います、これもそうでしょう』と、案内の私服巡査は自分の踏んで立っている足元をも、指差しながらいった。『いや其処もそうでしょう』案内の私服は腰をかがめてまたもしきりにあたりを見探していたが、あんまりのことに呆れかえって立っているわたしの足下を見てそういった。『一体何処に骨があるのです、この溝の中ですか、この腐った物の下……』と横井兄が腰をかがめて見探しあてようとすると、私服の男は『そこ、あなたの立って居るところも、それその骨が見えるでしょう』と、いった。兄も吃驚して退後ぎながら『ならこれが骨だ！』と驚きのあまり叫ぶようにいった。よく見ると腐敗しきった水の溜まってある中から、白いような黒いようなものがちょっと先きを出していた。わたしたちはまたあたりを見探した、先刻わたしの立っていたところは踏むとちゃぶちゃぶ音がして、どうしても骨は見当らない、私服の男は平気に『其処は多分死体をいけてあったと思います』『なに焼きもしない、斬り殺されたそのままを……』とわたしはいった。『あなたたちはもう殺されてから何日目になると思うのですか、もう三月目ですて……。それだのにいまだに焼いてもないというのは全く人道にはずれて居るじゃありませんか』横井兄はまた責めた。そういわれると私服の男も顔色を失って、黙ってわたしの顔ばかりを眺めていた。先刻私服の男の立っていた、腐った藁などのあるところをよく見ると、其処には白い骨らしいものが或はつっ立っていたり、或は横にふみつけられていた。横井兄の足を踏み入れたところは、黒い汚土が少しくもりあがっていて、白い点々のものがところどころに現れていて、全く人間の骨を埋めてある様な感じがしなかった。側には鶏の毛や古着や缶詰の缶や何かの汚物が沢山棄てられてあった。『全くこれじゃ犬ころも同然じゃありませんか鄭さん、全く酷いじゃありませんか、人間の死体や骨をごみ棄て場の中に棄てるなんて……』と、横井兄はいいながら『あれはなんです、彼処に棺桶見たようなものが見えてるのは、それに札も立ってあるじゃありませんか』わたしらはその方へ行った。『これですか、これは名前のわかっている日本人の骨です』と、答える私服の横顔をわたしは憎らしく睨みつけた――日本人の骨だけは棺桶に入れる――。今までわたしらから少し離れた乾いた処に立っていた兄弟たちも、その穢いいろんなものが腐っているところへ進みよって来た『ごらんなさい、彼処に転がっている白い物があるでしょう、あれが背骨です、それに彼処のあの黒い水のちゃぶしたところに見えているのは、あれは死体をそのままいけてある者等の着物です』『こうなるとちっとも人間という気持ちがしないな。犬の死骸だか猫の死骸だかどれがどれやら判断さえもつかないじゃないか……』と皆口々にいってはあきれかえって、暫らくの間はまた呆然としてしまって話声さえ止切れてしまった。

きょうもわたしは一人で朝早く支度をして――片手に切花片手にとば〔卒塔婆〕を持ち懐にマッチと線香を入れて出かけた。一昨日から降り続いた雨は今日も止まず、路は酷くどろどろになっていた、けれども傘持つ手がなくって雨に濡れながら両国橋から小松川〔江戸川区〕行きの汽車に乗った。ついて来た尾行もわたしもさっぱり地理が不案内なので、駅前の燈明寺を問うた。住職は心地よく出て来て地理を教えてくれ、九月八日まで四ツ木放水路に三十からの死体を積みあげてあるのを見たことや、中川西側にあたる木下川橋へんなどが最も酷かったことなどを話してくれた。その寺から暫らく行って野原に出て、尾行と二人は荒川の土堤をそって進んでいった。足が泥の畦道の中にはまって何度も滑り倒れながらわたしは起きては歩いて行って、土堤のすぐ手前の最勝寺にいった。寺を過ぎて荒川に向えば、見渡す限り濃霧深き葦原である。何処に訪ねる胞の骨があるのやらさらに見当もつかない、小雨はまた降りしきる、遠くで工場の汽笛が鳴り渡る、とば持ちさまようわたしの胸には冷たい異郷の哀れさばかりがそそって来る、何処をあてに歩こうか路行く人に聞けども、皆仇眼を光らして黙って行き過ぎてしまう。さらに勇を鼓して車引き行く百姓女に聞くと『焼いたということは聞いたがそれは向うの川岸でしょう』との話。それでわたしは大川を渡って小松川橋小川の方へ行った。其処でまた二三人の者に問うた、すると今度は『それは大川の方でしょう』といった、また他の者に聞いた、けれども要領を得ない。仕方なく近くの交番に行った、折悪く駐在の巡査は戸籍しらべに出かけていない、側の牛めし屋の親爺にきくと『それは小松川橋大河のすぐ鉄橋の下です』と教えてくれた。それでわたしは元の路を引きかえして行った。橋の上でまた聞くと『そうですか大河の鉄橋下ですか、わたしの聞いたのはあの上の汽車の向う側の鉄橋下ですが』と、鳶職の男はわざと知らない風を装って首を捻ってサッサッと歩き急いでいってしまった。今度は十四五になる小僧にきいた。更に葦原の小舎を訪れて老婆に。銭銀貨を二三枚つかましてきいた。老婆は笑顔をつくってわたしを案内してすぐ前から土堤を降りて石油缶や荒縄などが物凄く抛りちらばっている、足頸のところまでもはまってしまうどろどろした河岸にいった。『ここらで焼いて此処と彼処に埋めたんですが……』と、泥土を下駄で掘りいじくって『……これ見えるでしょう、これが皆骨です』と三ヶ所ばかり骨のあるところを教えて『向うでも一ヶ所焼いたんですが』と河ぎわの枯アシの繁っている中へわたしをつれていった。そして周囲の葦をさして『この中にはまだ沢山の死体がありますよ、一昨日もあすこの中に一人転がっていたといっていましたよ……それにきのうなどは洗濯にここへ来ると……』と体をぞっとふるわした。

『両手と両足を針金でしばりつけられた、腐って顔形の分別もつかないムクムクした朝鮮人の死骸が転がっているじゃありませんか……へえ、殆ど毎日一人か二人かずつは引き潮の時になると何処かに転がっています……誰がそんなものに手をつけるものですか、有るものも流してしまうほどです、満潮時になればあがった死骸はまた流れていってしまいますよ』と、老婆はそれから朝鮮人の死体を焼く当時の有様について語った。『ええ別に車に乗っけて来るようなことはありませんでした、其処にもあるその荒縄で首を括って何処からでもどんなに遠くからでも犬やなにかのように引きずって来て……ええ勿論針金などで首を括りつけてあの土手の上まで引っぱって来ては、其処からは足で蹴転がし落として、石油をぶっかけて二日二晩も続け様にやきましたから、それは臭いも臭くないも、とても御飯なぞたべることなんか出来やしませんでしたよ……ええそうです大勢の旦那たち（巡査のこと）が来て焼きましたが、それは全くあれでも人間かと思われるほどでしたよ。鳶口やなんかで突っかけては火の中に抛り込みましたからね……それに人間の肉というものは中々焼けないものでしてね……。』と気味悪いしかみ顔をした。わたしはまた一面のその枯れ葦の河原を見渡して持って来たトバを立てようと穴を少し棒切れで掘り下げるとゴロゴロと泡が立ちあがって、ムクムクした赤い人の肉が——ちょうど鯨の缶詰の肉が切れて出るように——赤く切れぎれに裂き切れて出て悪臭が鼻を酷くついた。けれどもわたしはそれを厭わずに手で押しこんで土をもりあげてトバを立てた。それから他の一箇所はトバを立てに行くと、一面の土が焼き焦げて真黒になって油がどろどろして、その中には着物の焼け残りやら黒く焼けた骨やらがごっちゃまぜになって眼もあてられない有様であった、それにそのまわりには幾つもの錆ついた石油缶が投げ棄てられてあり、荒縄や針金の腐ったのや紐などが到る処に散らばっていて、其処へ行っただけで全身はぞっとぞっと寒気がするほどであった。けれどもわたしは無理に勇を鼓してトバを立てると血みどろの水がトバの先を浸したり、黒い骨が出っぱりあがったりしてとても物凄かった。しかしわたしは両方にトバを立て、懇に花をいけ涙ながらに線香をたいた。静かに瞑目して死人の霊を弔った。けれどもそれがなんになろう、わたしがいくら誠心を尽して泣いて悲しんでまた涙をのんだって、それがなんになろう。

〔作家。新聞記者と共に亀戸警察署（現・江東区）を訪れ署長に話を聞いた時と、その後荒川の遺骨を捜した時の記録〕

（『報知新聞』一九二三年一一月二八日〜一二月一日、一二日〜一五日より抜粋）

聞き書き

慎昌範（シンチャンボム）

〔荒川京成鉄橋の中程で〕四日の朝、二時頃だったと思います。うとうとしていると「朝鮮人をつまみ出せ」「朝鮮人を殺せ」などの声が聞えました。〔略〕間もなく、向うから武装した一団が寝ている避難民を一人一人起し、朝鮮人であるかどうかを確かめ始めました。私達一五人のほとんどが日本語を知りません。そばに来れば、朝鮮人であることがすぐ判ってしまいます。

武装した自警団は、朝鮮人を見つけるとその場で日本刀をふり降し、又は鳶口で突き刺して虐殺しました。一緒にいた私達二〇人位のうち自警団の来る方向に一番近かったのが、林善一という荒川の堤防工事で働いていた人でした。日本語はほとんど聞きとることができません。自警団が彼の側まで来て何かいうと、彼は私の名を大声で呼び「何か言っているが、さっぱり分からんから通訳してくれ」と、声を張りあげました。その言葉が終るやいなや自警団の手から日本刀がふり降され、彼は虐殺されました。次に坐っていた男も殺されました。このまま坐っていれば、私も殺されることは間違いありません。私は横にいる弟勲範と義兄（姉の夫）に合図し、鉄橋から無我夢中の思いでとびおりました。

とびおりてみると、そこには五、六人の同胞が、やはりとびおりていました。しかしとびおりたことを自警団は知っていますから、間もなく追いかけてくることはまちがいありません。そこで私達は泳いで川を渡ることにしました。すでに明るくなり、二〇～三〇米離れた所にいる人も、ようやく判別できるようになり、川を多くの人が泳いで渡っていくのがみえました。

さて、私達も泳いで渡ろうとすると、橋の上から銃声が続けざまにきこえ、泳いで行く人が次々と沈んでいきました。もう泳いで渡る勇気もくじかれてしまいました。銃声は後を絶たずに聞こえます。私はとっさの思いつきで、近くの葦の中に隠れることにしました。しかし、ちょうど満潮時で足が地につきません。葦を束ねるようにしてやっと体重をささえ、わなわなふるえていました。

しばらくして気がつくとすぐ隣にいた義兄のいとこが発狂し妙な声を張りあげだしました。声を出せば私達の居場所を知らせるようなものです。私は声を出させまいと必死に努力しましたが無駄でした。離れてはいてもすでに夜は明け、人の顔もはっきり判別できる程になっています。やがて三人の自警団が伝馬船に乗って近づいてきました。各々日本刀や鳶口を振り上げ、それはそれは恐しい形相でした。

死に直面すると、かえって勇気が出るものです。今までの恐怖心は急に消え、反対に敵愾心が激しく燃え上がりました。今はこんなに貧弱な体ですが、当時は体重が二二貫五百もあって力では人に負けない自信を持っていました。ですから「殺されるにしても、俺も一人位殺してから死ぬんだ」という気持ちで一ぱいでした。私は近づいてくる伝馬船を引っくり返してしまいました。そして川の中で死にもの狂いの乱闘が始まりました。ところが、もう一隻の伝馬船が加勢に来たので、さすがの私も力尽き、捕えられて岸まで引きずられていきました。

びしょぬれになって岸に上るやいなや一人の男が私めがけて日本刀をふりおろしました。刀をさけようとして私は左手を出して刀を受けました。そのため今見ればわかるようにこの左手の小指が切り飛んでしまったのです。それと同時に私はその男にだきつき日本刀を奪ってふりまわしました。私の憶えているのはここまでです。

それからは私の想像ですが、私の身に残っている無数の傷でわかるように、私は自警団の日本刀に傷つけられ、竹槍で突かれて気を失ってしまったのです。左肩のこの傷は、日本刀で切られた傷であり、右脇のこの傷は、竹槍で刺された跡です。右頰のこれは何で傷つけられたものか、はっきりしません。頭にはこのように傷が四カ所もあります。

これは後で聞いたのですが、荒川の土手で殺された朝鮮人は、大変な数にのぼり、死体は寺島警察署に収容されました。死体は、担架に乗せて運ばれたのではなく魚市場で大きな魚をひっかけて引きずっていくように二人の男が鳶口で、ここの所（足首）をひっかけて引きずっていったのです。私の右足の内側と左足の内側にある、この二カ所の傷は私が気絶したあと警察まで引きずっていくのにひっかけた傷です。私はこのように引きずられて寺島警察署の死体収容所に放置されたのでした。

私の弟は、頭に八の字型に傷を受け、義兄は無傷で警察に収容されました。どれほど経ったかわかりませんが弟達に「水をくれ」という声が、死体置場の方から聞こえたそうです。弟は、その声がどうも兄（私）の声のようだと思いその辺を探してみたけれど、死体は皆泥だらけで、判別がつきませんし、死体の数も大変多く魚を積むようにしてあるので、いちいち動かして探すこともできなかったとのことです。その後豪雨が降り、そのため死体についた泥が、きれいに落ち始めました。三、四時間後弟は水をくれという声を再び聞いて、又死体置場に行き、とうとう私を探し出し、他の死体から離れた所に運び、ムシロをかぶせて置きました。弟達も私の身体を見て、あまりの傷に生きかえるはずはないと、あきらめていました。しかし「水をくれ」という言葉が気になって、せめて願い通りにしてやらねばと水を飲まそうとしましたが、始めは全然飲まなかったそうです。弟達はそれでも、私に無理して水を飲ませました。ところが巡査は、治療対策はおろか水を飲ませる事まで妨害しました。

［略］朝鮮に帰ってみると、私の故郷（居昌郡）だけでも震災時に一二名も虐殺された

事が判り、その内私の親戚だけでも三名も殺されました。

曹仁承（チヨインスン）

〔一日夜荒川土手四ツ木橋上で自警団に捕えられ、二日朝に寺島警察署へ連行された〕寺島警察署までくると、門の両側には日本刀を抜いた巡査が、ものものしく立っていた。彼らの白い制服も同胞の血で染まっていた。警察の門脇には、血走った数百名の消防団がたむろしていて手に持った鳶口や日本刀をふりかざして、私達を殺そうと、とびかかって来た。だがさすがに巡査らは、それをとめさせ私達は署の中に入る事ができた。

〔略〕この日〔二日〕この警察署に連行された朝鮮人の数は三六〇人余であったが、その内には負傷者が大変多く、そのまま放っておけば生命にかかわる者もいた。

〔略〕しばらく眠ったであろうか、耳のあたりをひどくけられて、ちぎれるような痛さに思わず目を覚ましたが、いつのまにかあれほど多数の人々が一人も見えなくなっていた。実は私が眠っている間にも、地震が続きあちこちで窓ガラスがこわれたり、ひどい騒ぎ声がワーワーと庭の中に聞えてきたので、同胞達は又殺しにくるのだという恐怖感で、いっせいに逃げだしたのである。

私もこのままおとなしく殺されてなるものかという気持ちで、無我夢中外にとび出そうと警察の塀にとび乗った。すると、外には自警団の奴らが私を見つけて喊声を上げてとびかかって来た。私はそのまま警察の庭の方に落ちて助かった。私は外に出ることも出来ず、そのままそばの杉の木に登りかじりつくようにしていた。

三〇分程して、私はそっと杉の木を降り、庭の中の方へ行ってみた。するとその時私の目の中に入った光景は、巡査が刀を抜いて、同胞たちの身体を足で踏みつけたまま突き刺し無残にも虐殺しているのであった。ただ、警察の命令に従わず逃げ出したからという事だけで、この時八人もの人が殺され、多数の人々が傷ついた。

全虎岩（チョンホアム）

私は亀戸の福島ヤスリ工場に工員として働きました。そして大正一一年南葛労働組合の亀戸支部が結成され、そこで活動をしました。

［略］二日の夜（七、八時頃）だったと思います。付近の人々があちこち集ってがやがや話していたので側へ行ってみると、炭鉱の朝鮮人労働者がダイナマイトを盗み集団で東京を襲撃してくるから、みな町を自衛しなければならないというようなことをいっていました。私は何故朝鮮人を殺すのだろうと不信に思いました。夜になって朝鮮人が多勢逃げていくというので、私は近くにある飯場へ行ってみました。飯場のすぐ側にハス畑があって、鉄道工事に従事していた同胞が二〇人ばかりいました。行ってみると、黒竜会の連中が日本刀などを持って飯場を襲撃し、ハス沼の中へ逃げ込んだ人まで追いか

け、日本刀で切り殺していました。

私は恐ろしくなってすぐその場を逃れましたが虐殺は三日の明け方まで続き、そのうち女性一人を含む三人はやっと逃げのび亀戸警察署に収容されました。私はあとでこの人たちにあい虐殺の実態を確かめることができました。

あちこちで朝鮮人殺しのうわさが頻繁に伝ってきました。工場の人達は私に外へ出たら危いから家の中にいるようにと言って無理に押し込み、外で見はりまでしてくれました。

翌日(三日)の昼頃になってこのままでは危いし警察が朝鮮人を収容しはじめているからそこへ行った方が安全だと言う事をきき、工場の友人達十数人が私を取り囲み亀戸警察へ向いました。街に出てみると道路の両側には武装した自警団が立ち並び、兵隊も出動していて険悪な空気が充満していました。そして連行される同胞が道で竹槍などで突き刺され、殺された死体があちこちにありました。私も何度か襲われましたが、やっとの思いで午後三時頃亀戸署に着きました。

[略]四日明け方三時頃、階下の通路で二発の銃声が聞えましたが、それが何を意味するのか判りませんでした。朝になって立番していた巡査達の会話で、南葛労働組合の幹部を全員逮捕してきてまず二名を銃殺した、ところが民家が近くにあり銃声が聞こえてはまずいので、残りは銃剣で突き殺したということを聞きました。

［略］朝になって我慢できなくなり便所へ行かせてもらいました。便所への通路の両側にはすでに三、四〇の死体が積んでありました。

［略］虐殺は四日も一日中続きました。目かくしされ、裸にされた同胞を立たせ、拳銃をもった兵隊の号令のもとに銃剣で突き殺しました。倒れた死体は側にいた別の兵隊が積み重ねてゆくのを、この目ではっきり見ました。四日の夜は雨が降り続きましたが、虐殺は依然として行われ五日の夜まで続きました。

［略］亀戸署で虐殺されたのは私が実際にみただけでも五、六〇人に達したと思います。虐殺された総数はたいへんな数にのぼったと思われます。

　虐殺は五日の夜中になってピタリと止まりました。巡査の立話から聞いたことですが「国際赤十字」その他から調査団が来るという事が虐殺をやめた理由だったのです。六日の夕方から、すぐ隣の消防署の車二台が何度も往復して虐殺した死体を荒川の四ツ木橋のたもとに運びました。あとから南葛の遺族から聞いたことですが死体は橋のたもとに積みあげ（死体の山二つ）ガソリンで焼き払い、そのまま埋めたそうです。その後私は遺族に連れられて現場にいき、死体を埋めたあとを実際に見ました。

　死体を運び去ったあと、警察の中はきれいに掃除され、死体から流れ出した血は水で洗い流し、何事もなかったかのように装われました。調査団が来たのは七日の午前中でした。

［略］当時、荒川の堤防工事で四ツ木橋近くには朝鮮人労働者の飯場が沢山ありました。これは私が実際にみたのではなく震災直後に、習志野からやってきた騎兵隊が、橋の下で同胞たちを機関銃で虐殺したということを実際に見た人から聞いています。その他、亀戸の南の大島付近には中小企業が沢山あって多くの朝鮮人職工が働いておりました。その人達の多くも騎兵隊や自警団によって虐殺されました。ようやく生きのびて亀戸署に逃げ込んだ人もいました。

（朝鮮大学校編『関東大震災における朝鮮人虐殺の真相と実態』朝鮮大学校、一九六三年）

韓国での聞き書き

李性求（イ・ソング）

翌二日朝、東亜日報に地下足袋を包んで長崎村の下宿を出た。いくらも行かないうちに、いつも買っている醤油屋の前で
「李君、なぜ行く。行くな、行くな」

と言う。

「なぜ?」

「朝鮮人を皆殺すんだ。行くな」

「何もしないのに殺すのか。井戸に薬を入れるとか火をつけるとか、そういう人は殺してもいいじゃないか。私はそんなことをしないから、たとえ行っても……」

それが間違いだった。

［略］雑司ケ谷で道がわからなくなり、市内から逃れてくる避難民に早稲田大学へ降りる道を尋ねた。そこで「あれは朝鮮人だ」となり、自警団に捕えられた。その時持っていた東亜日報に平安北道のノロ狩りの記事があって、そこに「鉄砲」という漢字があるのを見て殴ったので「警察に行こう」と話した。そこで大塚警察署に連れて行かれた。

警察署に行っても話にならない。今日殺す、明日殺す、と殺す話ばかり。半分死んだ人が新しく入れられてくるのを見ては、信じないわけにはいかなかった。これは自分も殺されるなと思った。
大塚警察署に一週間から九日間位いたと思う。〔略〕その一週間~九日後の晩六時頃、警官が
「君の家はそのままあるから帰りたければ帰れ」と言った。
「一週間前あんな目に遭ったんだから危なくないか。長崎村まで行って大丈夫か?」
「無事であるから安心して行け」
安全であるはずないのに、それが分からないはずないのに、安全だと言った。そこで長崎村に向かった。
当時長崎村は電灯がないため暗くて、近所まで来たのに道が全然わからない。誰に訊けばいいのか。普通の人に訊いたらまた「朝鮮人だ」ということになる。わざわざ醬油屋の娘に訊いた。道を教えてくれたはいいが、すぐ
「あすこに朝鮮人行くんだ!」と叫んだ。その声が大きく聞こえ、青年達が皆走って来て
「あれ朝鮮人だ。捕まえろ」と後ろから迫る(東京物理学校を卒業して二〇年間こちらで学校に勤めたが、生徒が後ろから走って来るとすぐ身体が強張る。その時の記憶があ

るから)。

捕まったらその場で殺される。すぐ考えたのは、交番に行って助けを求めることだ。交番に駆け込み巡査にしがみついた。その当時その青年達を自警団と呼んでいたが、狭い交番のあちこちを蹴とばし、自分に殴る蹴るの暴行を加えた。大塚警察署に電話しようとしたら巡査に殴られた。下宿まで三〇分位なのだが、巡査に「連れて行ってくれ」と言うと、「こんな忙しい時にそんな事ができるか」とどなる。

青年団に大塚警察署でもらった風邪薬を発見され、毒薬だというので、飲んで見せると「お前の言う事は本当か?」と聞き、下宿に連れて行った。途中知り合いの青年達に会い、「李君が生きている」と言って「この人は我々が責任を持って引き受ける」と連れて行ってくれた。

[略] 村に着くと、娘さん達が「よく無事で……」と喜び、風呂や夕飯の世話をしてくれた。この間、九、一〇日だったと思う。

[略] 自分は震災で全く違った人間になってしまった。一九二三年に一度死んだ。警察が悪い。大塚警察署は今でも壊してしまいたい。身体さえ言うことがきけば……。

[教育者。当時二一歳、池袋長崎村(現・豊島区)に下宿し行商等をしながら東京物理学校(現・東京理科大学)に留学]

金琮鎬（キムジョンホ）

翌二日、石川町の家へ行ってみると全焼して跡形もなかった。［略］午後三、四時頃になると、根岸町付近の米屋に押入って人々が米を盗んで行く。そこの主人が止めようとすると、その場で殺してしまった。それを見て、すでに人間の心が殺気立ち、本当の自分の心ではなくなっていることに気づいた。

震災の翌日から朝鮮人は皆やっつける、という話が聞こえてきた。これは大変だと思った。女の人であれ青年達であれ何と言わず竹槍・棍棒を持ち出して――そこは山で草むらがあったのだが――そこに潜んでいた朝鮮人を発見して（朝鮮服を着ていたからすぐ発見された）、容赦なく叩き殺す。止めようとすればこっちがやられる。もう皆正気でないから。そこに来た人の言うには「朝鮮人が井戸に毒を入れた」「金庫を探るのは皆朝鮮人だ」。根岸町の人達がそう吹聴するものだから、他の人も皆やって来て「そんな悪い事するな」と言って……。自分の身を隠す暇もないのにそんなことできるはずがない。自分達が悪いことをしてみんな朝鮮人に転嫁したんだ。一人二人でなく十何人位を引っぱって行くのを見た。鉄橋の柱に縛りつけて日本刀で刺した、と見た人があとで自分達に語ってくれた。

それからはもう一人でもその場で発見するとワーッと棍棒持ち出してやっつけた。それを見て自分たち（保土ヶ谷町の富士紡績会社の四、五人その他計七、八人）は「石川町四の六九に長く住んでいる者だから保護してくれ」と町の人に頼んだ。そのうちの一人が腕章をつけろとよこした。赤い無地の布だった。

〔略〕三日午前三時頃、埼玉県のある軍隊が横浜に来てラッパを吹いた。それを聞いて傍らの日本人が「安心しろ。もうこれから安心だ」と言った。自分もそれを聞いて初めて涙をこぼした。朝になると軍隊が来た。

自分が見たり聞いたりした範囲では、五、六〇人が殺されている。慶尚南道・済州島の人が多く、全部労働者で朝鮮服のままの人が多かった。

〔当時一九歳、中学三年、横浜の叔父母のもとで被災（横浜市石川町四の六九）〕

崔承萬（チエスンマン）

〔一日〕目白〔の女子〕大学から異様な気がした。竹棒・金棒・色々並べて不思議と自分たちの一行を見る。長崎の家へ着くともう真っ暗で、提灯だけが往来するのが見える。何十人という自警団がいて「止まれ！」と言い、並べておいて番号を言わせた。家に入ることもできなかった。妻と娘もいっしょに自警団に連れられて板橋警察署に行った。

四日夜頃、府立一中にあった臨時警察〔警視庁〕に、自分と学生団体の代表と相愛会総務金を呼びつけて、シャツ一枚の赤池〔警視総監〕が「すまない」とだけ言った。「流言でいろんな事件が起こった」と。「すまない」の意味は、自分が流言を流したのだが、自分の思わぬほどの事実が現れたということではないか。つまり「嘘」をついたのであるが、自分がやったとは言えない。だから「すまない」とだけ言った。

夜九、一〇時頃「泊まるなら泊めるが、どうする」と聞かれ、警視庁の車で警察ひとりつけて送ってくれ、と言った。途中何回も調べられた。一〇〇メートル間隔で提灯を持った自警団が、車のヘッドライトを見て「止まれ」という。軍人は正直だ。半蔵門あたりで捕まったが、警察ということですぐ通した。しかし自警団はいろんな事を聞く。大塚仲町までは行ったが、そこで数万人の自警団が竹棒・金棒を持ち「引っ張り出せ、殺せ」とドアを開けて引きずり出そうとした。刑事が押えながら「警視庁です」と言う。二〇分位もみあった。運転手が気を利かせてサイレンを鳴らして逃げた。

板橋警察署前三〇メートルにも二、三千人いて、同じように「朝鮮人出せ」と引っ張り出そうとする。その時も運転手が気を利かせて演武場に入った。入って握り飯とお湯みそを飲みはじめた時、竹棒を持った青年三人が門を開けて入り「この人達は拘留ですか」と聞いた。警官が「拘留です」ちょっと間を置いて「仮拘留です」と言うと、三人は変な表情をして「あっ、そうですか」と帰った。「保護」と言ったら殺されていたにちがいない。

板橋警察署には五五人ほど朝鮮人がいた。約一ヶ月そこにいた。運がよかった。

罹災同胞慰問班を、東京ＹＭＣＡ、天道教団体の朴思稷（中学校の先輩）と一緒になって二四～五人のメンバーで作った。戒厳令下で「会」という名前は許さない、「班」ならよろしいということで。主に顔も日本人に似た日本語の上手な人を選んだ。調査は、「どこがひどかった」と噂のある所へ行ってみて調べた。藤岡・本庄・熊谷・児玉・亀戸・月島。荒川もむろんあるし、永代橋・三河島・向島・神奈川・鶴見とか……その時分の府下。

しかしこの調査は一カ月足らずで終わった。いちいち町の中に入って警察みたいな役目をするから難しかったし、韓国人とわかると本当の事を言わない恐れもあるし、また経費問題が……ずいぶんかかるしで。

〔羅災同胞慰問班メンバー。当時、在日本東京朝鮮基督教青年会（ＹＭＣＡ）総務、長崎村（現・豊島区）に震災前日引っ越したばかり〕

羅祥允（ナサンユン）

そこ〔本郷区弓町の下宿〕にいて、いろんな噂が聞こえてくる。朝鮮人がバケツの水に毒を入れて、それを飲んで死んだ人がいる等。この時、女子学生のチマを着ていたが、夫の指示で和服に着替えた。飴売りや労働者の奥さんに間違われないようにとの工夫だった。夫は三年先に渡日しており、民族差別があることをよく知っていたので、自分が日本に来た早々、和服を作らせておいたのである。この服のおかげで自分は生命を救うことができた。

［略］付き合いはなかったが、近所の奥さんが心配してやってきて、「外に出ると危険だから、お金をくれたら缶詰を買ってきてあげる」と言って、イワシとキャベツの缶詰を買ってきてくれた。

青年団がよく調べにきた。「ここに韓国人はいないか」と。高級下宿だったので、その主人が道路に面した一番奥深い部屋に隠してくれた。

隠れている時、前の道を金剛杖を持った青年団員が、「神田で韓国人の妊婦の腹を刺したら、アボジ、アボジと言った。アボジとは何だ」と笑いながら通るのを聞いた。金剛杖を持つその姿も窓の隙間から見た。

ある時は青年団が来て、「名簿を見せろ」と言った。その時下宿の主人は「この二人は地震の後一回も外に出ていない」と証言してくれた。その後、青年団の方に、そこにいる韓国人には手を出すな、という知らせが行ったのではないか。というのは、青年団の方から「この人は絶対安全だ」と書いて青年団の判を押した木札を二個持ってきた。地震後三、四～五、六日頃（少し安定した後）だった。その時でも道に検問はあり、そこで服装と言葉を糺していたが、木札のおかげで食物を買いに行く事ができた。

［当時二〇歳、女子美術学校（現・女子美術大学）に留学、本郷区弓町（現・文京区）で下宿］

咸錫憲（ハムソッコン）

〔二日、本郷の下宿に戻り〕米屋へ行くと米はすでになく、玄米しかないのでそれを買った。〔略〕帰ろうとすると、竹槍・日本刀・棒を持った大勢がたかってきて「これが本物だ」と言いながらやってくる。その朝、青年会の人達が「支那人が泥棒をしますから気をつけてください」と言いながら触れ回っていたので、直感的に「私の顔を支那人と見違えたのかもしれない。本物って何だ」と言いながら帰ろうとした。その横丁に出る所に交番があり、顔を知られていたと見えて、そこの巡査が「いや、かまわない、安心だから」と皆を止めてしまった。帰ろうとしたが連れが理屈をこねて「これが本物だ、と言ってきたのにうやむやのうちに帰してしまうなんてことがありますか」と言ったので、「そんなに知りたきゃ行こう」と駒込警察署に入れられた。そこで初めて真相がわかった。多数の韓国人、誤って入れられた日本人一、二人、支那人一人がいた。そこで初めて真相がわかった。韓国人が何か暴動を起こすという口実で連れてこられていたのだった。そこで一晩過ごした。

翌朝（三日）になると、自分の受け持ちの刑事（当時韓国の留学生は、皆受け持ちの刑事があった）が見回りに来て「あっ君も来たのか」と言った。「これはいったいどうしたのですか」と言うと「いや間違っていたから、かまわないで出て来い」と自分と親戚の二人を引き出し、二階でパンを食べさせて、家に帰れと言った。連れが「僕達出るとすぐ殴り殺されるから行きません」といったが、かまわないから行けとなだめられて帰った。

その翌日の朝早く、下宿のむこうにある小さな教会の富永牧師が来て「君らのことは周りの人によく話していくから心配ない。ただ外出は一切するな」と必死で言うので、一週間じっと中にいて、それで無事に過ごした。

震災後一ヶ月かかなり過ぎた後、韓国の学生達の虐殺真相調査団ができて、講演会などがあってやっと真相がわかった。［略］東京市街ではそれほどひどくなかったが、ふちの部分に労働者がたくさんいた。亀戸でたくさん殺されたという話だ。

神田が焼けてしまったので早稲田の高等学校へ移った。そこの先生は公然と「私は朝鮮人狩りやりましたよ」と、別に不思議とも思わずに言っていた。

［宗教家・思想家。高等師範受験準備で渡日。当時二二歳、本郷の白山上の肴町（現・文京区）に下宿。震災当日は湯島の親戚の家にいた］

尹克榮（ユンクギヨン）

若い時の好奇心から、神田新宿のあたりはどうかと見に出た。すると新宿までもなく中野あたりから違う。避難民も多かったし。その時の自分もそうだったろうが、日本人の目つきが、これでも生きるかチキショウというような、すべてを白眼視するような鋭い目つきだった。

〔略〕夜を徹して歩いた翌日、握り飯を配給している列に加わった。その時ふと「この朝鮮野郎！」と言うのが聞こえた。ハッとした。自分の立っている前の前あたりに朝鮮の労働者が一、二人立っていた。そこでは「君の名前は何か」等なんとか話をさせるような問があって、その答えが日本語じゃない。日本人じゃないとその会話でつかまれた。列の欄外に立たせて軍隊でもないどこか知らぬ民衆かもしれない二、三人が殴りつけるのを見た。こいつが朝鮮人だというわけだ。その人が生きたか死んだかはわからない。そういう場面はたびたび見た。

ちょっと時間がたって、どの方向へ行ったかわからないが、石・電柱・壁に張りつけたものが見えた。印刷したものではなく書いたもので、赤丸をつけ「朝鮮人が井戸に毒薬を入れて日本人を殺す」「置泥棒をする」等「あらゆる犯罪を犯している。だから朝鮮人を追い出せ」「注意・警戒しろ」という注意書のようなものだった。それが時間が経つにつれてだんだん増える。それであちこちから「朝鮮人殺せ」という声が聞えてきた。

自分は慣れた日本語を使っていたから、二、三ヶ所でまぬがれることができたが、一番殺(や)られたのは労働者だと思う。言葉が生半可で吃るようだったし、留学生にはない朝鮮の匂いがする、そういう表情を持ったのが労働者に多いから一番多くやられたと思う。

三日目か五日目に高円寺原にたどり着いた。その時分高円寺原付近に留学生が一七人いた。一七人が余震のため家に戻れず竹林の草原で野宿をしながら「我々は離れ離れになっては困る。やられても一緒にやられよう」と話し合った。

七、八日だと思うが、遠く竹林の脇のあたりから青年団二、三〇人がなだれ込んできて「朝鮮人殺せ」という声が聞えた。白い服を着て走るものが遠くに見えた。するとそれを追いかけていった。とにかく白いものは朝鮮人に違いないから、叩き殺せというわけで、白い犬か朝鮮人か知らないが、殺してきたという話を後から聞いた。

戒厳令が布かれた後、軍が中野と高円寺の中間にある電信隊に駐屯していた。不意にその七、八人の軍人が、自分達のグループの方にやってきた。

「君達、朝鮮人だろう」

「はい、そうです」

「毒薬を井戸に入れたことがあるか」

「いえ、そんなことありません」

「バカヤロー、嘘言え!」と二、三人が殴られた。

〔略〕銃剣つきつけて一七人皆中野の電信隊に連れて行かれた（その時は電信隊かどこかわからなかった）。

「君達を保護するために連れて来たのだ」と皆別々に入れられ、自分は馬小屋だった。二、三日間いた。出されると、かえってそこにいた方がよかったくらい、周囲が物騒だった。

「どうせ殺されるんだから、それこそ一人殺して殺された方がいい」という話までしていた。

［略］とにかく労働者が一番多く殺られた。労働者の生活は留学生と異なり、家族単位で来ており、まさか中学をスムーズに終えた者はいない。女達は小学校も卒業しない者が大部分だったろう。経済的にはもちろん、文化的にも最下層で生活した。同じ労働者であっても、日本人労働者と待遇は同じではない。日本人労働者は労働的権利を持っているような張り切ったところがあったが、朝鮮人は奴隷みたいに見える人が多かった。

［音楽家。当時二一歳、東洋音楽学校（現・東京音楽大学）留学中で高円寺（現・杉並区）に下宿］

（『韓国での聞き書き』関東大震災時に虐殺された朝鮮人の遺骨を発掘し追悼する会、一九八三年）

なんだかいろんなこと、してみましたよ

李教振（イギョジン）

みんな殺せってひどかったんですよ。トビ（鳶口）を人の首に刺したり足に刺したり殴り殺して、みんなみんな、朝鮮人は隠れ隠れ離れして。あっちこっち隠れるのに忙しくてね。生きている人は、その時に朝鮮人っていうのを知ったら誰でも殺してしまうから。

［略。寺島で］同じ町の人は案外隠してくれる人が多かった。

〔友人の洪と倉田と三人で玉の井（現・墨田区）の大島という売春宿の主人の家の天井裏に匿われたが、李さんだけは我慢しきれずに外に出た〕

無論出ちゃいけないと言うよ。殺されるから、ここでつらいけど辛抱しろ、辛抱しろと言うよ。だけど前に住んでいた所も行ってみたいし、仲間達はどうなったんだかというのも聞いてみたいし。

朝早くか五時に出て、捕まったのは九時頃。今の玉の井あたりよ。朝鮮人って格好でわかるし口でわかるから、道歩いていて警官が一人、「おい、ちょっと待て」って。巡査があっちこっち、朝鮮人の住んでいる所知ればみな何回も来たりして、捕まえて行く

んだもん。

すぐ手錠はめられて亀戸警察まで歩いたよ。黙って。遠いよ。行く時はああいう連中〔暴民〕はいなかったけど、手錠はめられて行ったから日本人はあの人は悪い事して行くんだってわかるでしょ。もう死ぬ覚悟で行ったのよ。殺すんだなあ、これでおしまいだと覚悟して。途中がどうだったか何もわからん。死んだ人と同じ。精神ムカムカで行ったんだ。

〔略〕吾嬬の花王石鹸の横に後で環状線（明治通り）ができたけど、そこに当時深い穴があってね、ゴミを捨てたりしていたの。真ん中に水がたまってあったけど、そこにほうぼうから殺したのを集めて、何十人も落して一緒に石油まいて火をつけてしまったの。

またね、後に相愛会の総務になった橋本、裴という人の頭をね、鳶口でひっかけて殺そうと思って。だけど力が強いから逃げてしまって。ドブに三日隠れて助かって。額から頭の後ろにかけてえらい傷跡になっちゃってたよ。

〔亀戸警察に収容されて〕握り飯一つずつ、一日三個くれるんです。で、三〇人なら三〇個。でも何日も食わない人がいるでしょう。一つよけいに食べた人がいて、調べると出てくるでしょ。それを引っぱり出して殺してしまったですよ。私らには言わないけれど、警察の門の中で握り飯一つよけいに食って殺されたですよ。

［同郷の咸陽郡出身者が多く住む寺島（現・墨田区）に一九二三年前半に来る］

（立教大学史学科山田ゼミナール編『生きぬいた証に――ハンセン病療養所多磨全生園朝鮮人・韓国人の記録』緑蔭書房、一九八九年）

個人史の中の朝鮮と日本

金三奎（キムサムギュ）

〔二日の〕明け方になって、韓さん〔金兄弟の郷里の先輩で、地震後の混乱の中、偶然九段で出会った人〕の知合いが神楽坂にいるからというので、私たちはとりあえず、そこへ出向きました。一眠りして一〇時頃に起きると、朝食の仕度がしてありました。私と兄が食事をすませていると、そこの家の主人が、韓さんになにごとか耳打ちしているんです。たずねると、ここいらはどうも〝物騒だ〟というんですね。その時には、私も兄もなんのことだかわからなかったのですが、すでに朝鮮人迫害のうわさが伝わってきていたわけです。その家の主人は、中野の知人のところへ避難するようにすすめてくれました。礼をいって、とにかく表通りに出ると、ちょうど中野方面へ行くバスがあった。私たち三人はそれに飛び乗り、中野で降りました。あの当時、無我愛運動という宗教活動をしていた伊藤証信という人がおりました。この人が中野の自宅に無我苑という修養場を設けていたんです。私たちが避難するように勧められた場所がそこでした。伊藤さんは親切な方で、裏庭の一角にゴザを敷いてくれたので、私たちは、しばらくはそこで休息をとりました。私たちの他にも、ずいぶんたくさんの避難者がきていました。そのうちに、このあたりも〝危ない〟ということがわかってきました。〝朝鮮人狩り〟のことを私が知ったのは、実はこの時でした。それで、伊藤さんは、下高井戸に住む江渡狄嶺さんのところへ行くようにと……。あそこならば、君たちも安全だろうというのでした。

この江渡さんは本名を幸三郎といいますが、私の命の恩人です。皆さんはあるいはご承知ないかもしれませんが、江渡さんはトルストイ主義者で、東大を中途退学してしまった人です。お茶の水女子高師を出た関村ミキさんという女性と結婚し、武蔵野の下高井戸で百姓生活を送られた方です。

ともあれ、避難先についていて、私たちにはなんのあてがあるわけではありません。夕方近くなって、私たち三人は下高井戸へ向かいました。私も兄も手ぶらでしたが、韓さんには荷物が少しあった。それに棒を通して兄と韓さんが持ち、私はそのうしろからとぼとぼついていきました。田んぼのあぜ道を歩いていったんです。できる限り人のいない道を選んだからです。日がほとんど傾いた頃になって、やっと下高井戸に着きました。でも困ったことには、肝心の江渡さんの家がみつからないのです。そこは小川が流れていて、私たちが小さな橋を渡ろうとすると、〝どこへ行くんだ〟と、トビ口を手にした消防隊員たちから誰何されたのです。江渡狄嶺さんのところへ行きたいのですが、家がわからなくて困っているんです。そう答えると、消防隊員たちは急に親切になって、私たちを江渡さんの家まで案内してくれました。三人が朝鮮人だということを、たぶん彼らは気づかなかったのだと思います。

そんなふうにして、江渡さんの家にたどり着いた時分には、もうとっぷりと陽が落ち、あたりは真っ暗でした。伊藤証信さんの紹介ということもあったのでしょうか、江渡家では心よく私たちを迎え入れてくれました。その時には、江渡さん自身は子供の看病で出てこられず、奥さんが私たちを別棟のお堂に案内し、蒲団を敷き蚊帳をつってくれました。このお堂は〝可愛御堂〟といって、幼くして亡くなった長男を憐み、建立したものだということを、あとで聞きました。私は床にはいったのですが、うつらうつらしていて、あれは何時頃だったでしょうか。夜もだいぶ更けた頃でした。突然、太鼓の音と鬨の声が起こり、あっちへ行った、こっちへ行ったと、大きなどよめきがあったのち、一発の銃声が響きました。追いつめられた同胞が、殺されたんだ……。私は隣りに寝ていた兄に、思わずすがりついて泣きました。

その夜以来、私たち三人は奥の室に移され、江渡さんから、外出一切まかりならぬという厳命を受けました。

［略］朝鮮アメを売りながら、芝中学に通っていた友人がいたのですが、彼は行方知れずのまま、ついに消息がとだえてしまいました。例の〝朝鮮人狩り〟にまきこまれて、殺されてしまったのでしょう。私自身は江渡さんのお蔭で、直接には恐ろしいおもいをしたことはありません。虐殺事件のことも、むしろあとで知らされたようなものでした。

［一九〇八年生まれ。のちに「コリア評論」主筆をつとめる］
（金三奎・長璋吉・高崎宗司・安宇植『朝鮮と日本のあいだ――朝日選書一五七』朝日新聞社、一九八〇年。のち『新修・杉並区史・上』東京都杉並区役所、一九八二年）

関東大震災にあう

金鍾在（キムジョンジェ）

〔麹町（千代田区）で被災し、四ツ谷駅（新宿区）わき外濠土手に避難した一日夜〕六時半ころだが、麹町七丁目の市電通りに、大勢の青年たちが群がり、朝鮮人労働者をとりかこんでいた。当時、四谷見附のトンネルのはずれの位置に、朝鮮人労働者の飯場があった。その労働者は外出中に地震に会い、飯場へ帰る途中でつかまったのである。青年たちは、ものものしい雰囲気で、とりかこんで何かしているうちに、「アイヤー」という朝鮮人の悲鳴がきこえてきた。

このころにはまだ、朝鮮人虐殺というようなニュースはなかった。しかし、この光景を見て、そのころまで付近に残っていた七人の仲間たちは、にわかにいいようのない恐怖感をおぼえ、各自がそれぞれの居所へ帰っていった。

その夜のあいだに、「朝鮮人が放火したので大火災になった」「朝鮮人が下町方面の井戸に毒を入れた」「朝鮮人が爆弾をもって暴動を起こした」といった流言が、どこからともなく伝わりはじめ、不安におびえた人びとの口から口へと伝えられた。

〔略。二日朝、薬を買いに四谷塩町の薬局・灰吹屋に入ろうとすると〕たちまち大勢の男たちが、私をとりかこんで尋問をはじめた。そのときには、すでに四谷区、麴町区の各地域に、自警団組織が生まれていた。彼らは、四谷塩町の自警団の一班らしい総勢一五、六名の屈強の男たちだった。おもだった三〇歳くらいの男が、「君はどこからきたか。国はどこだ。何の薬を買いにきたか」と、矢継ぎばやに尋問してきた。

私は、あまり恐れもせず、「外濠の土手の上に避難してきている。国は朝鮮です。薬は、子どもの腹痛をなおすためだ」と、歯切れよく答えた。ところが、群がってきた群衆の中から「この野郎ウソをついている。井戸に入れる毒薬を買いにきたにちがいない。引ったてろ」とわめくものがあらわれた。

私も、腹がたったから、大きな声で、「みなさんは、何をカンちがいしているんだ。朝鮮人はみな善良なものばかりだ。とんでもないデマに躍らされないでくれ」と叫んだ。すると群衆の中から、さらに激昂して、「この野郎、なま意気だ。ふんじばってしまえ」という声が飛んだ。私は、これに対して「それほど疑うんなら、この先にある警察へ行って、そこで白黒をつけよう」と叫んだ。

このときは、私も興奮していたせいか、ふしぎに勇気がわいて、一歩もゆずらなかったのである。すると、自警団の中の四五、六歳の年配者が、一同をなだめはじめた。

「せっかく、この青年が真剣に叫んでいるんだから、警察へ行ってはっきりさせようじゃないか」

この説得がきいて、一同も納得した。午前九時半ころのことである。二名の男が、犯罪人でも引ったてるかのように、私の両手をうしろ手にまわさせ、塩町と信濃町のあいだにある四谷警察署までつれていった。

四谷警察署につくと、すでに留置場の前に、一五、六人くらいの朝鮮人が、血だらけの姿で保護されていた。私は思わず「何と無力であわれな民族であることか」と涙が出た。ともかく、特高課の部屋にはいると、以前から顔見知りの特高巡査が対応に出た。

〔略〕この特高巡査は、私を見るなり、大きな声で自警団の連中に向かい、「貴様たちは、何の権限で、この青年を引っ張ってきたか。グズグズしてると、お前たち全部を引っくくって、留置場へぶちこむぞ」とどなった。びっくりした自警団は、クモの子を散らすように退散してしまった。

〔略〕後になって聞いた話であるが、私の住んでいる麴町七丁目あたりの自警団の中でも、私と金鳳洙をやっつけるという相談が出たことがあったそうだ。その時にも、私たちの家主である小林、近所のそばやの主人柳田という二人が、「とんでもない。あの二人は善人で、日本人もおよばぬりっぱな行動をしている。あの人たちに手をかけることは絶対に許さないぞ」といって、この計画をやめさせたとのことだ。

九月二日から三日にかけて、散発的に新聞の号外が出された。これらの中には、「本所深川方面に住む朝鮮人が放火して捕まった」とか、「上野松坂屋は、朝鮮人の投げた爆弾で爆破された」「横浜に住む朝鮮人集団が帝都襲撃に向かって行進中」、あるいは「どこそこの地方に住む朝鮮人が住民の井戸水に毒薬を入れて歩き警察に摘発された」など、ありもしないデマを、でかでかと報道するものがあった。私の記憶ではとくに、時事新報や国民新聞などの号外にひどいものがあったように思う。

〔五日朝、帰国するために田町駅へ行くと〕彼ら〔まわりの五、六人〕の会話の内容は、おそるべきものだった。「朝鮮人を何十人も、自警団員がクシ刺しにして殺す現場を見て痛快だった」とか、「東京や横浜の火災の原因は朝鮮人のしわざだ」とか、「朝鮮人が井戸に毒薬を投げこんでまわるというふれが出たから、大勢で警戒した」「朝鮮人ほど恐ろしい人間はいない。いつもはアメ売りや行商をして、おとなしそうに見えるけれども、内心で何を考えているのか信用できない」といった話でもちきりであった。

（金鍾在述・玉城素編『渡日韓国人一代』図書出版社、一九七八年）

私が体験した関東大震災

金泰燁（キムテヨプ）〔別名・金突破（キムトルパ）〕

〔一日午後三時頃角筈で〕李憲が通ってきた途中の警視庁の前と鶴巻町のあちこちに、「不逞鮮人が暴動をおこし、井戸に毒を投げ入れ、殺人・放火をするので、警戒せよ」という立看板が立っていたというのである。日本人は村ごとに自警団を組織し、また青年団、消防隊、警察などが韓国人を割り出し始めたという話だった。彼は、このことを伝えながら、街に出ず、養生しているのがよかろうという言葉まで残して、あわただしく消えていった。

〔略〕日が暮れて電気をつけようとしたが、つくはずがなかった。その時、淀橋区〔現・新宿区〕管轄の淀橋警察署高等係主任である松本警部補が四、五名の刑事を率いて事務所に入ってきた。前から監視を受けていた私たちは顔なじみだった。だが、この日の松本の表情は冷ややかだった。彼は鋭く事務所の中を見回して、私以外の同盟会の他の幹部の所在をたずねた。朝から私一人だったことをありのままに話すと、彼は私を連行すると言った。理由をきくと、保護するということだったが、予備検束が明らかだった。

刑事たちに引きずり出されて警察署に行く途中に見た光景は本当に殺伐たるものだっ

た。あまりにも変貌した街の姿は、あたかも戦争を経た廃墟のようだった。のみならず、あの街この街には、いまだに災難に泣き叫ぶ女や子供の痛哭がたえなかった。特に目につくのは額に手拭を巻いた青年たちが群をなしていききしながら殺気立った雰囲気をかもしだしていたことである。それがまさしく、韓国人を見つけ出そうと往来する暴力化した集団の姿だった。ある街を通りすぎている時、そのうちの一集団が私たちに接近してきて周囲をとり囲んだ。

「こいつは朝鮮の野郎だな、ここにおいていけ！　朝鮮野郎はみんな、俺たち自警団にまかせて処理させることになっているんだ」

と、私をおいていけと警察に要求した。だが松本はこのように答えた。

「こいつは重大犯人だから、警察署に連行するので、渡せん」

だが、彼らのうちの一部は私のあとについてきていつまでも私を苦しめた。本当に私の生命は、猛獣の行きかうジャングルの中につかまっている裸の幼児にすぎなかった。警察署までわずか四～五〇〇メートルにしかならない途上で、こうした殺気立った集団に三、四度会ったわけだ。

警察署に到着して私は柔道場に連れられていった。そこに入ってみると、約三〇〇名にもなる韓国人留学生、労働者が収容されていた。彼らをながめて見ると、大部分が体に負傷した受難者たちだった。私に消息がわからず、心配に思っていた労働同盟会の幹部も何人かいた。そして、その中には日本人もまじっていたが、彼らは社会主義者、無政府主義者であった。私はそこで、労働同盟会の幹部である朴興坤・姜大権・李憲・馬鳴や朴烈と彼の妻の金子文子、そして鄭然圭らと会うことができた。朴烈と彼の夫人は、ここにいたが不敬罪で市ヶ谷刑務所に移送されたと記憶する。

翌日である九月二日、加納という古い刑事が名簿の書かれた紙片をもってきて、二〇余名を別々に呼び出し、柔道場ではなく留置場に入れた。この中には、私をはじめとして労働同盟会の幹部全員と、堺利彦の秘書で私の知っていた藤岡淳吉もまじっていた。留置場に移されて後、私たちは取調が始められた。私の取調を担当したのは、偶然にも、淀橋警察署の高等係で悪名高い、韓国人刑事の李某という者だった。名前は忘れたが、彼は韓国人労働運動家の仇敵であるのはもちろん、数多くの韓国人のうらみのまとのような男だった。

この悪質刑事に私は毎日拷問をうけた。本当に執念深く悪辣な拷問だった。

「おまえが主導して火をつけたか」「誰と共謀して井戸に毒を入れたか。吐かないか」

訊問の内容は寝てもさめても、この二つだけだった。

〔略〕こいつのする拷問というのは、この上もなく人をなぶりものにする、そんな方法だった。ひどくなぐったり罰を与えたりするのではなく、細長い板でできた椅子の上にまっすぐにねかせておき、顔につばを吐いたりタバコの火で顔を焼く、冷たい水をかけるなどだった。

毎日のようにそんな拷問をおよそ二時間もうけていると、本当に力つきてしまう。その上、私は何日か前に相愛会でいためつけられた体だから、その肉体的な苦痛はもちろんだが、ほとんど狂ってしまいそうだった。

このように残忍な拷問をうけて監房に帰ってきて、精神的・肉体的に苦しんでいたある日の晩、私が横になっている監房の窓の外の裏通りから、突然胸を引き裂くような鋭い悲鳴が聞こえてきた。そのうえ、その悲鳴は「アイグ、オモニ！」という韓国語ではないか。その凄絶で絶望的な悲鳴は一瞬にして、監房にいる私たち韓国人の頭をなぐりつけたようだった。私たちは真っ青になった顔を見合わせて、どっと窓の格子にぶらさがった。窓の外のせまいつきあたりの道では、凄惨な殺戮がほしいままにされていた。四、五名の日本のやつらがおのおの竹槍をもち、一人の韓国人を手当り次第に刺していた。その日本のやつらの表情と身振りは、本当に血に飢えた悪魔そのものだった。この言葉以外に表現のしようがない。

警察署から目と鼻の先の所で行なわれるこうした殺人劇に、留置場の監房の中にとらわれている私たちが何かを狂ったように叫んでみて、何の役に立つだろうか。いや、やつらはむしろ、留置場の中にいる私たちに見せつけるためにそんなことをしているのが、明らかだった。なぜかといえば、そんな殺人劇が一度ではなく、九月一〇日まで何度もくり返されたからである。

［当時二三歳、角筈（現・新宿区）の労働同盟会事務所で被災］

（金泰燁『抗日朝鮮人の証言――回想の金突破』石坂浩一訳、不二出版、一九八四年）

収容所からつれだされて

申鴻湜（シンホンシク）

〔習志野収容所で〕中国人の収容所の方で、逃げようとして打ち殺されたのがいましたよ。「ここにいたら殺される」と思っていたんでしょうね。それから、食事の時に我先にというと打ち殺すんですからひどいですよ。みせしめでしょうね。我々は、それを見ているから、これはいかんと。何千人という人間がいて、いろいろ事件がおこってはいかんということで、学生が何人かいることがわかったものだから、自治会みたいなものをつくってやろうということで、管理当局にうかがったら、「よかろう」ということで、いくつかの組に分けながら、一日何もすることがないし、希望者に対しては、仮名文字を教えたり、やさしい数学を教えたり、そんなことをしていたわけですよ。

ところが、収容所の管理当局は、別にいけないといわないのに、どこか上の方に知れたのか、何かそのところが面白くなかったらしいです。私などは、千葉陸軍歩兵教導連隊の兵営につれていかれました。〔略〕収容所からかなり歩いたところで、二〇〜三〇分のところでした。兵隊が一人前に立ってとっとっと歩いて行く後を私はついて行きました。私の前にも一人ひどい目にあったと聞いていたので、私もひどい目にあうのかなと思ってついていきました。すると犬が一匹、前から来たんです。すると兵隊はいきなり軍刀をぬいて犬を真二つに切って、「人間をこういう風にしたら気持がいいだろうな」というのです。

おそらく教導連隊が収容所を管理していたのかな、そこの特務曹長が「当番をきめて、食事なんかやって、そういう自治をつくっているのは誰か」ときくわけです。「どうして文字でも教えてやろうとか、あなた方管理者に迷惑がかからないように自治的に秩序よく生活するように我々がやっているのがいけないのか」というと、「思想でも吹き込むから」というわけなんです。「今ね、思想どころの騒ぎじゃないんだ。殺されるかどうか戦々きょうきょうとしているときに何が思想だ、おかしいじゃないか。朝鮮人の気持は、半ばいつ殺されるかという気持だけだ。思想をふき込むなんてこと、あるわけないじゃないか。それを調べるためなら、私などつれてくるよりは、教わった人とか当番をしている人などをつれてくればわかるじゃないか。何をしているか、何を教えているか。」「いや、皆調べた。調べてみるとそんなことはなさそうだ、それでも最後におまえを調べてみたかった。」というやりとりでね。

それからだんだん話していくうちに、こっちも生意気に「あんた田舎はどこだ」ときいたわけ。関東言葉じゃないからね。「徳島だ。」「徳島のどこだ。」「脇町だ。どうして聞くんだ」というから、「脇町の中学にオレの一つ先輩のキンカショクがいたんだ。」「なんだお前、キンカショクを知っているのか、同級生なんだ」ということになってね。全く奇縁というものがあったんですね。それから話はそういうことになってね。その特務曹長からいろいろ聞きましたよ。

「おまえは、しかし運がいいなあ、いやいまたいへんだよ。朝鮮人騒ぎでたいへんだよ。」本当にそう思っているようでしたね。朝鮮人が井戸に毒を入れたとか、かっぱらいをしたとか。

［略］私がその特務曹長と語り合っていなければ、何をされたかわからないですね。

（千葉県における関東大震災と朝鮮人犠牲者追悼・調査実行委員会編『いわれなく殺された人びと――関東大震災と朝鮮人』青木書店、一九八三年）

亀井戸虐殺事件

崔承萬（チエスンマン）

三日、八〇名が虐殺された事件である。以下に亀井戸署で働いていた羅丸山氏の目撃談を紹介する。

「私は八六名の朝鮮人を銃と刀で射殺したり斬殺したりするのをまのあたりにみた。

九月二日の夜から三日の朝にかけて、亀井戸警察署の練武場に収容された朝鮮人は三百余名にのぼっていたが、この日午後一時には騎兵一個中隊が来て同警察を監視しはじめた。そのときから田村という男が指揮をとるようになったのだが、軍人たちは練武場へ入って来たかと思うと三名を呼び出し、練武場入口でかれらを銃殺してしまった。このとき指揮者は、銃声がきこえると付近の人に恐怖感を与えるから、銃の代りに刀で殺せと命令した。そこで軍人たちはいっせいに刀を抜いて八三名を一時に殺したが、そのなかには妊娠中の婦人もいて、腹を斬ったところ胎児が出て来たが、その泣き声に、胎児まで刺し殺してしまった。

殺された屍体は翌暁二時にトラックでどこかへ運ばれて行ったが、その他の人もどうなったか知る由もない」といっている。殺害された者の原籍と姓名は数名を除いてはわかっていない。

朴庚得（二四）京畿道開城郡長瑞面九下里

金在根（四四）全南順昌郡豊山面年昇里

趙妙城（妊娠中の女性）済州島大静面仁城里

趙正洙　右同

趙正夏　〃

［罹災同胞慰問班メンバー。当時、在日本東京朝鮮基督教青年会（ＹＭＣＡ）総務］

（崔承萬『極熊筆耕』一九七〇年。のち『コリア評論』一九七〇年四〜七月号、コリア評論社）

聞き書き

曹仁承（チョイニスン）

四ツ木橋を渡って一日の晩は同胞一四名でかたまっておった。そこへ消防団が四人来て、縄で俺たちをじゅずつなぎに結わえて言うのよ。「俺たちは行くけど縄を切ったら殺す」って。

じっとしていたら夜八時ごろ、向かいの荒川駅（現・八広駅）のほうの土手が騒がしい。まさかそれが朝鮮人を殺しているのだとは思いもしなかった。

翌日の五時ごろ、また消防団が四人来て、寺島警察に行くために四ツ木橋を渡った。そこへ三人連れてこられて、その三人が普通の人に袋だたきにされて殺されているのを、私らは横目にして橋を渡ったのよ。そのとき、俺の足にもトビが打ちこまれたのよ。橋は死体でいっぱいだった。土手にも、薪の山があるようにあちこち死体が積んであった。

尹秀相（ユンスサン）

〔震災時、一日午後に神楽坂警察署に収容された。二日〕午前十一時ごろ武田さん〔新聞店の店主〕が羽織、袴を着てやってきたですよ。署長さんに「私が保障するから出してもらいましょう」と。身元引受書を書いて印をおして、それで私を連れて帰ったですよ。

武田さんの家にはほかに韓国人が五人おって、二階に閉じこもっておったですよ。すると隣の青年が、「武田さん、お宅の朝鮮人はまじめだと言うが、けしからんことをしたら保障できるのかい。出してもらいましょう」と、一週間のあいだ、一日に二度ぐらい来たのを、武田さんはていねいにみな帰してしまったですね。「私が責任をおうし、そういうはずのない朝鮮の学生さんだから勘弁してくれ」と。

それで二週間目に総督府でなにか見舞いを持ってきたですよ。それでいよいよわれわれが街頭を歩くことができたですよ。

〔閉じこもっているとき、近所の十五歳ぐらいの男が〕「今日私も朝鮮人を二人やっちゃった」と、われわれの前ですらすらっと。聞きたくもなかったけれど、止めろとも言われないし、妊婦の腹を裂いて腹のなかの胎児まで、それを自分でどうしたとかそういうことも言うじゃないですか。

〔当時一八歳、牛込区矢来町（現・新宿区）の新聞店で働きながら研数学館で学ぶ〕

（関東大震災時に虐殺された朝鮮人の遺骨を発掘し追悼する会編『風よ鳳仙花の歌をはこべ――関東大震災・朝鮮人虐殺から70年』教育史料出版会、一九九二年）

市井の人々の証言

大震災に直面して

友納友次郎

〔二日午前〕一時を過ぎ二時を過ぎたかと思うと、不意に街路でガヤガヤと人のうごめく声がする。

「○○○○襲来、○○○○襲来。」という声が聞える。その中に前の戸をドンドンと叩いて、

「○○が二、三○名、今淀橋の方に襲来して乱暴を働いています。こちらの方へも押寄せて来るそうですから、だれか男の人一人武装して出て下さい。」という。

「それは大変、○○がそんな乱暴をするはずがないが」と半信半疑で立上ると、子供がみんな目を覚まして、

「お父さんナアニ、お父さんナアニ」と騒ぎ立てる。

「静かにしろ、なあに心配することはない、お父さんが行って来る。」

「本当でしょうか。」と家内は慄えながら言う、

「本当かも知れない。しかし変だね、○○が暴行するなんて、ちょっとおかしいが、しかしマア行って見よう。」

「○○○なら、この高台にも沢山いるから、油断がなりません。あなたが出ていらっしゃった後に○○○が来たらどうするんでしょう。」

「ナアニ心配することはない。襲来しないように、俺共が行くのだ、家の者は心配しないでいるがよい、ちょっと行って来る。」と言い捨てて、家の中に飛込んで、手探りに、戸棚の隅にしまっておいた木刀を取出して、駈け出した。四辻に提灯が二つ三つ見えるので、それを目当てに駈けつけると、そこにはもう近所の人がみんな集って、思い思いに獲物を携えている。日本刀を手挟んでいる者もあれば、鉄棒を握っているものもある。中には竹を引っ削いで竹槍をこさえて、それを小脇に掻い込んでいるものもある。まるで戦国時代のようである。

「○○○が隊を組んで押寄せているそうです。東京市内があんなに焼けるのも、○○○が爆弾を投げたためだそうです。東京を焼払ったら隣接の町村にも押寄せて来るという報せがありましたので、お互いに力を戮(ママ)して、それに備えなければなりません。」と団長気取の人が言う。

「それは怪しからん、○○なんか何百人来たって何でもない。」と相槌を打つ者もある。

「○○が押寄せるという事を誰が知らしたのです。」と会社員風の人が言うと、

「今警察から言って来たのです。警官が触れ回っています。」と団長気取の人が答える。

「警察が言うんだから確かだろう。ぐずぐずしていると、どんな目に遭うかも知れな

い。」と竹槍の男が言う。

「警察はそんな事を触れ回って、一体何しているんだろう。」と金棒の男が憤慨すると、日本刀の男が
「警察力が無くなったのサ、警察なんかに頼っていたら、どんな目に遭うかも知れない。もうこうなっては、お互の力でお互を保護するより外に手段はない。」

〔略〕こうして警戒している中に、三時を過ぎ、四時を過ぎたかと思う頃、不意に本部の方から、

「〇〇だ。〇〇だ。坂口の方を注意したまえ。今、原っ場の方から、〇〇が二人入りこんだそうだ。」と怒鳴る。スワ御座んなれと、竹槍の男は坂口へ二、三歩踏出して竹槍を取直す。私も何だか変な気になって、やはり竹槍の男と同じように木刀を取直して、闇を透して前方をみつめた。後から考えると実にばかげたことであるが、実際この時ほど私は緊張したことはない。本当に〇〇が来たら、二人や三人は叩き伏せてやりたいと思うような気になっていた。人間の気持というものは妙なもので、初め〇〇〇の襲来という知せを聞いた時には、そんな事はない、それは何かの間違であろう、〇〇がどんなに日本を怨んでいても、こんな場合にそんな秩序立った暴動を起そうはずがない、〇〇だとてそんな悪い人ばかりではない。と自己否定をしながらも、こんな場合になると、あるいはそうであろうというような疑から、一足飛びに、やっつけろというよう

な心理状態になってしまった。本部の方では、人のうごめく声や、バタバタ走る足音が、騒々しく聞える。

「ソレ、そちらに行った。」

「ソラ向うに逃げた。」とうごめき合っている。

しかし私の持場は何の異状もない。ものの二、三〇分経つと、その騒ぎも静まって、あたりはもとの静けさに返った。

〔略〕夜は不安のうちに明けた。余震はやはりひっきりなしに来る。流言蜚語はいよいよ甚しくなる。

「〇〇〇が二千人、隊を組んで、長野県の方から押寄せて来るそうだ。」

「千葉県の方からも〇〇が隊を組んで押寄せて来る。もう途中の村々はみんな〇〇の手に焼払われてしまった。」

「〇〇が女を捉まえて凌辱した上惨殺した。」といったような流言が、余震の間を縫って、ひっきりなしに伝わって来る。

「本当でしょうか、淀橋の方から来るといえば、真っ先にこの高台は襲われるに違いありません。どうしましょう。」と家内が脅えながら言う。

「ナアニそんな事があるものか、〇〇の中には悪い者もいようが、そんなに多数隊を組んで来襲するようなことはない、心配するな。」と慰めてみたものの、やはり不安である。

「○○が井戸に毒を入れて歩きますから、井戸の水を飲まないようにして下さい。」と自警団から知らして来る。

「それはどこから、そんな通知があったのですか。」と問い返すと、

「警察から一般に知らしてくれるように通知がありました。」

「警察からですか、警察がそんな事を言いましたか。」

「ハイ確かに警察からです。お巡りさんが今あちらで触れ回っています、用心してください。危険ですから。」と言い捨てて、また隣りの木戸口を開けて、同じような事を触れて歩いている。

［勤務先の寺島第一小学校（現・墨田区）で被災。一日夜、戸山ヶ原（現・新宿区）の高台にある自宅へ帰る］

（友納友次郎『教育革命　焦土の中から』明治図書、一九二五年）

やむにやまれぬあの日の行動

二方芳松

〔金町（現・葛飾区）で〕二、三日過ぎると、消防組、在郷軍人団、青年会等が連合して夜警が始った。私もその人々と夜警に任じた。鮮人の暴動云々の噂が、しきりに広がる。すると自警団の人々から、私の貸作にいる伊衡三と言う一人の鮮人を引き渡せと迫って来た。同じ貸作の人々からもそう言って来る。

困ったことだと思いながら、「彼は一日の震災当日以来一歩も外出はしないで、謹慎している。決して暴行などをする人ではない。万一左様なことがあるとせば責任は僕が引受ける」と百方弁解して断じて引渡すことをしなかった。一方鮮人の彼にもよく言いきかして置いた。

その後度々引渡を要求し来ったが、私はどこまでも彼を保護したので、私の妻までが、余りあの人をかばっては同類と見られると言って心配をし始めたが、その内に警察から鮮人を習志野へ送って保護するというので彼を迎えに来た。彼は結局は殺されるものと疑ってシオシオとして習志野へ行ったのである。〔二ヶ月程で無事に帰って来た〕

〔略〕又一方村人が、風呂敷包を背負うて行く一支那人を見付け、捕えて見ると付近の馬小屋の馬方で、外に八人程おった。ところが流言に途迷った在郷軍人の服を着けた小柄の男が、極力これを殺害することを主張した。私はこれに対して、とんでもないことだ。私刑は如何なる場合といえども国家の法を乱すものであると言って止める。けれども彼は容易に私の諫言を容れようとはしないで、頑として責任は俺が負うと言う。私は更に諭した。外国人を殺害せば、国交問題を惹起し、君一個の責任では済まぬ。その責任のかかるところは日本政府になる。〔略〕一同は解散した。

ただしこの騒ぎの内に前記支那人の一人が四五円入りの財布を窃取されたという事件が持ち上がった。私はその話を聞いて、如何に非常時の行動と言いながら、それは強盗である。早く調べて返せ、もし取った奴がどうしても返さぬと言うならば、他人を検問し身体を調べた一同の共同責任であるから、皆してこれを弁償せよと或は諭し或は叱った。かくてこの事件はともかくもスッタモンダの上漸く返却して無事に落着した。

（東京市役所・萬朝報社共編『震災記念――十一時五十八分』萬朝報社出版部、一九二四年）

火中に念う

江原貞義

〔二日夜〕枕橋は既に落ち東武橋を渡って寺島村〔現・墨田区〕に入るその時大島町、亀戸〔ともに現・江東区〕は盛んに燃えていた。白鬚に出て鐘紡の工場の所まで行くと最早夜の八、九時の頃だったろう。ここで野宿をすることにして桜の木の下にモーフを引いて一同はねた。

余りの騒ぎにフト眼を醒ますと「この水の具合では来るよ、イヤ来るもんか――」と十数人の工場の人と役場の提灯を持った人達が大騒ぎをしている。海嘯の騒ぎであることを知った。

こうした騒ぎをしている間に鮮人に脅迫される――と土堤づたいに遁げくる人達が沢山いる。それ若者行け！　と竹槍を持った若者が二〇～三〇人飛んで行く、ピストルを乱射する音がきこえる、ここかしこにトキの声が上る。さながら戦場の様な騒ぎ。父も義兄も姉も一同が「ここまで遁れてきて鮮人のために命をとられるのは残念だ」といっていた。倉庫に火をつけていたところを捕えてきたと堂々たる紳士の鮮人を自警団の五、六人が護衛してくる、二人三人、九人と一網にしてつかまえてくる。

刺し殺せ！　と誰かがいう、ヤレヤレという声がすると鮮人の身体に穴ボコが出来る、何等手向うことなく彼らは死んで行く。如何に鮮人とはいえ、如何なる故あるか知れないが人類相愛から見れば暴に報いるに暴、血に報いるに血を以てせざる態度はまた尊くも思われた。

丁度真夜中の三時頃だったろう、こうした恐々たる所には長くもいられないので、一刻も早く安穏の地へと密行自警団強者五、六人に護衛されて千住〔現・足立区〕の町へと入った。梅島村に入ると小菅の囚人が逃げ出して狼藉をするというのでここもまた在郷軍人、青年団の人達が竹槍姿で隈なく警戒していた。

〔略。三日埼玉の田舎で〕時しも鮮人の襲来というので警鐘乱打されて人心は戦々兢々としている、私達一行が寺橋という所まで来ると早速と誰何された。「日本人です」と丁寧に返答すれば、さすがは田舎の人達である、「失礼しました」と丁寧なものである。

（一九二三年九月二五日記）

（『若人』第四巻第一〇号、一九二三年一一月「大震災記念号」、時友仙治郎）

震災日記

小林啓三

九月二日〔略〕その夜に入って、朝鮮人さわぎが始まった。

九月三日〔略〕狸坂附近で、労働者体の奴等が五、六人で朝鮮人を井戸に投げこみ上から埋めてしまった。東坂では刀で鮮人の首をはねて川に投げこんでいるのも見た。この恐ろしい殺人罪を見て止める人もなければ、文句をいう人もない。世は全く無政府状態に化した。

九月四日〔略〕鮮人さわぎは益々大きくなって行く。白昼白刃を振っている人。竹槍を持っている人。銃をかついでいる人。鋸を持っている者。まるで戦国時代そのままである。人々と共に裏山へ柿をとりに行く。なにしろ先頭に白刃を持った人が行くのだから、山主などはぐうの音も出ない。一時間もかかって柿を十ばかり取ってやっと副食物にありついた。夜に入って各自警団が敵味方を区別する為、山川の相言葉をつくる。まるで赤穂の義士の打入そのままである。

九月五日〔略〕五里の道を自警団の人々に護られて九時頃原町田に着く。村へ入るとすぐ巡査がきて、身元調査をする。当地でも例の鮮人さわぎで大へんである。夜を徹して銃の音がかすかにきこえる。

（神奈川県立工業学校内　高橋暢編『震災記念号』神奈川県立工業学校、一九二四年）

大正の大震災

島屋政一

〔赤坂溜池（現・港区）の自宅で〕三日になってから、不逞の徒が市中を徘徊している、という噂がパッと伝わった。所謂一犬虚に吠えて、万犬その実を伝えて、噂は噂を産み、いずれも戦々兢々の態である。どこでは不逞団の包囲を受け何十人鏖殺（おうさつ）されたとか、或は爆弾を以て放火し回る徒があるとか、なかなかの騒ぎである。男子は夜毎に日本刀や、短銃又は竹槍を携えて戸毎を警戒するという有様である。

――ちょうど三日の午後一一時頃であった。親友の安危に就いて是非見舞いたいと思い、暗を衝いて六本木の方に出た。警察のつい側まで来ると、大変な人だかりである。やッつけろ、殺してしまえと罵っている。見ると一人の巡査が手を振り振り多くの人々を制止している。すると群衆の中の一人が懐中電灯を取り出して包囲されている者の顔を照した。こやつこそ本物の不逞漢だ、やッつけろと叫んだ。巡査は必死に制している。グサッと音がしたかと思うとたちまち不逞漢と称される者の臍の上と思う所に、竹槍の穂先きが現われた。ばッたり倒れると群衆は散ってしまった。誰れか背後から突き刺したものと見える。思うに、こんなことが到るところに演じられたらしい。これ以来夜の歩行は危険千万と考え、一歩も出なかった。

（島屋政一『高台に登りて』大阪出版社、一九二三年）

本堂の床下──哀願する白衣の人

田代益司

〔二日夜、避難先の谷中（台東区）の寺で〕僕は横になってウトウトと眠りかけると、床下でゴトゴトゴソゴソと何かいるような気配を感じた。犬でもはいっているのかと思い、床板を一枚ソッとめくって見てハッと全身の毛が倒立ったような思いをした。意外千万にも床下には真白な服を着た人が蹲っているではないか。僕は誰か呼ぼうと思って声を出そうとしたが、恐ろしさにそのまま竦んでしまった。床下から皺枯れた細々とした声が、懇願するようにとぎれとぎれに洩れてきた。「私…ここにいる事知れる…私殺される…私怖しい。悪い事しない…私片方足折る痛い、逃げる事出来ない…お坊ッちゃんお願い、私ここにいる事黙ってて下さい…お坊ッちゃんおりこう、早くそこ閉めてください。」

僕は云われるままにソッと板を元の如くにして、誰か見知ったかしらと回りを見回した。門の側に一家族が避難して休んでいる外、母が庭に立っているきり、誰も気付いた様子は無かった。折から父が何か大きな紙袋を持って、門前のゴタゴタした人ごみの中から姿を現した。〔略〕「店のおやじの云うにゃあ、○○人騒ぎで大変なんだそうだ」「○○人がどうかしたのかい」「昨日地震が来て火事が始まると、間もなくドドーンてえ音が何度も聞こえたろう、あれは〇〇人がダイナマイトを投げたんだそうだ」「それでこんなに火事が大きくなったんだね、本当に憎らしい奴だね」

僕はハッとした。先刻床下の〇〇人らしい人に黙っていてくれと頼まれたばかりだったから。しかし先刻可愛そうにと思った事は今は忽ち夏の朝霧のように消え失せ、父に話そうと思って咽喉まで出掛った時、表の往来が騒しくなった。「ソレ寺の墓地に入ったぞ」「とッつかまえろ」「たたッ殺せ」「何だ、何だ」「〇〇人だ」「井戸の中へ毒を入れやがったんだ」「どいたどいた」人々の走せちがう音、人が突き飛ばされた様子、悲鳴を上げる声、バタバタと足音が近づいた。木剣を持った在郷軍人らしい人が、寺の門からはいって墓地の方へ走って行った。その後から又続いて五、六人駆けて行った。闇の中を黒い影がそこここと墓地の中をうごめいた。「いたぞ！」誰か叫んだ。「ウヌ！」「何を野郎！」「ウワーッ！」と云う悲惨な声。僕は今床下の年寄の〇〇人の事を話せば年取った足の悪い彼は、今墓地で〇された人達と同じように、この世界を去らなければならないだろうと思った。可愛そうで、告げるのは止めて、その寺を後に、田舎の親戚の家へ向った。僕は今でもあの〇〇人はどうしたろうと時々思い出す。

［当時一二歳］

（震災共同基金会編『十一時五十八分—懸賞震災実話集』東京朝日新聞社、一九三〇年）

大震災の思い出

成瀬勝

五日の日であった。「朝鮮人が来た」と言うので早速飛び出して見れば、五、六人の朝鮮人が後手に針金にて縛られて、御蔵橋の所につれ来たりて、木に繋ぎて、種々の事を聞けども少しも話さず、下むきいるので、通りがかりの者どもが我も我もと押し寄せ来たりて、「親の敵、子供の敵」等と言いて、持ちいる金棒にて所かまわず打ち下すので、頭、手、足砕け、四方に鮮血し、何時しか死して行く。死せし者は隅田川にと投げ込む。その物凄さ如何ばかり。我同胞が尼港にて残虐に遭いしもかくやと思いたり。ああ無慙なるかな。中には良き人もありしに、これも天災の為にて致方なし。

後にて聞けば、朝鮮人の致せし事は少なく、我が日本の社会主義者の者どもがやりしと言う。

（一九二四年九月一日記）

［当時二〇歳］

（成瀬勝著、成瀬嘉一編『大震災の思い出』私家版、二〇〇〇年）

遭難とその前後

西河春海

〔二日〕陽は午後になった。その頃だ。あの恐るべき噂は風の如く速に伝えられた。この白昼「朝鮮人が攻めて来るそうですから………」という囁きが、不思議なものであるとさえ、誰れも感ずるものはなかった。掠奪と放火と姦淫と殺戮と、或は飲料水に毒を投じ、または数百名団を為して押寄せるというその噂は、地震と焔との惨憺たる事実に直面して、脅え切り、混乱し切った人々を、不安と絶望の那落にまで墜落せしめたのだった。

俺と高岡とは何よりも先に、日本刀を掘り出すことになった。

「まさか朝鮮人が来もすまいがね。」

「しかし、地震で折角助かったのに、鮮人に殺されては、つまらないからな。」

「鮮人が仇を取ろうというのだろう。」

二人は話し合いながら、この辺に置いたと思うあたりの屋根に穴を開け、ようやくにして取り出した。日本刀は少し曲っていたが、抜差しには差支えなく、仕込杖の方は満足だった。

二人は、白日の下に日本刀を抜いて振回した。
［略］恐るべき鮮人襲来の噂と共に、夕暮が来た。
水道貯水池の丘に立った一人の男が、「男のある家では、一人ずつ出て下さァい……
……」と怒鳴っている。やがてその傍の空地へは、大勢の男が、手に手に何かの武器を
持って集まって行った。それは軍隊ででもあるように何個小隊かに分たれた。そしてこ
の丘へ登る道筋の要所要所を堅めることになった。
あるものは猟銃を携えていた。
あるものは日本刀を背負った。
またあるものは金剛杖の先へ斧を縛りつけた。
竹槍、鳶口、棒の先へ短刀を縛ったもの、鉄棒、焼跡から拾った焼けた日本刀、かく
の如く雑多な武器が、裸体に近い避難者の手に握られて、身を護ろうとする一心と、闘
争を予期する恐怖とに、極端の緊張を以て道を守り、その辺を巡回しているのは、物凄
い光景である。
［略］巡査が抜剣して馳って来た。
「ワーッ………ワーッ………。」
一方に喊声が上る。それは鮮人発見の声なのだ。その声は全部の丘陵に伝わり、大燥
音となって、しばらくは鳴り止まない。そのあとにはまた恐ろしい沈黙が来る。また喊

声があげられる。

突然、最も近い水道山に喊声があった。

ポンポン……ポンポン……。

ハッと思うと、それは銃声なのだ。どこで放って何の方向へ向っているか分らないので、銃丸はどこへ飛んで来るか解らないのだ。十発、二十発と、それは、だんだん殖えて行く。この銃声はさらに人々の心を引締めた。

一本松小学校〔横浜市〕の方から来た男が、「ピストルを持った二人の朝鮮人を遁してしまった。」といって話している。巡査が「この谷へ遁げ込んだのだろう」といって坂を下って行った。

やがて帰って来て言った。

「追いつめてみたら、日本人の掠奪者だった。」

一人の男は猟銃を持っていた。そして言った。

「向うの家の二階へ遁込んだらしいので、二発うち込んでみたがいないようだった。」

こうして、標的なき銃丸のために、または「山」と聞かれて、返事がなかったために、または格構(ママ)が鮮人に似ているというだけのことで、どれだけ数多くの同胞が倒れたことであろう。

僕は巡査に聞いた。

「朝鮮人の押寄せて来るというのは、ほんとうなのか。そして彼等は、何か体系的な行動を取っているのか。そうして何の目的を持っているのだ。」

「ほんとうらしい。集団して来るかどうかは解らないが、今日藤棚の方でつかまった奴は、「何々方面」などと書いた紙片を持っていた。中村町の方にいた三十人ばかりの労働者は、水のように見せかけて、揮発油を缶に入れて持っていたというし、井戸水へ硫酸銅を投じた奴もあるそうだ。」

「そういうんなら、連絡を取っての行動だね。」

「ウム」

根強く秘められている情熱を持って、目的のためには平気で死ぬと聞いている朝鮮の民族精神を思うと、ありそうなことにも思われる。

地図は一挙に塗替えられる。しかし民族精神まではなかなか塗替えられないのだ。あ、今むくわれているのではないか。そして今後永遠にむくわれるのではないか。

断間なしに喊声が上がる。高岡の細君が子供の泣くのに乳をやろうとして蠟燭をともすと、「あかりを消せ、………火を消せ、しッ………」と向うの丘で悲痛な声で怒鳴る。燈があると鮮人の標的になるというのだ。

「乳もやれませんヮ。」

何というみじめさだ………。かくて不安と恐怖の夜は更けて行く。しかし敵はいつまで経っても見えなかった。

〔略〕ああこの自然の暴虐と飢餓とを背景とした混沌境に、漠然とした対象の敵が、口から耳へと伝えられる。そして相会う人々は、まず敵か味方かを確かめねばならないとは………。そしてそこには、無数の私刑が行われたのであった。………自分はいまその恐ろしき私刑について、親しく見聞した事のうちから、二・三を（話しは少し前後するかも知れぬが）記さねばならない。それはわれわれ自からを嘲笑する言葉であり、侮辱する言葉である。しかしわれわれは、この厳然たる事実の前に立ちて、自からへの侮辱と呪詛とを語る勇気と良心とを持たねばならないのだ………。

これは三日の午後、中村町の方へ、同僚の安否を訪ねての帰りに、あの日の豪雨に会い、千歳橋停留所付近に焼残っている電車の中へ雨を避けた。その時の話しである。

〔略〕「旦那、朝鮮人は何うですい。俺ァ今日までに六人やりました。」

「そいつは凄いな。」

「何ってってても身が護れねえ、天下晴れての人殺しだから、豪気なものでサァ。」

雨はますますひどくなって来た。焼跡からはまだ所々煙が昇っている。着物も、傘もない人々は、焼跡から亜鉛の焼板を拾って頭に翳して、雨を防ぎながら、走り回っている。

凄い髯の労働者は話し続ける。

「この中村町なんかは、一番朝鮮人騒ぎがひどかった。一人の鮮人を摑えて白状させたら、その野郎、地震の日から十何人って強姦したそうだ。その中でも地震の夜、亭主のいねえうちで、女を強姦してうちへ火をつけて、赤ん坊をその中へ投込んだという話しだ。そんなのはすぐ殴り殺してやったが……………。」

と言う。

「電信柱へ、針金でしばりつけて、…………焼けちゃって縄なんか無えんだからネ…………。そして殴る、蹴る、鳶で頭へ穴をあける、竹槍で突く、滅茶々々でサア。しかしあいつ等、眼からボロボロ涙を流して、助けてくれって拝がむが、決して悲鳴をあげないのが不思議だ」

という。底にたぎる情熱を持って、決して死をも恐れず、黙々としてむしろ死に向うという朝鮮の民族性が考えさせられる。

「けさもやりましたよ。その川っぷちに埃箱があるでしょう。その中に野郎一晩隠れていたらしい。腹は減るし、蚊に喰われるし、箱の中じゃあ動きも取れねえんだから、奴さん堪らなくなって、今朝のこのこと這い出した。それを見つけたから、皆で摑えようとしたんだ。」

昔、ある国に死刑よりも恐ろしい刑罰があった。それは罰人を身動きの出来ないような、三尺四方の箱の中に入れて、死ぬまで動かさずに生かして置くというのだ。俺はそれを思い出しながら聞いていた。

「奴、川へ飛込んで向う河岸へ泳いで遁げようとした。旦那、石って奴は中々当らねえもんですぜ。みんなで石を投げたが、一も当らねえ。でとうとう舟を出した。ところが旦那、強え野郎じゃねえか。十分位も水の中へもぐっていた。しばらくすると、息がつまったと見えて、舟のじきそばへ頭を出した。そこを舟にいた一人の野郎が鳶でグサリと頭を引掛けて、ヅルヅル舟へ引寄せてしまった。………まるで材木という形だアネ。」

という。

「舟のそばへ来れば、もう滅茶々々だ。鳶口一でも死んでいる奴を、刀で斬る、竹槍で突くんだから………」

ああ、俺にはこの労働者を非難できない。何百という私刑が行われたであろう。

〔略〕これは七日に、大森で聞いた話しである。大森に住んでいる俺の同僚と、その妹とが、その夜一晩泊めて貰った時に、かわるがわる話したのだ。話しは極めて短かい。こうである。

「三日でしたか、四日でしたか、海岸で自警団の人達が、七、八人団を為して来た朝鮮人を生捕ってしまったのです。七、八人とかたまっていたので抵抗もしたことでしょう。

そのために只でさえ狂気のようになっている人達は、余計に昂奮したと見えて、全部を針金で舟へしばりつけて、それへ石油をかけて、火をつけて沖へ離したのですって、……………どんなでしたでしょう」

というのだ。

［当時東京朝日新聞記者］

（横浜市役所市史編纂室編『横浜市震災誌・第五冊』横浜市役所、一九二七年）

黒焦げの死体をこえて大活動

平山秀雄

〔三日朝〕寿松院〔台東区〕の方面や自宅の焼け跡を見るために出て行くと、松坂屋を焼いた余燼が熱くて容易に通れません。御徒町の四ッ角へ来ると、筋骨逞しい大きな鮮人が息も絶え絶えに打倒れています。見れば眼玉は飛び出て、口から血が流れそこら一体傷だらけになっている上を、大勢の者が寄って、石を投げつけたり棒でうったりしているから、傍にいる人に訊ねると、この男は爆弾を携えて二人で歩いていたのを見付けてここで殺し、一人は巡査が連れて行ったとの事でありました。

〔略〕さらに老松町まで来ると、今度は支那人が多勢の人に取り巻かれて巡査に調べられ、周囲からは殴れ殺せと各々棍棒を以て大騒ぎしている。巡査は隈なく同人を調べたが、別に怪しい物を持っていないから、助けてやれと一同にいって放してやりましたが、この支那人が一丁程先へ行くと又々取調べられましたから、私が傍から、この男は今調べ済みだと云って放させてやりました。

（高橋太七編『大正癸亥大震災の思い出』私家版、一九二五年）

鮮人大救護

福原芳

九月二日の午後四時頃には横浜方面よりと東京市内よりの避難民が続々と管内に来たのである。そのうち管内立会川方面に鮮人二百名位が襲撃して来たとの事、警察に来援を頼むものが頻々と来る。後には署員も一応報告に来たのでこれが事実とすれば容易ならぬ問題だと思った。しかし決して斯様かましきことは信とはとれなかったが、民心の鎮撫のために篠崎警部は部下数名を率いこの方面に急遽赴いた。篠崎警部が立会に着いたときは、付近住民は戦々恟々として鮮人騒ぎに極端に恐怖し、我が家を省みる人はなく、皆が大井鉄工場内に屯集していた。さなきだに雑騒の所に住民は警鐘を乱打して益々民心の昂奮、恐怖をそそったために、愈々以て住民は騒ぎ出したのである。付近の人は鮮人の襲来を真信していて、あの大群衆を見給え、あれこそ鮮人の集団なりと教ゆるのである。眺むれば遥かなる所に二百名位の大群が喧騒している。警部は直ちにそこに赴いたが、見れば横浜より来りたる鮮人七名を捕えて民衆の騒ぎである。中に内地人が一人いたが、それは予備大尉とかいう決して不穏の分子でなく、横浜より途づれになったが奇禍でそれも同類だという始末である。警部は早速部下に命してこれを一応署に連行して行かしめた。そのうち横浜より来れる鉄道省の自動車があったが、それの人の話に、六郷川は憲兵警官を以て厳重警戒中だから決して危険の懼なき由で襲来とは全くの流言なるを聞きとめ、直ちにその自動車に便乗して鮮人の危険なき旨を宣伝したが、これを聞いた群集は万歳を歓呼してこれに応していた。この警部の宣伝は少からず民心の鎮静に効があった。その夜になって丸子渡しの方より又々襲来の噂があったのでその方も調査し、愈々ここに藤井警部の率いる三十名（第一小隊）真紫警部補の率いる三十名（第二小隊）を組織して鮮人襲来の虚伝を取締りかつは民心鎮圧のために行かしめたのであるが、それには最も署員に活動した。あの鈴ヶ森のあたりも皆が警戒したが、噂に聞く変なものもまた鮮人も一人として不穏なものはいなかった。右は活動の一班。元々管内には国道改修のために働いている鮮人も多かったがそれも保護し、また京横より来った鮮人も保護して二百余名我署に収容した。それらには相当食料を給してあの際としては遺憾なきほど保護したと思う。（談）

「当時、品川警察署勤務」

（『日本警察新聞』一九二三年一二月一日・第五八九号、日本警察新聞社）

想い出記

小森住三郎

　昨日〔三日横浜公園で〕頃だったか隣人からの話に、〇〇人が暴動を起したから目立たん所へ赤い布を付けよ、と聞けばそれを付けねば危険が迫るかの様に僅か小指に足らぬ布の入手に苦労し、やっと付けて安心と思う間もなくもう感付かれたから青に換えよと無理難題、されど無ければ怖しく人の恵みに貴重品とも思う有難さ、追駈けて竹槍を作って持て、夜は団結して動かん様に、井戸には毒を撲ち込んだから飲まん様に、と何処から発せられる指令やら、ただ護身一途に不審熟考の余地もなく上のオフレと信じ込む哀れさ、大体未だ戒厳部隊の兵も見ず警察はおろか市も町も自警団さえ無い無法地帯に、指令所の有る訳もなく、流言蜚語とも気付かず、恐々としている〔略〕

〔五日〕園内の噂に兵に逢った時、山と言われるから間髪を入れず川と答えないと一刀の元だそうだ、と聞いてから後しばらくして元町裏山手の中腹だったかを歩いている時、突然抜剣を手に持下げた騎馬兵に出逢い、早く川と言わねばと焦る程口は動かず、恐る恐る見上げれば、何の屈託も無さ気に見下しもせず狭い道をすれすれに行過ぎられて「何アんだ」と言う気持。

またその頃、西南寄り噴水池前広場で七、八人の人の集りに何事かと行ってみれば、もう一寸早く来れば見えたのに、今あそこを行かれる処だと見通しの効く市役所方面を一人の人が指されたのでその方を見たが、もう人影はなく、そこには三〇才位かとも思われる大男が仰向けに倒れ、眉間から目をかすり頬へかけて斜がけに一刀深く割裂かれ、アケビの如く切り開かれた奥から小豆大の泡血が、尚口を広げるかの様に何千となく下から下からと湧き上り、押されて潰れた血汁はツルツルと首を伝って地面へその凄惨さ！

それを初めから見ていた人がして見せてくれた格好は、恰度劇の男が求愛の時の様に片膝付両手を前上に突出し身をそらせ

「何もしません、運転手です」

を何遍も繰り返す処を只一刀、ブッ倒れるのを見済まして悠然と立去られたとか、嗚呼異国人の惨めさ戒厳令下の怖ろしさ、強国の民の有難さ［略］

［当時横浜で奉公、震災時は横浜公園に避難］

（小森住三郎『関東大震災五十周年記念　想い出記――大正時代相』想い出を記録する会、一九七四年）

あれやこれやの記・四一――関東大震災

芳根彌三郎

〔一日〕やがて市内方面に爆発音が絶間なしに聞えて来た。目黒の火薬庫が爆発しているのだろうと話し合った。〔略〕午後三時頃一台のオートバイが中原街道を多摩川方面から爆音けたたましくとんで来て、立会川の橋上で只今多摩川を朝鮮人が二千人程大挙して、毒薬を所持し渡河中なり要心ありたし、とさけびながら市内方面へ疾走して行くのだった。さあ大変、たちまち蜂の巣を搔き回した様な騒ぎになってしまった。〔略〕その間一同興奮に逆上し、たちまち白刃を竹槍を或は飛口（ママ）を持出し武装したのである。その間各戸に伝令はとび、女子供は学校に避難せよ寺院に集合せよとの布れが間断なしにとび、寺院は鐘を乱打し各戸においては、石油缶を乱打するもの、題目を唱名する者、一瞬にして叫喚の巷と化してしまった。

〔略〕伝家の宝刀を横たえ竹槍をコン棒をあらゆる武器を持った青壮年が陸続として中原街道を多摩川方面指して行く。やがて在郷軍人が出て来、乗馬の軍隊が出動して来るに及んでやや平静になり出した。

（芳根彌三郎『荏原中延史・前編』私家版、一九五四年）

大地震

石屋愛

九月二日の午後になった。〔略〕町の火の見やぐらの半鐘がけたたましく鳴りはじめた。〝スリバン〟とよばれる火急の出来ごとを告げるたたき方で、ふつうはごく近所に火事がおこったときにこういうたたき方をした。三点打して、半鐘の内がわをするようにガラガラとかきまわす。それをせわしく連続させるのだ。

「朝鮮人が暴動をおこしてこっちへやってくるから、すぐに安全な場所へにげろ」という連絡がきた。地震に加えて大へんなことがおこったものだ。みんな浮き足立って、騒然となった。わたしの家から一軒おいた家に、おみねちゃんという子がいたが、その子はお菓子の缶をかかえて、泣きながら道路へ走り出てきた。そして家の方をふりかえり、「早く池上本門寺の方へにげようよォ」と泣きさけんでいた。

この日までこの町の人たちが朝鮮人と接触したことがあるのかといえば、ほとんど無いに等しかったろう。それなのに突如として「朝鮮人が来る」というだけであわてふためいたり、「にげろ」と言われればにげたりするのは一体どういうことなのだろう。地震の不安におびえながらも辛うじて持ちこたえていた大人たちの気持ちも、その次の

「何々が来るぞ！」というひと突きになだれをうって崩れた。大人がにげるので子供たちもにげた。

わたしは父や母、近所の人たちと一緒に、近くの大きなお屋敷の庭の築山のかげにひそんだ。ひとかたまりの大人や子供が築山のくぼみに肌を寄せ合って息を殺していたのだが、もしほんとうにウワサのように朝鮮人があばれまわってやってくるとしたら、こんなかくれ方をしていて助かるわけがない。子供心にも頼りなくてあたりを見まわすと、もう築山のあちこちに芒が穂をのぞかせて風にゆらいでいた。

築山をめぐる道に人の足音がした。とつぜん五、六人の男があらわれ、おどろくわたしたちと向い合う形で立った。抜き身の青竜刀を手にした男が、わたしたちと一番近い場所に立っていた。わたしは殺されるのかと思い、父にひっついて小さくなっていた。七三に分けた髪を片側にばらっと垂らした白シャツ姿のその男は、「ああ、これは味方だな」と言うと、白い歯をみせ、うしろの男たちをうながしてたち去っていった。〝味方だな〟というからには、男たちは日本人だったのだ。それなら、もしかれらが、わたしたちを〝敵〟だとみとめたなら何をしただろうか――。こわい、ほんとうにこわかった。一緒にわたしたちとひそんでいたよそのおじさんが、「あの刀を持った男は新聞記者だ」と言った。当時はどういうものか「新聞記者」というのは、このあたりの町の人からは、知的レベルは高いがあまりよろしくない考えやおこないをする部類の人間のように思われていた。別のおじさんが、「ヤツは社会主義者だよ」と、したり顔に声をひそめて言った。

［当時大森（現・大田区）に住む］

（石屋愛『お母さんの思い出――大正・昭和を生きて』光和堂、一九八一年）

むかしがたり──古老が語る大磯の災害

富田勝造

いくら信用するなって言ったって、朝鮮人騒ぎがあったんだ。ふだん朝鮮人をいじめてばかりいるから、こんだ朝鮮人がこれを機会に暴徒（ママ）を起こしたって言ってね。なんでもみるからもぶっ壊されちゃうせえとね。

　で、私なんて下曾我だからね、六本松せえのがあったんだ。誰が言うか知らねえけんど、何時何時頃六本松を襲う朝鮮人が、越えて来たせってな。誰もがおっかねえから、それを信用しちまうわけだ。どんな奴が言うか知らねえけんど、それ流言蜚語で仕方ないよ。そいでもって、村の若いもんは皆、竹槍を持ってどこそこへ集まれ、誰それはどこへ集まれ、伝令がとぶんだ。そいで、みんな何もねえ、竹槍より他ねえんだから、それをこしらえて、そんなもん来るわけねえんだ。東京や横浜にあったことを三日も四日も前にあったことを今あったことのように言う。ところがそこの住民は震えあがるから、「じゃ、若けえもんは皆して竹槍を持って行くべえ」と。わけても「兵隊から帰って来た人は銃剣術ができるから、いちばん優先に行ってもらう」と、こうなんだ。

　そいで出したとって二時間いたって、三時間いたって来るわけがねえ。そうしたら嘘だとよ。「三日も四日も前に東京だか横浜で朝鮮人が暴れたもんだから殺されたんだとよ」ってせって。今、六本松を越えて来たなんてでけえ違げえじゃんかなあ。

だからね、そんな騒ぎでもって、私は現場を見なかったけんど国府津〔神奈川県小田原市〕で朝鮮人が殴り殺されちゃった。かわいそうなもんだよなあ。朝鮮人だと見るとみんな気が立っちゃってんからしょうがねえや。だから思いがけない犠牲者があるわけさ。かわいそうだよ、そうゆう人は。その流言蜚語があまり激しいがためにみんながかっぽったりしちまうから、それに見っかった朝鮮人は気の毒さ。

〔当時一七歳、大磯町西小磯（神奈川県中郡）に住む〕

（大磯町郷土資料館編『むかしがたり――古老が語る大磯の災害』大磯町郷土資料館、一九九三年）

朝鮮人を救う

遠藤慶吉

余震がなお続いていた九月一日の夕暮、夜のとばりが降りようとしていたとき、小倉橋の方向で二、三発の銃声がきこえた。そのときから、誰が言うとはなしに〝朝鮮人が襲ってくる〟とうわさが流れた。

翌九月二日になって隅田川の堤へ行ってみると、対岸にはさかんに火の手が揚り、その火焔の中から、ときどきなにか爆発するような音がきこえる。あれは朝鮮人が爆弾を投げ込んだのだ、とまことしやかに言う人もいた。幸いこの付近には火事は起こっていませんでした。

その二日の午後三時頃、小倉邸に隣の町の自警団が押しかけてきて、もめているというので、早速馳けつけました。町内では私が一番先きにかけつけた。行って見ると、手に手に棍棒や竹槍、さては日本刀まで持った五、六〇人が小倉さんをかこんで、怒鳴ったり、わめいたりしている。なかには抜き身の日本刀をもったものもいる。たすきをかけたり、はちまきをしたり、さまざまないでたちをした連中が、朝鮮人をここへ出せ、と要求している。金さんという朝鮮人を引渡せ、と言うのです。この町内の人たちではなく、玉の井〔墨田区〕や墨田あたりからやってきた連中でした。

小倉さんは一人で対応して頑張っておられた。具体的な言葉は忘れましたが、――「うちにいる朝鮮人は、そんな悪いことをする人間では、絶対にない。それは私が保証する。私が責任をもつから、どうか、お引き取り願いたい」――というようなことを、繰返し話しておられたが、押しかけてきた連中はなかなか承知せず、殺気立った空気でした。

私も小倉さんに加勢して、こちらの金さんという朝鮮人は、この町内でも可愛がられている人間だから、絶対に大丈夫だ、となんとか説得しようとしたが、どうしても承知しない。なかには日本刀をふりまわしたり、竹槍をしごいてみせたりするものもいる。小倉さんも私も困っていると、町内の人たち、鳶職や庭師や植木師などが十数人、応援にかけつけてきた。これら町内の人たちも小倉さんに味方して、われわれも保証するからと頼んでくれた。結局、小倉さんの言うことを信用するか、というようなことになり、その代わり、なにかあったら責任をとってもらうぜ、ということで、連中は引揚げて行きました。

〔当時小倉邸の近くに住み、業平製油勤務〕

（一九七五年に奥田英雄がインタビュー。奥田英雄『小倉常吉伝』小倉常吉伝刊行会、一九七六年）

朝鮮人を救う

郡司浩平

朝鮮人が井戸に毒を投げたといった類のデマから起こった一連の騒ぎは、青山あたりも巻き込んで、棒や竹槍をもった自警団が組織され、朝鮮人らしき者は片端から訊問されていた。標準語を満足に話すことができない鹿児島や青森の人が、ずいぶんこの騒ぎに巻き込まれたと聞いた。

騒ぎの続いていたある日、一人の朝鮮人が寄宿舎に逃げ込んで来た。他の部屋は夏休みで、いるのは私のところぐらいだったから、私の部屋へ来て、「ここに泊めてくれ」という。その男だけでなく仲間が多勢いるようである。キリスト教の学校として、非道な目に遭っている人を助けるのは、当然のことだろうと私は考えた。外部の者を泊めるには学院長の許可が要るので、院長に相談すると賛成してくれた。

こうしてその日から、子どもも含めて七、八〇人に及ぶ朝鮮人が、難を逃れて青山学院構内の寄宿舎に暮らすことになったのである。地元の自警団は、早速このことを聞きつけて抗議にやって来た。「無辜の朝鮮人を保護するのは人道上当然のことではないか」とはねつけたのはいうまでもない。自警団の人たちは交代で朝鮮人の行動を、騒ぎ

が静まるまで監視していたようであるが、幸にことなく済んでホッとした。（談）

［当時二三歳、青山学院学生］

（毎日新聞社編『決定版昭和史・第四巻——昭和前史・関東大震災』毎日新聞社、一九八四年）

聞き書き

堀口登志

震災のあった時父たちは、本木の西のはずれ、今の寺田病院のそばの空き家を内務省が借りてくれて、そこに住んでいたそうです。あのあたりは昔はまだ家も少なく、吉祥院から寺田病院にかけては大きな竹やぶがいくつもありました。

〔略〕三日ごろか、父の顔見知りの数人の朝鮮人がきて、「追われている」と言う。本木にはかなりの数の朝鮮人がいたのです。父はそこをはなれられないので、その朝鮮人たちは友達や仲間を集めに走りました。たちまち五〇人ほどの人が集まったそうです。すると青年団や消防団の人たちが竹やりをもって集まり、この人たちをとり囲んだそうです。

そこへ梅田で紙スキをしていて「おかしら」と呼ばれていた叔父の深井も来てくれました。父の〔菅原〕徳次が「この者たちは悪いことはしない。内務省の仕事をしているんだから。私は内務省の役人だから、この者たちのことに責任を持つ。もしやるなら俺の命と引きかえにしろ」とどなったところ、誰も手出しをしなかったと聞きました。

その頃の内務省といえば、誰でも言うことをきいたそうです。けれども竹やりでとり囲まれたのを見ていた母は、「こわくてこわくて、その後も思い出すたびに動悸がした」と言いました。結局最後は警察に渡したのではなく、「それならいい」と了解して終わったそうで、この人たちの中からは一人の事故者も出さなかったそうです。だからこの人たちはなつかしがって、この後もよくお盆などにきてくれました。

〔足立区梅田に住み、父親が当時荒川放水路工事の現場監督〕

（関東大震災時に虐殺された朝鮮人の遺骨を発掘し追悼する会『会報』第六二号、一九九二年）

連隊へひっぱり出して調査をして殺した

会沢泰

〔習志野収容所で〕おかしいようなのは、みんな連隊にひっぱり出してきては、調査したんです。ねえ、軍隊の中で……そしておかしいようなものを……ホラ、よくいうでしょう。……切っちゃったんです。日本人か朝鮮人かわからないのもいたわけですね。

切った所は、大久保の公民館の裏の墓地でした。そこへひっぱっていってそこで切ったんです。……私は切りません……三〇人ぐらいいたでしょうね。ところが、私の連隊ばかりじゃない。他の連隊もみんなやる。

いきなりではなく、(連隊の中で)ある程度調べてね。ナニしとったんだか、どこにいたんだかを。

ちょうど、たまたまそのころに、小松川というあそこの橋で朝鮮人が暴動を起こしたっていう連絡があったんですねえ。それでこっちの収容所へ入れてあるのもみんな、調査をはじめたわけです。調査をして、おかしいのをひっぱり出した。たくさん来とったんですけども。

小松川なんかあれですよ。向こうから、朝鮮と思われるようなのをまとめて追い出し、こっちから機関銃ならべて撃ったんですよ。橋の上で、もうみんな、それが川の中へバタバタおこっちゃったわけですねえ。

〔当時二五歳、習志野騎兵連隊第十四連隊本部書記〕

（千葉県における関東大震災と朝鮮人犠牲者追悼・調査実行委員会編『いわれなく殺された人びと―関東大震災と朝鮮人』青木書店、一九八三年）

聞き書き

浅岡重蔵

四ツ木橋の下手の墨田区側の河原では、一〇人ぐらいずつ朝鮮人をしばって並べ、軍隊が機関銃でうち殺したんです。まだ死んでいない人間を、トロッコの線路の上に並べて石油をかけて焼いたですね。そして、橋の下手のところに三カ所ぐらい大きな穴を掘って埋め、上から土をかけていた。

二、三年たったころ、そこはくぼみができていた。草が生えていたけどへっこんでいた。きっとくさったためだろう。ひどいことをしたもんです。いまでも骨が出るんじゃないかな。

兵隊がトラックに積んで、たくさんの朝鮮人を殺したのを持ってきました。そう、河原で殺したのもいます。ふつうのなんでもない朝鮮人です。手をしばって殺したのも日本人じゃなくて朝鮮人だと思ったね。むこうを向かせておいて背中から撃ったね。軍隊が機関銃で撃ち殺し、まだ死なない人は、あとでピストルで撃っていました。

水道鉄管橋の北側で昔の四ツ木橋寄りに大きな穴を掘って埋めましたね。死体は何百だったでしょう。九月はじめだから、町中にたおれている死体もくさって、においはひどかった。本当にひどいことをしたもんです。

浦辺政雄

九月三日は朝八時ころから、父とともに〔大島六丁目（現・江東区）から〕まず浜町〔現・中央区〕へ兄を捜しにいきました。丸八橋までほんの一分か二分というところまで来ましたら、ババババーンと、ダダダーンという音がしたわけです。何かしらと思って行くと、橋のむこう側でちょうど軍隊が二〇人ぐらい、「気をつけー」「右向けー　右」って、整列して鉄砲を担いで行進して移動するところでした。

のぞいて見ると橋の右側に一〇人、左側にも一〇人ぐらいずつ電線で縛られて。あれは銅線だから、軟らかくて縛れるんです。後ろ手に縛って、川のなかに蹴落とされて、それへ向けて銃撃したあとです。〔略〕左側のはまだ撃たれたばっかりだから、皆のたうって、血が出ているさかりなんです。まっ赤。血が溶けずに漂っているわけです。右側のは先にやったんでしょう、血も薄れていました。

「なんだか知らぬが、むごいこと」と、息をのみました。〔略〕岸の北側につき落として、南側から撃ったんです。

小名木川ぞいに西へ行くと次は進開橋です。その手前、四、五〇メートル、せいぜい一〇〇メートルのところでも同じような銃殺体、一〇人ほどを見ました。それはもう時間が一時間やそこらたったんでしょう。血も何もありませんからね。川のなかが同じ状態ですからね、ここでやって、それから丸八橋でやったんでしょう。このあたりは全然焼けてないですからね。死体が浮いているって、その朝鮮の人だけですよ。確かめるまもないし、とにかくむごいことだと。

〔略。四日、被服廠跡〔現・墨田区〕で〕そのわずかの空き地で血だらけの朝鮮人の人を四人、一〇人ぐらいの人が針金で縛って連れてきて引き倒しました。で、焼けボックイで押さえつけて、一升瓶の石油、僕は水と思ったけれど、ぶっかけたと思うと火をつけて、そしたら本当にもう苦しがって。のたうつのを焼けボックイで押さえつけ、口々に「こいつらがこんなに俺たちの兄弟や親子を殺したのだ」と、目が血走っているのです。「お父さん、とてもじゃないけど見ていられない」って言って裏口から出ました。

帰り道、三ッ目通りの角で、一人石責めにあっていました。体半分が石に埋まって死んでいるのを、「こいつ」「こいつ」って。

父も、家も焼けた、家財も焼けた、せがれの総領も見つからないということもあったんでしょう。「こいつ」って一つ投げたから、「お父さん、止めてくれ」って。二発目を投げようとするから、「死んだもんに投げたってしかたがないじゃないか」って、止めさせましたがね。

［略。五日の夕方］千葉街道に出ると、朝鮮人が千人に近いなと思うほど四列に並ばせられていました。亀戸警察に一時収容していた人たちです。憲兵と兵隊がある程度ついて、習志野のほうへ護送されるところでした。

　もちろん歩いて。列からはみ出すと殴って、捕虜みたいなもので人間扱いじゃないです。

［略］羅漢寺は当時はいまの江東総合区民センターのところにありました。［略］ここまできたら、針金で縛って連れてきた朝鮮人が、八人ずつ一六人いました。さっきの人たちの一部ですね。憲兵がたしか二人。兵隊と巡査が四、五人ついているのですが、そのあとを民衆がゾロゾロついてきて「渡せ、渡せ」「俺たちのかたきを渡せ」って、いきり立っているのです。

　銭湯に朝鮮人を入れたんです、民衆を追っ払ってね。僕も怖いもの見たさについてきたんだけど、ここで保護して習志野に送るんだなあと、よかったなーって思いましたよ。それで帰ろうと思ったら、何分もしないうちに「裏から出たぞー」って騒ぐわけなんです。

　何だって見ると、民衆、自警団が殺到していくんです。裏というのは墓地で、一段低くなって水がたまっていました。軍隊も巡査も、あとはいいようにしろと言わんばかりに消えちゃって。さあもうそのあとは、切る、刺す、殴る、蹴る、さすがに鉄砲はなかったけれど、見てはおれませんでした。一六人完全にね、殺したんです。五、六〇人がかたまって、半狂乱で。

〈抗はぬ朝鮮人に打ち落ろす　鳶口の血に夕陽照りにき〉

これはこのときを詠んだものです。ちょうど夕方四時半かそこらで、走った血に夕陽が照るのが、いまだに六〇何年たっても目の前に浮かびます。自警団ばかりじゃなく、一般の民衆も裸の入れ墨をした人も、「こいつらがやったんだ」って、夢中になってやったんです。

岡村金三郎

私たちは二日になって焼けなかった亀戸〔現・江東区〕の境橋近くの長屋に引き返してきました。そのうちに戒厳令がしかれて、一般の者も刀や鉄砲を持てと軍から命令されたんです。それでみんな家にある先祖伝来の刀や猟銃を持って朝鮮人を殺った。それはもうひどいもんですよ。十間川にとびこんだ朝鮮人は猟銃で撃たれました。二日か三日の晩は大変だったんですよ。朝鮮の人があばれて井戸に毒を入れたとかいうんです。ポンポン燃えている音を聞いては朝鮮人が火をつけたと言ってね。

その時分、私は青年団の役員でした。「境橋近くのガラス屋で一五、六人の朝鮮人を使っている。青年団の人は見に行ってくれ」と言われて、そのガラス屋に行ったんです。

［略］すると社長は「朝鮮人はいるけど、この人たちは決して悪いことはしないんだから、なんとか助けてくれ」と言う。「どこにいるんだ？」と言うとね、ガラス屋にはかまがあるね、その火を取っちゃってね、そん中にぶっこんでいるんです。だから外からはわかんねえ。

「この人たちは決して悪いことはしていないんだから、青年団の方は助けてやってくれ」と社長は言う。「ああいいですよ。だけどね、やじ馬が取り囲んでいるからあんたとこぶっこわされちゃう。だから一応ね、渡すこと渡したらいいだろう」と社長に話してね。それで亀戸警察に通告したら、警察からトラックで「うちのほうに引き渡せ」と来た。だけどね途中でみんなけんけんごうごうとしているから殺されるというので「自警団とか青年団ついて行ってくれ」と言うんで、私はついて行きましたよ。トラックの隅に乗って、一五、六人全員、縄でしばってまん中に乗せて青年団がまわりをずっとかこんで亀戸警察につれて行きました。それから三日、四日たって社長に聞いたら、じつはあの朝鮮人たちは小松川の荒川土手に連れて行かれて軍隊が機関銃で撃ったらしいと言う。それで小松川の土手に埋めたということを私は知っているんです．

［略］寺島警察署の前でも胸を切られ丸太棒で突かれて死んでいた朝鮮人がいた。五人か六人ね、首のないもの、手のないもの、朝鮮の人たちを皆殺して、それでおっぽりだした。顔もなにもわかりゃしない。ひどいもんだなあと思って。警察もやったけど群衆

がやっちゃったんですよ。みんな先祖伝来の刀を持ってきて、「俺に切らせろ！」「我に切らせろ！」とやったらしいんだ。

篠塚行吉

九月五日、一八歳の兄と一緒に二人して、本所〔墨田区〕の焼けあとに行こうと思い、旧四ツ木橋を渡り、西詰めまで来たとき、大勢の人が橋の下を見ているので、私たち二人も下を見たら、朝鮮人一〇名以上、そのうち女の人が一名いました。兵隊さんの機関銃で殺されていたのを見て驚いてしまいました。

人びとのデマで死んだこと、くやしかったことでしょう。

（関東大震災時に虐殺された朝鮮人の遺骨を発掘し追悼する会編『風よ鳳仙花の歌をはこべ――関東大震災・朝鮮人虐殺から70年』教育史料出版会、一九九二年）

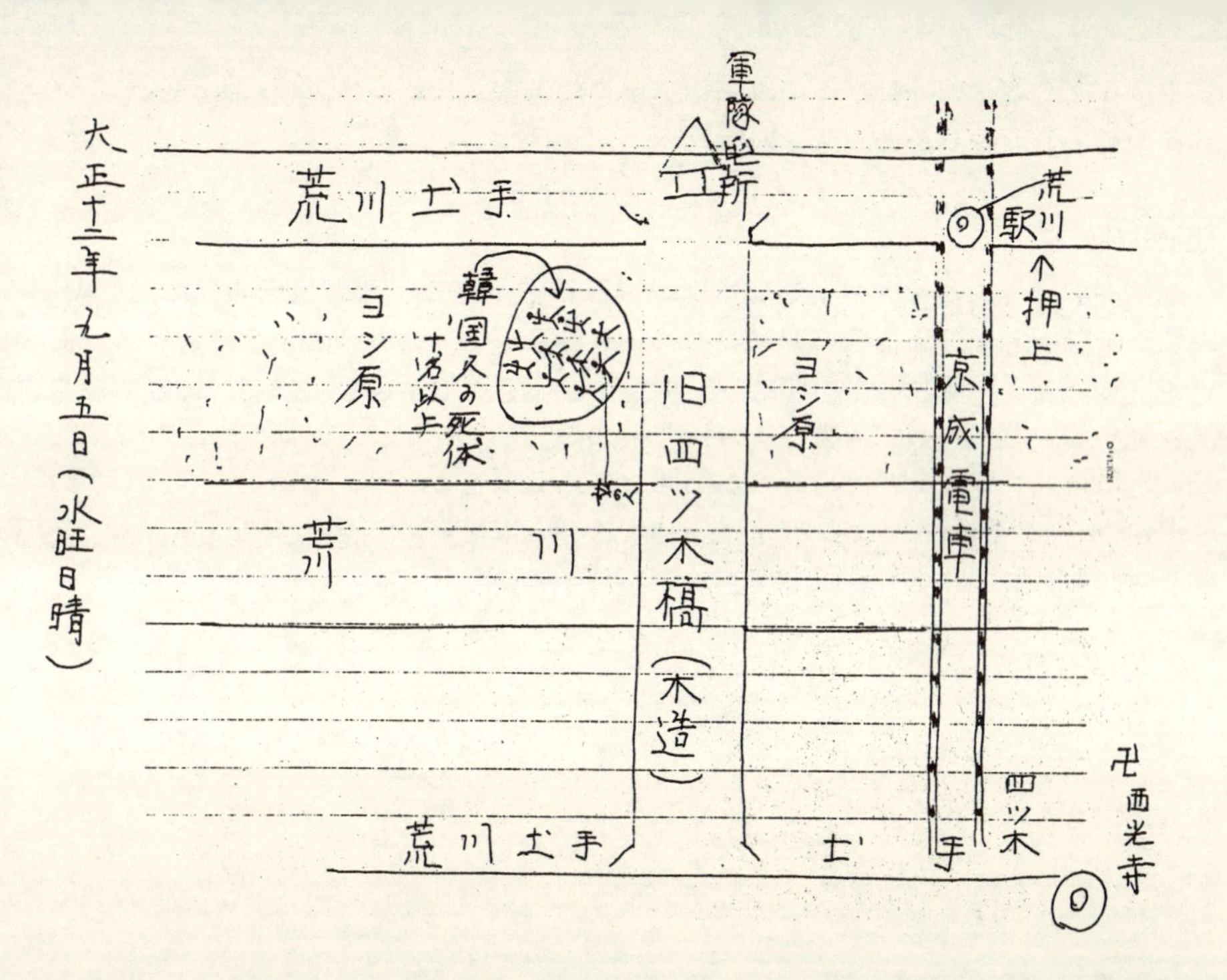

篠塚行吉の手書きの目撃現場図

元本庄署巡査の語る事件の全ぼう

新井賢次郎

本庄署〔埼玉県本庄市〕では前夜（三日夜）から保護していた朝鮮人が四三名いたが、電話で、デマにおびえた人達から出動要請があって警官は出はらっていた。私が、警察に残って外からの電話に出ている時、警察がからっぽであることを見ていった奴がいたのだ。

〔略〕本庄署へ引きかえしてきた三台のトラックは、朝鮮人を満載していた。私もそのトラックに乗っていたが、集まってきた群衆のなかに青木紋九郎というギュウタロウがいた。その紋九郎が、「あいつは、朝鮮人の偽巡査だ。あいつからやっちまえ」と煽動した。それが合図となって、一斉に群集が襲いかかり、あの惨劇がはじまったのだ。

〔略〕惨劇の模様は、とうてい口では言いあらわせない。日本人の残虐さを思い知らされたような気がした。何百人という群衆が暴れまわっているのを、一人や二人の巡査では、とうてい手出しも出来なかった。こういうのを見せられるならいっそ死にたいと考えたほどだ。

子供も沢山いたが、子供達は並べられて、親の見ているまえで首をはねられ、そのあと親達をはりつけにしていた。生きている朝鮮人の腕をのこぎりでひいている奴もいた。それも、途中までやっちゃあ、今度は他の朝鮮人をやるという状態で、その残酷さは見るに耐えなかった。後でおばあさんと娘がきて、「自分の息子は東京でこのやつらのために殺された」といって、死体の目玉を出刃包丁でくりぬいているのも見た。

当時演武場は、警察署の方からではなく、町役場の方から電灯をひいていたので、演武場の電気は警察の方からは、消すことができなかった。私は演武場の中の四三人が見つかっては大変だからと、電気を消すように役場の方へ頼んだが、一向に通ぜず、そのうちに、演武場の中の朝鮮人も見つかってしまったのだ。「ここにいた」というわけで、群衆は演武場へおしかけ、四三人ことごとく殺してしまった。朝、私が演武場へ行ったとき、立てかけてあった畳の陰にいて助かった二人の婦人から水をくれ、と頼まれ、小使に持たしてよこすから、といっている間に、朝早くからやってきた群衆に見つかり、昨夜の凶行場所につれて行かれ、ベンチの上でさし殺されてしまった。私はどうすることもできなかった。

警察署の構内は前夜の凶行で血がいっぱいだった。長靴でなければ歩けなかったほどだ。

警察署の構内で殺されたのは八六人だが、本庄市内で殺されたのもいた筈だ。死体も見たが、一五、一六人位…二〇人まではいなかったと思う。

署内の留置場の中にいて一人助かったが、これも群衆が「凶行を見られてしまったからには、朝鮮へでも帰って話されたら大変」というわけで、留置場の鉄棒の間から、竹槍で突こうとしたのだが、あっちへ逃げ、こっちへ逃げて、とうとう助かったのだ。これは後でどこかへ送られた。

私は長い間、朝鮮人の「アイゴウーアイゴウ」という悲痛な叫びが耳からはなれなかった。

死体は、翌日、県からの命令で、朝鮮から調査にくるから至急にかたづけろといってきた。私は町長と相談したが、宮下林平町長は、「一〇人や一五人ならすぐにでもどうにかなるが、これほど多くては……」というわけで私にまかされてしまった。私は日頃夫婦げんかの仲裁などで世話をしていた上野金作という請負師に頼んだが、仲々引受けてもらえなかった。上野は、はだかになってやってもいいというならやろうということで引受けてくれた。死体は一二台の荷馬車で運んだが、火葬場へもっていっても仕方がないので、台町の山林に、幅七尺、長さ三六間の穴を掘り、下にまきをしき、その上に死体を並べて、上から石油をかけて火をつけた。焼いたのは夜だったが、朝になってい ってみると、頭や、足、手首などがほとんど残ってしまっていた。残った頭など五〇位あったろうか。何しろ「数がわからないようにしろ」というお上の命令なので、残ったのは、またやりなおした。中には長靴をはいたままの足が残っていた。かめにつめて埋葬されたのは、ほんの一部の灰だ。

警察署に保護した中に、御茶の水の女学生というのが二人いたが、我々は、なんとかして助けてやりたいと思って別な旅館に移そうとしたのだが、私には夫がいるので、離れたくないというので指さすのを見ると大学生だった。それでは仕方があるまい、というわけで、演武場に一緒にしておいたのだが、とうとうその人達も殺されてしまったわけだ。可哀そうなことをしたと思っている。凶器は、後であつめて見ると、尺まるきにして一〇束位あった。加害者の中には相当の名士もいたようだが、私が、顔や名前を知らないのは報告できなかった。

［略］事件後人々は、この事件でのおとがめはあるまい、もし何らかのさたがあるとすれば論功行賞だと考えていた。虐殺事件の翌日などある人間は、私にむかって「不断剣をつって子供なんかばかりおどかしやがって、このような国家緊急の時には人一人殺せないじゃないか、俺達は平素ためかつぎをやっていても、夕べは一六人も殺したぞ」と、いったりした。

［略］裁判もいいかげんだった。殺人罪でなくて騒擾罪ということだった。刑を受けたのは何人もいたが、ほとんど執行猶予で、つとめたのは三、四人だったと思う。私も証人として呼ばれたが、検事は虐殺の様子などつとめてさけていたようで、最初から最後まで事件に立合っていた私に何も聞かなかった。そして、安藤刑事課長など、私に本当

のことを言うなと差しとめ、実際は鮮人半分、内地人半分だったと証言しろ、それ以上の本当のことは絶対に言うな、と私に強要した。私も言われた通り証言した。

（関東大震災五十周年朝鮮人犠牲者調査・追悼事業実行委員会編『かくされていた歴史――関東大震災と埼玉の朝鮮人虐殺事件』関東大震災五十周年朝鮮人犠牲者調査・追悼事業実行委員会、一九七四年）

「女房は日本人だ」

飯田長之助

私ァ、本郷〔現・文京区〕に住んでいましたがね、朝鮮人が井戸のなかに毒を入れるッて、フレがでまわり、それにごていねいにうちの古井戸のフタ「〇」の中に「井」なんて印を白墨で書いてくヤツまであって、近所の若い衆はみな、竹を鋭くそいで油をひき、作ったヤリをしごきながら、近所でちょいと見かけねェ顔が通ると、おっかねェ顔して「おいこら、イロハ…しまいまでいってみろ」なんて脅かした。通行人が答えられないと「あやしいヤツだ」なんてこづきまわしたりしてましたよ。

二、三日たって少し落ち着くと、商売のほうが心配になって、洲崎〔現・江東区〕の養魚場を見に行った。その途中の道に、朝鮮人らしい死体がゴロゴロしている。震災で死んだのは黒こげになっているが、暴行されて死んだのは、皮膚が生っ白いから一目でわかるんだ。ひでェのは、半分焼け残った電柱に朝鮮人がしばられていて、そのかたわらに〝不逞鮮人なり。なぐるなり、けるなり、どうぞ〟と書いた立て札があって、コン棒までおいてある。そいつァ顔中血だらけになっていたが、それでも足けりにしたり、ツバを吐きかけていくものがいてねェ…。

その後、江戸川をこえて、いまの浦安橋のたもとへ米をとりに行った。浦安の渡し場（当時はポンポン蒸気が唯一の交通機関で、もちろん橋もなかった）では、サシコを着込んだ消防団の連中が主になって自警団をつくり、そいつらが、ポンポン蒸気からおりてくるヤツにあやしい人間がいないか調べまわっていた。

そこへたまたま、日本人の奥さんをもった実直な商人でとおっている近隣の朝鮮人がおりてきた。すると、皆で「朝鮮人だ」とワッと寄っていった。

男は「私の妻は日本人だ。ぼくは何も悪いことしない。頼むから、助けてくれ」と必死の形相で哀願している。団の責任者も「この人はだいじょうぶだ。やめろ」ととめていたが、なんせ気が立っている連中のこと、聞く耳がない。責任者のことばが終らねェうちに、鳶口が三、四つ男の頭の上にふり落ちる。次の瞬間には、長い竹ヤリが、腹をブスッとつらぬく。

男は、ものすごい顔で苦しみもだえながら、なんとか逃れようとしていたが、左右前後からヤリで突かれ、あげくは川の中へドブンと放り込まれてしまいましたよ。

［略］その後も夜の渡し船で、朝鮮人が五〇人くらい襲ってくるというウワサが出て、渡しが着いたとたん、四、五人に切りつけ、川の中に落としてしまった。もちろん、朝鮮人なんか乗ってなくて、殺されたのは日本人ばかり。ひどいウワサがあったものだ。

江戸川を毎日、三、四人の死体が針金の八番線でじゅずつなぎになって流れてきた。

みな朝鮮人が殺されたんだ。（談）

（『潮』一九七一年九月号、潮出版社）

小学校の校庭で

伊藤国太郎

翌日〔九月二日〕の昼頃には、もう家〔砂町（現・江東区）の警察・小学校・役場へ行く道と火葬場へ行く道のT字路の角から二軒目〕のそばの十字路の所に憲兵が立っていまして、昔は〝剣付き鉄砲〟といいましたが、鉄砲の先に剣がついたものを持っていました。

その夜でしたか、朝鮮人が井戸に毒を投げた、社会主義者が謀反を起こした、という大人たちの声を聞いたわけです。あっちもこっちも大人連中が集まれば、そういう話でもちきりでした。

〔略〕二日か三日の夜です。朝鮮人が井戸へ毒を投げた、というので、みんな喧喧ごうごうとしていて、夕方になると血気な者が竹槍を持ったり、それぞれ木刀を持ってきたり、武装して、朝鮮人を見つけろ、というわけで探しているわけです。はす田といって、はすの葉がうんと繁っている田がたくさんあったんです。少し風でそよいで、はすの葉がゆれると、「ほら、いた」と追いかけるわけです。でも、いないんですね。私なんかも竹槍持たされて、「お前も男だからついてこい」といわれ、後からおそるおそるついていきました。だけど、だれもつかまえたことはなかったですよ。

〔略〕そこの〔役場の隣の砂町〕尋常小学校の校庭に、道路に向かってみんな後ろ手にしばられて、距離としたら六尺から九尺ぐらい離れて坐らされています。もう死んでいる、殺されている人もいるわけです。校舎ほとんど全体、六教室から七教室の長さですから、おそらく二〇人ぐらいいたんじゃないですか。

ある者は浴衣がけで肌ぬぎになってさらしを巻いていた人という記憶がありますね。素人の人でしたらさらしの腹巻というものを巻かないわけです。やくざとはいわないまでも、そういった類の人ではないかと思うんですよ。あと小頭、赤っぽい印半纏を着た人間もいました。

憲兵が要所、要所にいて、見ているわけです。日本刀を持って首を切るんです。切るといっても剣道ができるわけじゃなし、ただ力で切るだけでしょ。だからほんとうに恨めしそうに殺されていました。〔略。それは〕五日ごろ、四日か五日ですね。

〔当時一二歳〕

（関東大震災五十周年朝鮮人犠牲者追悼行事実行委員会編『関東大震災と朝鮮人虐殺――歴史の真実』現代史出版会、一九七五年）

学校帰りに殺されるのを見た

大島利男

四日、学校の帰りに自転車で荒川の土手にのぼった時、吹上方面から、たくさんの人が、土手の小段を歩いて来るのが見えました。人数はわかりませんが、二、三百人もいるかと思いました。三、四十人に一人ずつ警官が付いていたと思います。それが朝鮮人だったのです。だんだん目の前に集団が現われて来ました。角帽をかぶった大学生、女の人、子どももいました。軽く荒縄で縛られていたようです。土手の上には、袖がらみ、つるはし、農具などを持ったり、日本刀を腰にさした人びとが、一緒に歩いて来ました。その人達は、何か大きな声でさわいでいました。人数は朝鮮人の数よりも、ずっと少ないけれど、吹上方面から一緒に歩いて来たようでした。

やがて、土手の小段の所で休憩したようです。その時、前の稲の植えてある田圃の中の小道へ、一人の朝鮮人が逃げ出しました。その後を、棒など変な物を持った連中が、十数人追いかけて行きました。朝鮮人は、元荒川に飛び込みました。当時は、澄んだ幅数メートルくらいの川でした。私が行った時には、棒などで突っつき、引き寄せていました。水の中でずいぶん苦しんでがまんしていたようですが、土手に引き寄せられたと思うと、また水の中にしゃがんでしまいました。そして立ち上がったら、川の端でつるはしを持っていた人が、それを脳天にぶっ刺し、引き寄せたのです。血と脳漿がふき出ました。脳天から四筋も六筋も血が流れ、口の中へ入っていくのが、目のあたりに見えました。川から上がり、「歩け」といわれたかと思います。五、六歩行って倒れました。

引き返して来ると、「出発」といって移動を開始しました。私が付いて行くと、荒川の土手を離れて、久下神社の前に行きました。当時は神社の脇に駐在所と久下役場があり、その役場の裏に蓮池がありました。（今は埋めてしまって農協の倉庫が建っている）。突然三、四人の朝鮮人が、役場の脇を通り、蓮池の方へ逃げました。人びとが追いました。すると追われた四十才がらみの男の朝鮮人が、蓮池をまわって、もどって来ました。誰かがその朝鮮人をひっくりかえしてしまいました。「おまえたちが、東京のおれたちの親戚の井戸に毒を入れた」とか、「この地震を、おまえたちが起こした」といって、数十人が輪になって朝鮮人を取り囲み、十貫目位の石を、ころがった朝鮮人の背中にぶっつけました。その石が、ごろごろと、ころがって向うへ行くと、それをまた向うの人が拾ってぶっつけました。四、五回やられ、朝鮮人は身体をぐっと伸し、息絶えたようでした。

私の見たのはそこまでですが、見はじめてから、一時間か二時間ぐらいだったと思います。蓮池の所でも幾人か殺されていたそうですが、私は見ませんでした。もう見るどころではありませんでした。

　翌朝（五日）、自転車で熊中へ行く途中に、たくさん死体を見ました。一番多かったのは、秩父線の踏切の手前（線路の南側）、今マンションの建っているあたりです（当時は砂利置場になっていた）。のど笛が切られて血の塊が出ている人、肩からけさがけに切られている人、頭に穴をあけられている人などがいて、そこに犬がたむろしていました。九月で暑い時ですから、もう臭くなっていました。人数は二、三十人いたでしょうか、はっきりしません。

　その他多かったのは、皮肉なもので、熊谷警察のあたりです。本町三丁目から四丁目にかけてです。それから熊谷寺の前にもありました。他に学校へ行く道がないので、やむなく通りましたが、おそろしくて数を数えるどころではありませんでした。その後幾日か、死体はそのままの状態で置かれていたと思います。学校を往復する時、何日か見た気がします。やがて隠坊の人が、鉄の輪のついた荷車に積んで大原墓地へ運び埋めたのです。

［当時、熊谷中学生］

（関東大震災五十周年朝鮮人犠牲者調査・追悼事業実行委員会編『かくされていた歴史――関東大震災と埼玉の朝鮮人虐殺事件』関東大震災五十周年朝鮮人犠牲者調査・追悼事業実行委員会、一九七四年）

インタビュー

小櫃政男

〔小松川（現・江戸川区）で〕夜になりますとみんな普通の住まいのところは寝ないんです。なぜかというと、朝鮮人が暴れて来るというんでね。それで、お前は火傷をして大変なんだからって、交換手や何かと小松川の土手へ行って蚊帳をはって、そのなかへ寝かせてくれたんです。

そうすると、表でドヤドヤと歩く音がするんですよ。何だと思ったら、朝鮮人を検査しているんですね。歩いている人に「これ読め」ってんで、朝日とかバットとか敷島とかのタバコを出して。それで、日本人でもずいぶんやられたと思うんですけど、バットってことを朝鮮人の人は言えないんですね、ハットとかなっちゃう。そうすると、「コノヤロウ」と言ってダーッと切るんですよ、日本刀ですよ。切り付けてそのまま行っちゃうんです、みんな自警団ですね。わたしなんか、土手にいてその現場を見ていたんですから。恐いしね、寝ているどころじゃあないですよ。

〔略〕朝鮮人の話は、伯父さんの家に行ったときですね。九月の四日頃じゃあないでしょうかねえ。それで、表は日本刀を持ったのがしょっちゅう歩いているんですよ、自警団の。それでわたしなんかは包帯巻きですから、「お前は何だ」なんてやられましてね。それで、小櫃っていったら、すぐ朝鮮人だろうなんて言われました。伯父さんやなんかがよくかばってくれたんです。ちょうど小松川の土手へ行く手前のところですけど、いまは変わってしまってないですよ。

（『東京都江戸東京博物館調査報告書第一〇集――関東大震災と安政江戸地震』江戸東京博物館、二〇〇〇年）

浅草ひょうたん池のほとりで

香取喜代子

一日は上野にいて、二日の晩なんですよ。結局もう二日の夕方からね、浅草も、上野も、水を飲んじゃいけない、いっさい水を飲んじゃいけないっていうんですよ。その水にはね、朝鮮の方とかね、そういう方が毒を入れてあるから——そのころ割に井戸掘ってある家があったわけですよね——だから井戸水はいっさい飲んじゃいかんっていうわけでね、みんな朝鮮の方が毒を入れてあるからっていうんですよ。マイクでね。そういって怒鳴ってくるわけ。在郷軍人だとか、そういう連中がね、いっさい飲んじゃいけない、飲んじゃいけないっていってくるから、あたしたち水に困っちゃうわけでしょ。その憎しみと両方あったんでしょうけどねえ、もう朝鮮人とか支那人とかそういう人を見れば全部その、井戸に毒を入れたのは朝鮮人だと称して、いい朝鮮人もわるい朝鮮人も全部かまわずね、みんなつかまえてね、その場で殺しちゃう……。

でもいやでしたよ。みんなで抑えて、そいでその逃げるあれが、ひょうたん池のなかでもう逃げ場失っちゃって、ひょうたん池ん中はいっちゃうんですよね。そうすっとね、ひょうたん池のところに橋がかかってたの、その下の、橋の下にはいってんのにみんなで、夜だけど、出しちゃってね、その場でね、そう、叩いたり引いたりしてすぐ殺しちゃう。みんな棒みたいの持ってね。叩く人もあれば、突く人もあればね。その場で殺しちゃう。夕方から夜にかけて。死骸はね、その場にあるかと思ったらないで、そのままもってったんですね。どっかへ。震災で死んだ人と一緒に入れちゃったんじゃないですか。

浅草のひょうたん池ってったらあれは作った池ですからね、そんなに深くないです。人がもぐるほどはないです。それを引きずり出してね。そこに逃げ込んできた人は一人でも見つかればみんな一応は連れて行かれちゃったんでしょう。朝鮮の人は。みーんな特別知り合いだとかいってかばわない以上はね。だからああいう時にはもう、外国にいるっていうのは、大変ですね。日本人だっておそらくもしそういう場合になったらそうじゃないかと思うんですよ。

〔略〕一二日ぐらいいましたか。そしたらねえ、毎晩なんですよ、朝鮮人を見たらとらえろ、ぶっ殺しちゃえっていうのね。はな、みんなね、五日ぐらいはぶっ殺しちゃえだったんですよ。二週目ぐらいになったらね、今度劇薬をね、方々に置くとか、そいから燃えるようなもの、アルコールとか揮発油とかいうものを建物のそばへ置いて火をね、燃すから気をつけろ、気をつけろってね、触れて回るわけですよ。あの時分の在郷軍人ってんですかね、そういうのが回るとね、あたしどもね、ほんとの話ね、揮発のびんが二本もね、わたしどもの掘立小屋の後ろのところに置いてある。そんでまあ、それも一応届けけんですよね。そういうのが置いてあったってことを。ごったすたの中ですけどね。そういう状態だから、それはね、おそらく誰がやったんだかわかんないじゃないですか。おそらくあたしたちもそう思いましたよ。朝鮮の人がやったんでもないだろうと思うんですよ。とにかくあのとき朝鮮の人が一番往生。

［略］殺されたのは朝鮮人ですよ。殺されたのは朝鮮人。山でもどこでも。裏の山でも、全体がそうですって。もう朝鮮人だっていって、その場で殺されなくってもね、みんなに叩かれたり引かれたりしてぐたぐたになって連れていかれた。

三人見ました。その場でもう、どどどーって逃げてきたでしょ、五、六人がだーっと追っかけて、そっちだー、こっちだー、って。ひょうたん池ん中逃げてったら、そっちだー、こっちだー、って。そしてひょうたん池ん中から吊り上げて。あの時分夏ですからねえ、水ん中はいったってそう冷たくないでしょ、だからみんな水ん中はいってね、吊り上げて、その晩、そういうふうにしてその人、三二、三の男だった。丸坊主で。毛長くしてないみたいでしたよ。夜であんまり、ほら全体が暗いですからあんまりよくわかんないですけど、丸顔の人でしたね。夏だからほんとに簡単なシャツと、ズボンとでしたけどね。もう叩かれるの可哀そうで見るも辛かった。

［ひょうたん池のほとりで避難生活］

（高良留美子「浅草ひょうたん池のほとりで――関東大震災の聞き書き――」『新日本文学』二〇〇〇年一〇月号、新日本文学会）

押入れにかくまう

小林勝子

震災のときですか？ ええ、ひどかったです、このへんは。町内の人たちは、みんな竹ヤリで武装して、二、三〇人ずつ道路の角に立って尋問しました。「山」といえば「川」、「花」といえば「月」っていうように警察のお達しがあって、ことばに少しでもにごりがあれば、「でたぞーっ」ってどなる、すると巡査がすぐ連れて行って、夜になるとまとめて、この先の田んぼのあたりで銃殺したんです。

真っ暗ヤミのなか、しょっちゅうグラグラって余震がきましたから、夜がくるともうこわくてこわくて、私も自警団について歩きました。朝鮮人が出ると、女子供は逃げちゃいましたが、じっと息を殺してかくれてると「ギャー」っていうようなすごい悲鳴が起こって、「もうすんだな」っていうんで出てみると、からだじゅう刺されて、殺されてるんです。

そういう毎日が二日から一〇日間ぐらいはつづきましたねえ。近所に幅六尺ぐらいのドブ川があったんですけど、そこに死体が四列にも五列にもなっていっぱい捨てられていました。なかには身寄りを案じて地方から上京してきて、暗号を知らないために殺された日本人の死体も、ずいぶんまじっていたようでした。いちばんおそろしかったのは、妊娠した女の人の死体です。針金でゆわかれて、ひきさかれたお腹に石がいっぱい詰めこまれて、ドブ川に捨ててあるんです。

ほんとうに気違いじみていましたねえ。朝鮮人をかくまうでしょ、それがわかると、かくまった人がやられちゃったんですよ。私の家でも、ふだん仲よくしてた、とてもいい方がいたもんですから、押入れに入れてかくまってたんです。近所の人がきたりして「××さんの姿が見えないけど、どこへ行ったんだろう」なんていうと、もうドキドキしちゃって……その後二か月ぐらいは、危なくて外に出せない状態でした。（談）

［当時、城東区大島四丁目（現・江東区）に住む］

（『潮』一九七一年九月号、潮出版社）

大震災に直面して

斎藤静弘

〔三日、亀戸（現・江東区）をめざし〕日本橋小網商店の焼跡で人々が、焼け崩れた缶詰の山から完全なものを探しているのを見て、二ツ三ツ拾い焼釘で、時間をかけて缶を切り中身を頂いた。二個ばかり手にして両国橋へ来ると、朝鮮人騒ぎで警戒中の一団の若者に、銃剣を突きつけられ、「どこから来た、どこへ行くか、姓名は？」と、詰問された。それは持っていた缶詰を、爆発物の携帯のように誤解された結果であった。

〔略〕両国橋を渡り切った頃、缶詰のご馳走に喉が渇いて無性に水が欲しい処へ、前方から氷を持って来た人に、製氷会社の焼跡に未だ沢山の氷があるのを聞いた。それを頂いて出て来た所で、二人の朝鮮人が後手に縛られ、巡査に連行される後方から、朝鮮人騒ぎに興奮している弥次馬が、鉄棒で後頭部を滅多打ちにし、遂にその場に倒れたのを目撃した。ついていた巡査も手の施しようがない始末であった。

〔略〕田舎行きの道中も心配なので、一刻も早くと、皆様の励ましの言葉を背にお別れして、日暮里駅まで歩く途中、請地を過ぎて白鬚橋へかかると、橋向うから大勢の人がワアワア叫びながら走って来た。近寄って見ると、一人の男が顔を両手で庇いながら、両足を二人に持たれて、勢いよく引きずられて来た。朝鮮人らしい男だが、頭を地面から浮かすようにする苦痛さは、見るも哀れな姿だ。

橋の中程まで来ると多数の手で持ち上げ、一、二、三で手すりを越して大川へ投げ込まれた。一旦沈んでブクブクと水面に浮くと、岸に向って泳ぎ出した。すると橋の上で見ていた一団が、男の泳ぎつく方向へ走り出し、岸へ一心に泳ぎつくその男の頭を、長い鳶口で滅多打ちにしたので、そのまま沈んでしまった。どのようないきさつか知らんが、朝鮮人騒ぎの結果だろうと想像する。

［当時二五歳、南小田原町（現・中央区）に住み、京橋で被災］

（斎藤静弘『真実を求めて——喜寿を迎えて』私家版、一九七六年）

白鬚神社で見たもの

坂巻ふち

それから朝鮮人の人たちが殺されたのは無残でしたね。あの白鬚橋のところでね、三日目のお昼三時ごろですかね、〔略〕白鬚神社の裏側はすぐ隅田川になっていて、そこはヘリが危ないからと木のわくが打ってあったんですが、それがほとんど燃えたり折れたりして何本も立っていなかった。そこへ長いトタンが重なっていたので何だろう、こんなにトタンをぶち投げてあるけれどと思って見ると、ひもを身体にゆわえて朝鮮人が川にはいって死んでいるのです。それがまるで粗糖を放したようなんですよ。空き間も隙き間もないんです。

そこへ行くまでにも一〇人くらいの朝鮮人がみんな針金で足をゆわかれて、三人くらいずつ一緒に、多い人は一〇人くらい一緒に足を少し離してつなげてね、だから皆つながっているのです。

そして生きているのを放りこんだから水を飲んだでしょ、だから腹がふくれて皆何も身体についていない、素っ裸なのです。あお向けになっているのもいるし、うっ伏しているのもいる。それが幾組だか数知れないほどです。それを私のこの目で確かめました。

何と気の毒だと思って涙をこぼしながら歩きました。

［略］とにかくずいぶん、気の毒でしたよ。お腹の大きい赤ちゃんが生まれるような人が自分の腹を結わえられて水に投げられ、赤ちゃんが生まれちゃって、赤ちゃんがへその緒でもってつながっているんです。そしてお母さんがあお向けに浮いている、赤ちゃんがフワフワ浮いているんです。それが至るところですからね。白鬚橋ばかりじゃあないんです。人形町の向こうもずいぶんひどい様子でしたよ。ずいぶん無残でしたね。

［当時二三歳、江戸川音羽九丁目で被災］

（日朝協会豊島支部編『民族の棘――関東大震災と朝鮮人虐殺の記録』日朝協会豊島支部、一九七三年）

影を追う

佐藤伝志

神奈川県戸部署の巡査になって間もなく、関東大震災にあった。軽井沢派出所が私の受け持ち交番だったが、［略］二日、夜明けとともに本署に出向いた。

「朝鮮人が暴動を起こす」の報を聞いたのはこのときである。署の内外は緊張した空気につつまれていた。そんなやさき、数十人の朝鮮人が武装して集会を開いているとの知らせが入った。「それッ！」とばかり、居合わせた者全員が現場に急行したが、そこには人影ひとつなかった。右だ、左だ、いや向こうだと走り回っているうちに、恐ろしいもので、朝鮮人暴動は、もはや既成の事実として疑わなくなっていた。だれも彼もがそんな疑心暗鬼になり、私たちも、しまいにはサーベルを振り上げ、本気で追いかけた。

家屋の倒壊、断水、停電、出火……で平静さをまったく失っていた一般住民の激昂ぶりは、私たちに輪をかけてすさまじかった。町内ごとに自警団を組織し、竹ヤリ、日本刀、角材をたずさえ、徒党を組んで〝朝鮮人狩り〟をやった。町の辻で朝鮮人を取り囲み、袋だたきにしている光景も幾つかあった。いずれも、暴徒とは思えない一般朝鮮人市民であり、人がきをわけて入ってなだめようとするのだが、そのじぶんには、警察官といえどもヘタに口出しすると命が危ないというありさまだった。私自身、危うく竹ヤリで突かれ、トビ口で頭を割られるところだった。

結局、まる一昼夜探索しても、朝鮮人の武装蜂起を裏付ける事実は何一つなく、このままでは犠牲者が出るばかりだということで、署が朝鮮人保護にのりだした。近くの学校の雨天体育場に五、六〇人を収容したと記憶している。

このあと、三日から私は、県知事宅の警護をいいつかったが、市民、県民のいざこざの収拾や陳情こそあったが、朝鮮人による襲撃や暴動は、まったくなかったことを追述しておきたい。（談）

（『潮』一九七一年九月号、潮出版社）

朝鮮人を焼き殺したひとたち

篠原京子

朝鮮の人が殺されるのを見たのは三日の日でした。父をさがして被服廠〔現・墨田区〕のとなりの安田公園という、いまは本所公会堂になっているのかしら、そこを斜めに通ったところに川があった。隅田川に流れ込んでいるその川に橋があるんです。おくら橋とかみくら橋とかいいましたね。その橋のたもとなんです。

そこに来たとき、「国に妻子がいて、私は何もしていないんだ。日本でこうやってまじめに働いているんだ」って下手な日本語でしきりにあやまっている朝鮮人の声をきいたんです。それでひょいと見たらテント下に印半てんを着ている一〇人くらいの人が血を流しながら「うんうん」うなっているんですよ。

印半てんは、労務者なんかほら、昔よく着ていたでしょう。日本の人も朝鮮の人でも働いている人はね。両親が「見るんじゃない」「見るんじゃない」といったですけど、目をはなせなかったですよ。私の考えでは、薪かなにかで相当ぶたれ、いためつけられていてもう半殺しになっていました。テントの中では、「パピプペポといえ」とか、なにか調べていたらしいです。

その半殺しの人を川べりにむりやりひきずってくるんです。その人たちは抵抗するんですけれど、もう抵抗する力もなくて、薪でおこした火の上に四人か五人の男の人が、朝鮮人の手と足が大の字になるように、動かないようにもって下から燃やしているんですよ。火あぶりですよね。焼かれると皮膚が茶褐色になるんです。だから焼かれている朝鮮人は悲鳴をあげるんですがもう弱っている悲鳴でした。そして殺した朝鮮の人が次々に川に放りこまれているのです。

それをやっていた人はね、おそらく普通一般の人ではないと思うんです。自警団というか在郷軍人かなんかいっちゃ悪いんだけど、戦争がすきな戦争になんか関係のあるような、そういうつながりのあるような人だと思うんですよ。普通、警防団の人が着るようなしたくだったと思います。口のきき方やなんかその辺のおとうさんたちじゃ絶対なかったです。

私は終わりまで見ていませんでしたが、〔知り合いの〕おじさんが全部見てたら一三人とか一四人とかその場で殺したのを見たって、母にいったらしいですよ。

［当時一〇歳］

（日朝協会豊島支部編『民族の棘――関東大震災と朝鮮人虐殺の記録』日朝協会豊島支部、一九七三年）

荒川土手での白昼の惨劇

島川精

二日目に四ツ木橋を越え、本田村（今の葛飾区）の庭先をかりてみんなで野宿したわけです。ちょうど二日目の晩に「津波ダァー」という声がしたのでみんな線路に上がって枕木に帯で体をつないだりしましたが、津波なんかいっこうにこないので帯をほどきました。ところが八～九時頃、「朝鮮人が攻めてきたぁ」という声が流されて、みんな殺気だっちゃった。「竹をだせ！」「槍を出せ！」、棒きれもっている奴はナイフで先をとがらせて、集まった人たちだけで臨時自警団をつくり、周囲をかためた。その頃は芋が盛りで芋の葉っぱが人の顔にみえたりしてそれをつついたりしました。そしたら土手の方からバンパンバンと鉄砲をうつような音がきこえてきました。

あくる朝、放水路のところを歩いていったら、――当時荒川放水路は工事中で朝鮮人は安い労働力として使われてた、日本人の賃金にくらべれば二分の一位でした。――そこに行ってみると無惨な屍臭がして、土手に、五人、六人と死んでいました。傷跡は明らかに刀で切られたり、竹でつかれたりした死骸でした。からだに日本刀で斬られた断面がありました。人相が朝鮮人でした。

［略］この荒川土手のところでは一軒の農家があったのですが、昼過ぎ七〜八人の朝鮮人が農家のまわりに逃げてきて自警団やそこいらにいた人につかまり、有無をいわず袋だたきにあい、五分間もたたないうちにめった打ちにして殺されてしまったのをみました。当時あそこは工事をしていたので玉石はいっぱいあって、土手の上からみんな玉石を投げて加勢して殺したんですよ。

それからおやじと二人で焼け跡に戻ろうとしたのですが、その途中に寺島警察署があります。［略］その広場にムシロをかぶせられた朝鮮人の死体が一五〜六あった。何ともいえないいいやな気持だった。顔のみえるのも、みえないのもありました。当時警察といえば絶対的だったんですが、そういう警察がやるんだから……。

（日朝協会豊島支部編『民族の棘――関東大震災と朝鮮人虐殺の記録』日朝協会豊島支部、一九七三年）

今井橋の場合

須賀福太郎

今井橋には習志野の騎兵連隊が戒厳令で来ていた。当時、富士製紙には今の平田組と同じようにパルプを運んだりまきとりをしたりする木下組という運送の下請があって、その飯場に朝鮮人も働いていた。九月四日頃だったか、三人ばかりがひっぱられ軍隊に引渡され、夕方暗くなってから鉄砲で殺されるのを見た。

後ろ手にゆわえられたまま川の中に飛びこむのを見た。このときはじめて、鉄砲の威力の恐ろしさをまのあたり知った。騎兵たちは長靴をはいていた。そのあと消防団あたりが自警団をつくり夜警をやった。飯場は中州にあったが、今は本州製紙の敷地になっている。

この飯場には沖縄県人もいた。震災のあと深川の高橋から発動機の船で浦安にわたったところ、日本語がうまくしゃべれず殺されたらしい。軍籍があったので在郷軍人会あたりがいろいろ調べたがわからなかった。

〔当時一八歳。糞尿を運ぶ舟の仕事〕

(関東大震災五十周年朝鮮人犠牲者追悼行事実行委員会編『関東大震災と朝鮮人虐殺――歴史の真実』現代史出版会、一九七五年)

大震災の追憶

杉本正雄

〔一日、船で小名木川に逃れ大島（現・江東区）のガスタンクを過ぎた頃〕今度は「朝鮮人が暴動を起して川に潜って船べりから船を襲うから船に上げないように」という知らせがあって、私も長い棹を逆手に持って水中に人が見えたらすぐ突けるように鉤を向けて構えていた。今考えると誠にナンセンスである。しかし何ごともなく、そのうち私は疲れていつか眠ってしまった。

〔略。二日夜〕まもなく店の若い者が亀戸駅から下りの汽車が出るということを聞いて来たので一同揃って駅へ向った。駅で無蓋貨車に我勝ちに乗りこんで津田沼〔千葉県習志野市〕まで逃げた。〔略〕駅の近くの大きな家に入った。〔略〕今夜はゆっくり寝られるかと思ったら朝鮮人襲来の知らせが来て、また大騒ぎになった。

竹藪から竹を何本も切ってきて竹槍を作る者、藁を焼いて目つぶしのための灰を作る者などそれぞれ思いつきの武器を作った。私は若い人達三人と一緒に小脇に灰を入れた洗面器を置いて竹槍を構えて正面玄関に坐った。今考えると滑稽だがそのときはみんな真剣だった。しかし何事もなく簡単な夕食を終って一同は疲れはてて寝てしまった。

［略。仮住まい生活で］私の毎日の仕事は津田沼から船橋まで歩いて沢庵を一本買いに行くことであった。一人一本と限られているので毎日行かなければならない。芋畠のつづく線路沿いの道を一里ほど歩くのだが、畠のあちこちに焼けた衣類の破片などが散らばっているのを見た。東京が焼けたときに竜巻で吹き上げられ飛んで来たものだ。畠の中に一間おき位に習志野騎兵連隊の兵士が抜刀して伏せていた。朝鮮人来襲に備えるための散兵線である。ある兵士が隣りの兵士に「今日はやったか」と問うと「今日はまだやらないが昨日は一人やっつけた」などと話しているのを耳にした。その中に多くの朝鮮人が隊伍を作って兵隊に引率されてあとからあとから続いて来るのに出会った。赤ん坊を背負って額に血を流しながら歩いている女性もいた。習志野にあった陸軍の廠舎に収容されたらしい。彼等は憤怒に耐えかねているためか、みんな生気に溢れた図太さが感じられる顔つきをしているのには驚いた。

（『関東大震災記――東京府立第三中学校第二四回卒業生の思い出』府立三中「虹会」、一九九三年）

関東大震災と白昼の殺人劇

芹沢雅子

〔茅ヶ崎（神奈川県）で地震から一週間後〕私は街道で炊き出しが始まったと聞いて行ってみた。そこに行けば、母がしたように何か東京の様子が聞けるかも知れないし、もしかしたらお握りがもらえるかも知れないと思ったのだ。

道の両側に並んだ小母さん達が、道いっぱいの流れのようにやってくる疲れた人達にどんどんお握りを渡していた。幸い私も二つもらえてほっとしたが、人の流れがせきとめられる所が一箇所あって、そこで何事かがはじまっているのでつい足を止めて見た。

鉢巻きをし、日本刀を提げた男の人が数人もいて、子供を混じえた一家らしい人々を取り巻いて何か喚き散らしていたが、私があッと思う間にその人々の首が切られて転がった。

まるで嘘のような、いくら考えてもこの世のこととは思えない事実を目のあたりにして私は茫然とした。それから夢中で走り出した。

「私達は日本人です！」

確かにそういったのが聞こえたのに……どうして？　本当にあの子連れ一家は朝鮮人

だったのだろうか? それにしても人が人の首をちょん切るなんて……。私は驚きと亢奮に体中の血が逆流する思いで芋畑にかけ戻った。

(芹沢雅子『生きている霊人たち――ある霊的自伝』弘文出版、一九八九年)

この目で見た朝鮮人虐殺

高瀬よしお

五九年前の関東大震災のときの恐怖の体験は、太平洋戦争末期の夜間空襲のときと同じに私の脳裏に焼きついています。

当時、私は東京の月島二号地〔現・中央区〕に住んでいました。家は新築したばかりでつぶれませんでしたが、外の空き地に避難した私たちは、火災を逃れる群衆におされて三号地へ逃げました。

三号地の土管材料置場の小屋の中で一夜を迎えた翌日〔二日〕、水を求めて外へ出ると、五、六人の裸の男が針金でしばられて、周りに刀や鉄棒を持った作業衣の男数十人がこづきながら歩いているのが見えました。

やがて石炭の焼け残りの火のところにくると、針金でしばられた男の両手足を持って火の中に投げ込みはじめました。私はびっくりして逃げ帰り、母に告げたことを覚えております。

同じ日、岸壁にいくと、これも針金でしばられた裸の男一〇人ぐらいが、次つぎと海に投げ込まれているのが見えました。

子ども心にも「これはひどい。いったいどうしたのか」と痛みましたが、後で殺されたのは朝鮮人だと知りました。

〔当時一〇歳〕

（『赤旗』一九八二年九月三日）

関東大震災体験記

高梨輝憲

〔二日〕この日大島町から行徳〔千葉県市川市〕まで来る間に、どこからともなく妙な噂が人びとの口から口へと伝えられた。それは朝鮮人暴動説である。その説によると、在日朝鮮人がこの大震災を好機とし、集団をもって日本の各所を襲撃しているというのである。昨夜、夜中に聞えたあの爆発音は、朝鮮人が爆弾を投じたものであると、まことしやかに伝えられた。しかし、人びとはこの話しに対し、それを否定する材料がないので、なるほどそうかなと、その話しを信ずる者もいた。私も実は半信半疑でこれを聞いた。

〔略〕その夜何時頃のことであったか、とにかく真夜中のことである。行徳町の人びとによって次のような情報が伝えられた。それは「今、朝鮮人が大勢、今井の橋まで押寄せて来たので、在郷軍人が防戦のために出動して交戦中である」というのであった。せっかくここまでのがれてきた人びとも、この情報には驚いた。しかし、在郷軍人が出動しているというのでそれほどの動揺もなく、案外落ちついていた。朝になってから、夜中の朝鮮人来襲説はまったく虚報であったということがわかった。

〔略。三日、自宅の焼跡へ行き、立退先へ帰ろうと〕小名木川の方向へ歩き出すと、反対方向から来た年配の巡査が私を呼び止め「君は青年団員だろう、今日不逞鮮人が京浜方向から押し寄せてくるという情報が入っているから、団員に連絡をとって警備にあたるよう手配してくれまいか」というのである。それは私が一日以来ずうっと青年団の制服を着ていたから、巡査は私を青年団員と知り、そう依頼したのだろう。しかし災後やっと三日目のその日に、団員に連絡をとれといわれても、団員は現在どこにいるやら皆目その所在も判らないので、連絡をつけようにもつける手段がない。そこで私は無責任のようだがその巡査の言葉をただ聞くだけで適当に返事をした。このときの巡査の言葉では、不逞鮮人来襲の情報は警察の上部から伝えられたものであるといっていたから、あの時点では朝鮮人暴動説は治安当局も事実として信じていたものであろう。

巡査と別れた私は、さきに来た道を進開橋まで引返した。ふと橋の上を見ると大勢人だかりがして、何やらざわめいている様子、私は何事かと思って行って見ると、橋の欄干に一人の男が後手に縛られて寄りかかっていた。そのまわりに騎兵の襟章をつけた軍人が三人ばかり立っていた。それを取り囲んでいる群集は口々に「この野郎朝鮮人だ、やっつけてしまえ」と罵しっている。そのうち軍人の一人は、いきなり軍刀を抜きはらいその男の頭上目がけて斬りつけた。途端に鮮血がさっとほとばしった。斬られた男は「うー」と唸ったがそれ以上の声は立てなかった。その筈である。男はこの時までに既に散々いためつけられてなかば失神状態になっていたからである。軍人は斬りつけるとすぐ両足をかかえて欄干ごしに川の中へ投げこんでしまった。投げこまれた男は一旦沈んだが、やがて顔を水面に出して浮きあがった。見ると長い頭髪が顔面に垂れさがり、血潮がそれにつたわって顔いっぱいに染め、さも怨めしそうな形相をしてにらんでいるかのように見えた。それは芝居でやる四谷怪談戸板流しの場面を想起させるほどの凄惨さであった。

私は図らずもこのような凄惨な状景を見た。しかし凄惨な状景はこれだけではなかった。進開橋から五之橋の方へ少し行ったところで、またさきに劣らないほどの惨虐な場面を見た。

三人の男がこれも後手に縛られたまま、全身血まみれになって道路にころがっている。側らには騎兵銃に剣を立てた軍人が五、六人立っていた。騎兵銃は三八式歩兵銃とはちがい、銃に剣が装着してあるから、剣を立てればそのまま銃剣になるのである。ここにも群集があつまり、倒れている男を丸太や鉄棒で殴りつけていた。男は既に人事不省になっていたらしいが、それでも苦しさのためか、時々うめきながら軀を動かすと「この野郎まだ生きていやがる」と罵りながら、更に強く殴打した。軍人はそれを黙って見ている。私は倒れている一人の男に近づいて見ると、男の尻のあたりに銃剣で突いたらしい生々しい創あとがあった。

〔略〕大正一一、一二年頃、中国浙江省付近から多数の中国人が、中国産の扇子や蠟石細工の置物などをもって、行商人として来日していた。労力（クーリー）と称する労働者も多くやって来た。その労働者は主に深川辺で集団生活を営なみ、荷揚げ人夫などをして働いていた。そしてこれらの中国人はいずれも支那服を着ていたから、一見して中国人であることがわかった。

〔略〕進開橋付近の路上で虐殺された男たちの服装を見たら、それは私と仲よくしていた中国人の服装と同じであった。当時、思慮のない日本人は朝鮮人暴動説におびえ、朝鮮人、中国人の見境いもなく、やたらに異民族を殺害したものである。

〔略。四日〕この日の朝方、私の立退先の近所に思わぬ惨劇がおこなわれた。それは義兄の家の直ぐ近くに一人の朝鮮人が住んでいた。細君は日本人である。夫の朝鮮人は付近の工場に勤めていて、近所の評判では真面目な人であったという。この朝もいつもの通り工場へ出勤しようとして、朝食の膳に向っていた。その時である。数名の日本人が急にその朝鮮人の家を襲い、一人の日本人が物も言わずに食事中の朝鮮人を殴りつけた。するともう一人の日本人は鳶口をもって脳天深く打ちこんだ。朝鮮人は悲鳴とともに血しぶきを吹いて倒れた。これは「あっ」という間もない一瞬の出来ごとである。細君は何が何やら判らない表情で、目の前で行われた凄惨な出来事に恐怖を感じてか、ただおろおろしているばかりであった。鳶口を持った男は倒れた朝鮮人の顎に鳶口をひっかけ、ずるずると戸外へ引きずり出した。これを見ていた人びとの中には可愛想なことをするものだとつぶやいていた人もあったが、また中には当り前のことだという表情でそれをながめている者もあった。私は偶然にそこを通りかかって、この惨劇を一部始終目撃したのである。

この事件は朝方起ったのであるが、その日から軍隊によって自警団や一般人の凶器携帯者に対する取締りが厳重に行われた。それはそのころ一般人でも護身用と称して日本刀などを持ち歩く者がおり、返って治安維持の妨げとなっていたから、戒厳司令部ではこの処置を執ることになったのである。また同時に朝鮮人暴動説がこの時点になって、はじめて事実無根であったということが判明したからでもあろう。しかし朝鮮人に関する流言はなかなか止まなかった。

義兄の家からややはなれた所に大きな広場があった。今の江東区大島八丁目、富士急行バス営業所のあるあたりである。その広場へ三日の午後になってから、どこからともなく沢山の死体が運びこまれてきた。いずれも惨殺された男女の遺体である。私は四日の朝、その場所へ行って見ておどろいた。屍山血河という形容詞がそのまま当てはまるような鬼気迫る状景であった。ある人は三百体くらいあるだろうといい、またある人は三百体ではきかないといっていた。もとより数えて正確な数字をいっているのではないから、その実数はどれだけあるのか判らないが、とにかく無数という表現を用いても、敢えて過言ではないほど多くの死体が横たわり、その酸鼻きわまること、まことに目を覆うものがあった。この日の朝方私の目撃した朝鮮人の死体もこの広場へ運ばれたのである。

中国の史書を読むと、殷の紂王は生きた妊婦の腹を割いて、中の胎児を見たという記事がある。またわが国でも戦国時代の文献には、罪人や敵の虜を殺すにかなり残虐な方法を用いたことがしるされている。この時広場にころがっていた死体はまさにその残虐な方法で殺されたものばかりであった。紂王が腹を割いたというが、この広場にも腹を割かれた妊婦の死体があった。そのほかにも女性の死体の陰部へ竹の棒を突き差したままのものもあった。首がなかば落ちかかっている死体、撲殺で全身紫色に腫れあがっている死体等々、平時なら到底正視出来ないほどの惨忍さであったが、あの当時は私自身も異状に神経が昂ぶっていたものか、それらの死体一つ一つを見てまわっても、左程嫌悪感や恐怖感を覚えることはなかった。〔その後渋谷西原の友人を見舞う〕

〔五日〕朝、西原をたって大島八丁目にかえり着いたのは夕方ちかくであった。ところがこの日暗くなってから、義兄の家の横道に巡査が立番して、人びとの通行を制止していた。この横道はさきに述べた惨殺死体のある広場に通ずる道路である。私は不審に思いその理由を巡査に聞いたら、今夜、広場にある死体に石油をかけて焼くのだと教えてくれた。その時、巡査は私に向って「あの死体の中には支那人も沢山交っているが、あんなに多くの支那人を殺して、これが後になってから国際問題にでもならなければよいが」と、さも憂い気に語った。

［深川猿江裏町三〇番地＝現・江東区猿江二丁目二番地で被災］

（高梨輝憲『関東大震災体験記』私家版、一九七四年。東京都公文書館所蔵）

真っ赤な川

田畑潔

横浜の中村町周辺は、木賃宿が密集した町だった。木賃宿には朝鮮人労務者が多く住みつき、数百人からいたように思う。［略］一日朝から、朝鮮人が火を放けて回っているという流言がとぶと、ただちに朝鮮人狩りが始まった。根岸橋のたもとに、通称〝根岸の別荘〟と呼ばれる横浜刑務所があって、そこのコンクリート壁が全壊したため、囚人がいちじ解放されていたが、この囚人たち七〜八〇〇人も加わって、捜索隊ができた。彼らは町中をくまなく探し回り、夜を徹して山狩りをつづけたのである。

見つけてきた朝鮮人は、警察が年齢、氏名、住所を確かめて保護する間もなく、町の捜索隊にとっ捕まってしまう。ウカウカしていると警察官自身殺されかねないほど殺気だった雰囲気だった。そうしてグルリと朝鮮人をとり囲むと、何ひとついいわけを聞くでもなく、問答無用とばかり、手に手に握った竹ヤリやサーベルで朝鮮人のからだをこづきまわす。それも、ひと思いにバッサリというのでなく、皆がそれぞれおっかなびっくりやるので、よけいに残酷だ。頭をこずくもの、眼に竹ヤリを突き立てるもの、耳をそぎ落とすもの、背中をたたくもの、足の甲を切り裂くもの……朝鮮人のうめきと、口々にののしり声をあげる日本人の怒号が入りまじり、この世のものとは思われない、凄惨な場面が展開した。

　こうしてなぶり殺しにした朝鮮人の死体を、倉木橋の土手っぷちに並んで立っている桜並み木の、川のほうにつきだした小枝に、つりさげる。しかも、一本や二本じゃない。三好橋から中村橋にかけて、戴天記念に植樹された二百以上の木のすべての幹に、血まみれの死体をつるす。それでもまだ息のあるものは、ぶらさげたまま、さらにリンチを加える……人間のすることとも思えない地獄の刑場だった。完全に死んだ人間は、つるされたツナを切られ、川の中に落とされる。川の中が何百という死体で埋まり、昨日までの清流は真っ赤な血の濁流となってしまった。

　町の捜索隊による、恐るべき私刑劇は、戒厳令がしかれ、甲府の連隊が治安のために乗り込んできた五日過ぎまでつづいた。多くの朝鮮人狩りに〝功績〟のあった囚人たちが、町の人々から〝ご囚人さま〟と呼ばれ感謝されるという幕間劇までついた。彼らは、行くさきざきで、タバコ、米、食物を盗み、酒をむさぼり飲むという暴行をはたらいたにもかかわらず……。（談）

（『潮』一九七一年九月号、潮出版社）

元寺島警察署員の話

田幡藤四郎

九月一日の地震のときは合宿所にいて、すぐ隅田交番にかけつけた。一日の夜は白鬚橋近くの法泉寺で避難民の救済にあたったの。夜の一〇時ごろ「原公園のほうから朝鮮人が二、三〇〇来る」って騒いだわけ。避難民のだれかが言ったのだろう。「それじゃ大変だ」ってわけで自警団の連中があっちに行こう、こっちに行こうって言うから、それはいけないって一時押さえて「とにかく寺島警察署に行って、そんなことはあろうはずがないから聞いてみるから」って出かけたの。〔略〕警察署に行ってみたら「心配はないからむこうに帰って説得してくれ」って。それで、いままでの情報はただの風説だからってしずめたの。だから自分の警戒区域にはなんの事故も起きていないんだ。

〔略〕九月二日には自分の交番に帰った。このときにはもう騒ぎはおさまりがつかない。流言蜚語で住民が極限状態になっているんだ。常識じゃ考えられない状態だ。交番にずっといた相棒の巡査は流言を信じこんでいて、自分で朝鮮人を引っ張ってくる。そしてこれを持っていたからって、役者が持つような刀を見せるんだ。「こんなもの切れるわけじゃない。おもちゃじゃないか」って言っても、「とんでもない、刺せば切れる。お前は朝鮮人の味方か」って夢中になってる。警官の同僚までそうなんだから、一般の人が騒ぐのはあたりまえだ。交番の裏には在郷軍人がずっとテントを張っていた。

［略。その朝鮮人を寺島警察署に連れて行く途中で］いつのまにか鳶口を持ったりなんかして、あっちからもこっちからも集まってくる。［略］まわりを取り囲んで、一間もある鳶口でやられるでしょ。だから防ぎようがないんだよ。引っ掛けられて引っ張られて、結局死んじゃった。いけないって阻止したって聞くわけじゃない。何人もで右を止めれば左から出る。制止したって制止しきれるわけはない。いきりたってる。

［当時、寺島警察署（現・墨田区）管内隅田交番勤務］

（関東大震災時に虐殺された朝鮮人の遺骨を発掘し追悼する会編『風よ鳳仙花の歌をはこべ――関東大震災・朝鮮人虐殺から70年』教育史料出版会、一九九二年）

関東大震災

津村夢生〔利吉〕

九月二日は京浜地区に戒厳令が敷かれた。夜は、暗闇の街角に、一面の焼け跡を背に、警備兵が物々しく立哨するようになった。清澄庭園の出入り口も同様警戒態勢が敷かれた。

九月上旬の早朝、園内で人騒がせの出来事が起きた。〝朝鮮人騒ぎ〟である。何者かが突然大声で「朝鮮人だあ」と叫んだので、てっきり来襲かと直感した。一瞬、騒然となったが何事もなかった。

また、朝鮮人が焼け跡の井戸に毒を入れて歩いている、という噂も流れた。

ある昼下がり、所在なさに当てもなく、歩いて十数分の高橋の夜店通りへ行った。すると、焼け跡の路上に見るも無惨な朝鮮人と覚しき惨死体が三つ四つ横たわっていた。一人は仰向けに、両腕を左右に開き、両拳を握り締め、歯を剝き出し、口からは真っ赤な血が噴き出していて、正視出来るものではなかった。思わず顔を背けて立ち去った。

（津村夢生『回想・わが半生の点描——人生旅の一里塚』創栄出版、一九九三年）

純労働組合と大震災

戸沢仁三郎

〔前夜、兵士を交えた亀戸署〔現・江東区〕の逮捕をのがれて、五日朝〕請地を横切りましたさい、ここでついに昨日自警団の立話を現実に見せつけられてしまいました。それは、池をとりまく人たちが兇器を手にし、喚声をあげていました。もう朝からこんなことをやっているのです。私は急ぎ足でそばを通過しました。いうまでもなく、それは朝鮮人を池へ追い込み、手を合せて助けを乞う者を惨殺するのです。

請地につづく向島の法泉寺は、大島の羅漢寺と同様の大きい寺で、私はこの墓地を横切ったとき、その空地には惨殺死体がいっぱいで、墓道にまでおよんでいました。大島の羅漢寺ではこれ以上だろうと思ったりしながら、私は、手や足をふまないように気をつけて、死体をまたいで逃げました。

〔社会運動家〕

〈『労働運動史研究』一九六三年七月「震災四十周年号」、労働旬報社〉

朝鮮人の虐殺を目撃

二橋茂一

〔一日〕父の友人である大島八丁目〔現・江東区〕の野原さん宅へ行ったのです。野原さん一家は私の無事を喜んでくれ、夜は裏の畑に畳を敷き、蚊帳を吊って寝ることにしました。私は大変に疲れていたので早目にやすみましたが、夜半に遠くから聞こえるときの声で目を醒ましました。おばさんは、朝鮮人が井戸に毒を入れるので、男たちは警戒に出たと言い、ときどき聞こえるかん声は、朝鮮人を追う声だと申しました。

翌日朝、近所の人びとが走って行くので、なにごとかと見ますと、警官が一人の男を連行していくのを一団の群衆が、朝鮮人、朝鮮人と罵りながらとり巻いています。そのうち群衆は警官を突きとばして男を奪い、近くの池に投げ込み、三人が太い丸太棒を持ってきて、生きた人間を餅をつくようにボッタ、ボッタと打ち叩きました。彼は悲鳴をあげ、池の水を飲み、苦しまぎれに顔をあげるところをまた叩かれ、ついに殺されてしまいました。一団の人びとはかん声をあげて引き上げました。

するとまた別の一団がきて、死んでいる彼を池から引きずり出し、かわるがわるまた、丸太棒で打ち叩きました。肉は破れ、血は飛び散り、人間の形のなくなるほどに打ち、叩きまた大声をあげて引きあげました。死人を鞭打つという言葉の通りで、そのときの惨状が今も私のまぶたに残っています。

〔当時一五歳〕

（関東大震災を記録する会編、清水幾太郎監修『手記・関東大震災』新評論、一九七五年）

目の前の惨劇

林英夫

当時、渋谷常盤松〔現・渋谷区〕にあった農大に籍があった私が被災したのは、霞町のほうにちょっとよった高樹館という下宿の一部屋。不安のうちに明けた翌二日、町内に住んでいた某という予備役の陸軍少将が、早朝から仲間といた私たちのほうへやってきて、

「きみら若い連中は、さあ、これをぶら下げてそのへんを警戒し、朝鮮人とみれば片っ端からたたき切ってしまえ!」と数本のドス、日本刀を指すのでした。

〔略。二日〕夕方近くまで、麻布・赤坂・六本木あたりを歩きまわった。私たちにわか自警団の戦果は皆無。それどころか、恥ずかしいながらみずから手にしているヌキ身の白さが、しだいにこわくなってくる。もしほんとうに朝鮮人暴徒にでくわしたとき、切りかかり切り損じて自分の脚でも切り落としたりすると、すっかり物笑いになるなどと考え始めると、急に不安にかられ、浮き足だってしまいました。

そのときです。暗くなりかかった霞町の角を、私が二ノ橋のほうに渡ろうとした途端、いきなり二、三メートル先の路地からふたつの黒い影が飛び出してきた。夜目にも、そ

れとわかる労働者風の朝鮮人たちです。はっと身構えようとした私の目前で、つぎの瞬間に起こったできごとが、しばらくは、私にはよくのみこめませんでした。

ヤミの底に、たったひとこと「ギャッ」という彼らの断末魔のうめきがのこりました。彼らの背後をつけてきた二名の兵士が、グサリ、背中から銃剣を突きさしたのでした。兵士たちは、なにひとつなかったような表情で私の立ち止まっているまえを通り過ぎて行きました。（談）

（『潮』一九七一年九月号、潮出版社）

関東大震災の思い出

原田勝見

何日かたつと恐ろしい流言がありました。それは朝鮮人が暴れる話で、この事が少年の頃の私に一番恐ろしかった事です。町内では自警団をつくって警備しました。特に井戸の中へ毒を投げ入れるとかで、夜などは提灯をつけて井戸を見張るのです。しかし私の知っている限りでは朝鮮人は暴れませんでした。ただこんな所を見ました。朝鮮人らしい人が焼け跡の死体から金の指輪を指ごと切り取っているのです。

南千住警察署の裏庭に朝鮮人が後手にしばられて三〇人程おりました。私は恐る恐る板べいの穴からのぞき見をしました。何人かの朝鮮人が目かくしをされて立たされ次々と銃で打ち殺されたのを見ました。大きなわめき声を今でも憶えております。

［当時中学一年生、南千住（現・荒川区）に住む］

（震災記念日に集まる会編『関東大震災体験記』震災記念日に集まる会、一九七二年）

血にうえた軍隊——わたしの虐殺現場の目撃

福島善太郎

——二日の昼下がり、私は市川〔千葉県〕の町へ入る十町余り手前の田圃道を、途中で配給された玄米の握り飯で腹をこしらえて歩いていました。ついぞ見たこともない大型の陸軍飛行機が、幾度となく炎熱の空を飛んで行きました。国府台の騎兵が幾組となく、避難民の列を引き裂いて、砂塵をあげて駆け走ってゆくのでした。

〔略〕「朝鮮人を兵隊が叩き殺しているぞっ！」不意に私の耳に激しい叫喚が響いてきました。

「暴動を起こそうとした片割れなんだ！」

「太え野郎だ！　畜生」

「うわぁっ！」

今まで引きずるようにして歩いていた避難民の群衆が、恐ろしい叫びをあげて、勢いよく走りだしました。つい私もつりこまれて走っていました。そして一町近く走ったとき、群衆の頭越しの左側の田圃の中で、恐ろしい惨虐の事実をハッキリと見たのです。

粗い絣の単衣を着た者、色の燻んだ菜ッ葉服を着た者達が七人、後ろ手に縛りつけられて、しかも数珠つなぎになって打っ倒されていたのです。彼等はたしかに朝鮮人だったのです。何か判らない言葉で、蒼白になって早口に叫んでいました。時には反抗的な態度でもがきながら起き上ろうとします。

「ほざくな野郎！」

突然、一人の兵隊が、銃剣の台尻を振りかぶったと見るや、一番端でやたらにもがいていた男の頭の上にはっしと打ち降ろしました。

「あっ」

さすがに群衆に声はなかったのです。そして一様に顔をそむけました。やがて恐る恐る視線を向けたときには、頭蓋骨はくだかれて鮮血があたり一面に飛び散り、手足の先をピクピクと動かしていました。

「あははは、ざまあ見ろ！」

不意に血を浴びた兵隊が、高々と笑いました。彼の眼は殺戮者のみの持つ野獣的な殺気に輝いていました。

「こいつら、みんな叩き殺しちまえ！」

「よし来た！　畜生！」

「やいっ！　不逞鮮人奴！　くたばりやがれ！」

十人余りの兵隊が、一斉に銃剣や台尻を振りかぶりました。と………おびただしい血が、飛沫となってあたりに散りました。兵隊たちももちろん返り血を浴びて、形相凄く突っ立っていました。

［略］この一篇をよむ人たちの中に、あの二日の午後二時前後に、市川へ渡る橋の手前数町のところで、この事実を目撃した人たちが必ずあるに違いない。

胸を貫かれて、かすかに空を仰いだだけで息絶えた者、二の腕をほとんど切り落とされんまでに斬られて、泥田の中へ首を突っ込んでもがいていた者、はちきれそうな太股がザクロの割れたように口を開いていた者、断末魔の深い呼吸を、泥と一緒に吸いこんだのか、胸を苦しげに大きく波打たせていた者——等々の光景を、いま思いだしてもぞっとします。

［当時二〇歳］

（日朝協会豊島支部編『民族の棘——関東大震災と朝鮮人虐殺の記録』日朝協会豊島支部、一九七三年）

関東大震災の時、戒厳令、虐殺

松崎濱子

〔根岸で被災した〕私たち母と子はしばらく秩父〔埼玉県〕の田舎へいくことになり、着物の重ね着をし手回り品をカバンにつめてあるきだしました。赤羽ぐらいまでいけば汽車に乗れるだろうと線路にそって歩きましたが、荒川にかかる鉄橋が真ん中で落ち、通れません。赤羽には軍の工兵隊があってそこの兵隊が、立ち往生している人びとに「明日はなんとか渡れるようにするから今夜は工兵隊に泊れ」というのです。みんなぞろぞろ土手を兵舎に向かってあるきだしました。

と、うすぐらい土手の桜並木に朝鮮の人が一本の桜の木に一人ずつ縛りつけられているではありませんか。そのまわりを兵隊がサーベルをガチャつかせながら、「今夜こいつらをぶった切るんだ」といきまいていました。私は恐ろしくてみないようにして通りましたが、その人たちはもう声も出ず、時どき足をバタバタさせるぐらいです。むごいことです。恐ろしいことです。

私は家を離れる前「朝鮮人がそっちにいったぞ、井戸に毒を入れるぞ」と叫んで走り回る自警団をみていました。試験管に井戸水を入れ、振りながら怪しいと首を傾ける白衣の薬局のおじさんもいました。私はその井戸の水を飲んでいましたが、なんでもありません。［略］私の父も顔つきが悪かったのか、耳が遠くて返事が遅かったのか、あちらこちらで呼びとめられ脅かされたそうです。私はこの時いらい軍隊に疑問をもち、兵隊が嫌いになりました。

［当時一〇歳］

（松崎濱子『すそ野をゆく――オルグ活動六十年』学習の友社、一九九一年）

関東大震災その後

松村君子

朝鮮人騒ぎには怖い思いをしました。井戸に毒を入れたとか、襲ってくるとかそんな話が伝わって、みんなで警戒しました。よそ者を見つけては近所の若者が朝鮮人かどうか調べていました。君が代を歌えと言われて、東北から来た人は訛ってうまく歌えず、朝鮮人と間違えられたとも聞きました。

私も見ました。つかまって後手に針金で結わかれて隅田川に投げ込まれたのを。でも、どうかすると足だけでもうまく泳げます。しかし、逃げようとするところを、伝馬船に乗っている若者が鳶口で頭をたたく。血しぶきが立ち、そのうち沈んで行きました。

震災騒ぎが収まってから、日本堤警察署〔現・台東区〕が犯人探しを始めて、朝鮮人を殺した者を留置所に入れました。あわてて近所のおばさんが来て、

「うちの子はみんなを守るためにやったんだから、警察には言わないでおくれ」

と言っていました。オールバックだった髪を丸坊主にした人もいました。変装か謹慎か分かりませんけれど。

押し入れに一か月も隠れて行方をくらました人もいたと聞きます。

［本所（現・墨田区）の会社から白鬚橋そばの三条様の屋敷に避難］

（松村君子『思い出は万華鏡のように——浅草橋場・北千住　明治・大正・昭和・平成』松村英司・朝日新聞出版サービス、二〇〇四年）

振りおろされたトビ

美田賢二郎

なにしろ天下晴れての人殺しですからねぇ。私の家は横浜にあったんですが、横浜でもいちばん朝鮮人騒ぎがひどかった中村町に住んでいました。

そのやり方は、いま思い出してもゾッとしますが、電柱に針金でしばりつけ、なぐる、ける、トビで頭へ穴をあける、竹ヤリで突く、とにかくメチャクチャでした。

何人殺ったかということが、公然と人々の口にのぼり、私などは肩身をせまくして、歩いたものだ。そのなかでも、川へ飛び込んだひとりの朝鮮人を追って、日本人が舟で追う光景は、今でもはっきりと脳裏に焼きついています。

しばらく水中にもぐっていた朝鮮人が水面に顔を出したのは五分もたってからです。行方がわからず、やみくもに舟を進めていた日本人は、頭を出した朝鮮人に向かって全速力で突進を開始した。このようすに気づいた朝鮮人は瞬間的に逆方向へ泳ぐ、その形相のすさまじいこと。だがどんなに体力に自信があるとはいえ、しょせん舟にかなうわけはない。朝鮮人の頭めがけてトビが飛ぶ。ブスという音とともに血が吹き出し、みるみるあたりは真っ赤に染まっていく。それでも気がすまないのか、トビで引っかけた朝鮮人をズルズルと舟へ引き寄せると、刀で斬りつける。竹ヤリで突く、全身ズタズタにしてしまった。もはや、ぐったりとなった朝鮮人の顔は、肉がはじけとび、すでに人間の顔のかたちをとどめていない。川岸で、その惨状を見ていた私の背中を冷たい汗のしずくが流れ落ちた。くやしかったことでしょう。(談)

(『潮』一九七一年九月号、潮出版社)

その日の江東地区

湊七良

三日から大島三丁目〔現・江東区〕の古い友人の二階を仮の宿にした。近くの大島製鋼所方面でピストルの射撃する音が聞えてくる。朝鮮人さわぎではないかと直感した。とにかく出てみた。大島製鋼所の周辺に葦の生えた湿地帯があった。その付近で、憲兵がピストルをかまえてなにかを探し、追及している構えであったので、私はその憲兵に何を探しているか問うたところ、飲料水に毒を投げた鮮人がこのアシの中に逃げ込んだというのである。

とうとう憲兵と自警団〔在郷軍人団〕に追い詰められて二五、六歳の青年が、頭をうちぬかれて無惨に殺されてしまった。

亀戸の五ノ橋に朝鮮人婦人のむごたらしい惨死体があるから見て来い、といわれた。女であろうと男であろうと、死んだ人を見るのはごめんだったが、見て来いとすすめたのには特異な理由があった。それに近くもあることだから行って見た。一と目見て血の気が失われるような身ぶるいを覚えた。惨殺されていたのは三〇ちょっと出た位の朝鮮婦人で、性器から竹槍を刺している。しかも妊婦である。正視することができず、サッサと帰って来た。一体この女性をこのような残酷な殺し方をしたのは吾々と同じ日本人だろうか。また殺してからこういうことをやったのであろうか。とにかくこの惨殺体のことは考えないことにした。

〔略〕本所区亀沢町〔現・墨田区〕都電車庫の焼跡に針金で後手に縛られて三〇位の美男の青年が、座っていた。二人の憲兵がそれを護っている。この美男鮮人は毒を投じたというのだ。やがて憲兵はどこかに連れ去った。

その日は九月四日頃だ。両国河岸の食糧品倉庫から避難民が、ビール、缶詰などの食料品を略奪している。吾々も三人で同調して担げるだけ持ったはよいが、パトロール中のお巡りに見つかって全部取り上げられてしまった。

その食糧品倉庫のところに来たところ大変な惨虐が展開されているところであった。地点は安田邸の下流一〇〇メートルほどの隅田川岸で、針金で縛した鮮人を河に投げては石やビール瓶などを放っている。それが頭や顔に当ると、パッと血潮が吹きあがる。またたくうちに河水が朱に染って、血の河となった。

罪なき者を！　罪なき者！　と悲痛な叫び声が今でも耳朶に残っている。これをやっているのが、理性を失った在郷軍人団の連中であった。それから目と鼻の先きに安田邸の焼跡がある。川に面した西門と横川の南門とがそのままに保たれていた。その南門のところに、またこの物語りの残酷な光景が描き出されていた。五、六人の鮮人が、例のごとく針金でゆわえつけられ、石油をぶっかけて火をつけられている。生きながらの焚殺だ。［略］現実に見たのはこのときが初めてだ。人数も五、六人と書いたが、勘定しているゆとりなどない。それにこの人達は半死半生の態で気力を失っていたのか、それとも覚悟していたのか、隅田川に投げ込まれた人々のようにひとことの叫びもしなかった。ただ顔をそむけて去る私の背後にウウッ‼というめきの声が、来ただけだ。

［略］大島三丁目などは焼土化から免れた。私が仮宿していた友人の家の近くに、中華民国の当時苦力と呼ばれていた労務者が大勢居住していた。鮮人の虐殺を見て帰途、錦糸堀に来ると、路上に浅黄の中国服を着た若者の死体が転っていた。大島三丁目の中国人寮にいる人だ。

当時は江東方面の川といわず、いたるところ死屍がごろごろしていた。錦糸堀終点の電車の中に、真黒焦げになって死んでいる人が沢山焼電車に乗ったままになっていた。この中華民国の苦力の死は勿論、地震によってまねいた自然死でなく、自警団の犠牲によるものである。この死体の腰に、大きなウナギが針金でぶら下げてあったのが印象的であった。

［社会運動家］

（『労働運動史研究』一九六三年七月「震災四十周年記念号」、労働旬報社）

自伝より

山本芳蔵

〔一日〕火の中をくぐりぬけ、漸く〔浅草〕公園に辿りつくと、既にこの一帯も焼け落ちて自警団が組織され、手に手に鉄棒を持って関所をつくっている。不逞鮮人の潜入を防ぐのである。自分も日本人である事を認められ、関所は通してくれ、君もすぐ自警団に加入するよういわれたが、いまの所はいれないと断った。

〔略〕その夜は一睡もせず夜を明かした。上野方面から朝鮮人が向っているから注意せよとの情報が自警団にくる。公園内に入る者は片っぱしから調べ、朝鮮人らしき者にはザジズゼゾといわせる。怪しいと思うものは、交番裏の空家へ押し込む。

　翌二日になって警官が取調べの上釈放するが、自警団が承知しない。二、三人でこの釈放された男を鉄棒でなぐりつける。男はヒーヒーと悲鳴をあげる。四、五歩歩くとばったり倒れる。それへかさにかかって大勢で鉄棒でなぐる。頃を見て針金でしばり、まだ焼残っている火の中へほうり込む。これを繰り返し、繰り返しするのである。無惨な殺し方をしたものである。〔神田柳原〔現・千代田区〕の洋服店で被災。浅草公園へ避難〕

（山本芳蔵『風雪七十七年』私家版、一九七七年）

ガギグゲゴをいってみろ！

和智正孝

避難した隅田川畔にともった荷足舟は糞尿運搬船であった。一日の夜半であった。朝鮮人が押しかけてくるから男は皆んな舟から上がれ！　大声で奴鳴る声にハッと目が覚めた。合乗りの友人金敷君の弟がガタガタ震えている。

私達は糞で汚れているムシロを頭からかけてねたふりし上がらなかった。人びとは朝鮮はドコダドコダといいながら白鬚橋の方向へ行った。

向島の土手方面からダンダンと二、三発の銃声らしい音が聞えた。夜明けちょっとまえ白鬚橋方向から多声の「万歳！」「万歳！」という声が聞こえた。

二日の朝は明けた。

舟上へ恐る恐る立ち上がり白鬚橋をのぞめば、両ランカンには避難者が、その中央を浅草方面から向島方面へゾロゾロと群れつづいている。

八時頃友人と二人で舟から上がり、白鬚橋へ行ってみた。両側のランカンには向こう鉢巻に日本刀、竹槍、猟銃など持った人びとが避難者へスルドイ目を向け、「帽子を取れ！」と奴鳴っている。

「彼奴が怪しい」

即製自警団の一人が四五、六の男を指した。

「なるほど奴の後頭部は絶壁だ！」

一人がわめいた。

「鮮人に間違いない」

口々にガヤガヤいいながら、日本刀、竹槍、こん棒がこの男に近づき列から引き離した。

男は突嗟に何もいえずブルブル震えている。

「貴様どこからきた」

「…………」

「コラ！　何処へ行くのだ」

「…………」

「返事をせんか。この野郎！」

「お前朝鮮だろう」

「…………」

「ガギグゲゴをいってみろ」

件の男は絶体絶命、必死になってなにか東北なまりでボソボソいうのだが、恐怖のあまり舌がもつれて声になりそうもない。

「こ奴、怪しいぞ！」

「朝鮮人だ！」

「やって仕舞え、ヤレヤレ」

いつのまにか男は荒縄で高手、小手にしばられている。らんかんに押しつけられた男は急に大声で泣きだした。

「コラ、泣いても駄目だぞ。井戸に毒を入れたり、火をつけたり、津波だといって空巣を働いたり、太い野郎だ。勘弁できねえ！」

「問答無益だ。殺って仕舞え」

「ヤレヤレ」、一同騒然とした。

白服をよごし半焼けの帽子にあごひもをかけ、左手に崩帯をしている巡査が来た。白サヤの日本刀を持った四十年輩の遊人風の男がこの巡査に近づき、

「旦那、こ奴、朝鮮の太い野郎です。殺ってもいいでしょう？」

巡査はやれともやるなともいわず、疲れ切った顔で避難民と一緒に行き過ぎた。

号泣する例の男にとって返した遊人風が、「それやって仕舞え」というと、三、四人の与太公が竹槍でこの男の腹を突いたが、手がすべって与太公は橋のらんかんにいやというほど顔をぶっつけた。白サヤの日本刀氏がヘッピリ腰で男のみけんに切りつけた。糸の様に赤いスジがみけんについた。しばらくするとパックリ口があいてダラダラと血

が流れた。

半殺しのこの男を二、三人の若者が隅田川へ投げ込んだ。

付近の自警団員が声をそろえて「万歳、万歳」と叫んでいる。

夜半からの不思議な万歳、万歳という声の正体がやっと判った。万歳の声から推して二〇～三〇人の人びとがぎゃく殺されてたのだろう。

川のなかの男はいったんしずんだが浮かび上がってきてプッと水をふき出し、懸命の声をふりしぼり、「俺ら朝鮮でないよ。タタ助けてくれ」

立派な日本語であった。

「まだ生きていやがる」

といいながら舟頭が舟を出し、竹槍の与太公三、四人はふたたび浮かび上がった男に一斉に竹槍で川底へ押し込んだ。

「ほんとに朝鮮かしら」。金敷君の声にハッと我に返った私は無中で帰路についた。

「コラ、待て！」
三、四人が後を追ってくる。
「待てというのに判らぬか」

私の前を立ちふさいだ自警団員の群から次々にスルドイ声が飛んだ。

「お前、何処から来た」

「どこへ行く」

「ガギグゲゴをいってみろ」

もう駄目だ、全身から血が引きヘナヘナとその場へ座り込んだ。殺される！

「この野郎、どこからきたというのに判らぬか」

背中をけられた。

「おい、和智君、どうしたのだ」

「なんだお前、この男知っているのか。朝鮮じゃないのか」

人びとは一人去り二人去り気がついた時は私に声掛けてくれた土地の若者が立っていた。腰が抜けて立てない。

これは私の直接の体験であるが、このほか朝鮮人については友人から以下のようなことをきいている。四ツ木橋の近く、自警団や野次馬が口々に「こいつが毒を投げたんだ」と叫びながら、身体をぐるぐるに縛られた中年の朝鮮の女が、手足おさえて、あおむけにして、トラックで轢いた。まだ手や足がピクピク動いていると、「おい、まだピクピク動いている、もう一度」といってトラックで轢殺したということである。

とにかく震災時には、朝鮮人が数多く殺されたが、それに劣らず、狂乱状態に陥った自警団や与太者に日本人も殺されたことは記憶しておかなくてはならない。

（日朝協会豊島支部編『民族の棘――関東大震災と朝鮮人虐殺の記録』日朝協会豊島支部、一九七三年）

関東大震災の追憶

渡辺良雄

警察電話が鳴るので受話器を取って聴くと、「ただ今、東京市内から来た朝鮮人と市川の砲兵隊が、江戸川を挟んで交戦中です」との情報が入った。これが流言の最初であった。私は、平和であった東京に大変なことが起ったと思いながら、元吉署長にその旨を報告した。九月二日の午後のことであった。私達は、東京からの避難民を、船橋小学校の雨天体操場や習志野捕虜収容所や兵舎等に誘導収容して、不眠不休の活動が続いた。

九月四日になると、色々な事実無根の流言が飛びかった。「朝鮮人が約二千人、浦安町に上陸して、自転車隊となり船橋の無線電信所を襲撃する。警戒せよ！」「船橋の三田浜海岸に、朝鮮人が数隻の船で上陸する。警戒せよ！」「只今、中山で警官と朝鮮人が衝突し、多くの怪我人が出た。」「朝鮮人が、東京で井戸に毒薬を入れたり、婦女暴行騒ぎ等があって大変だ。」その他、色々な流言が飛んだが、警戒したり調査すると、根も葉もない流言であったことが判明した。

［略］色々な流言に迷い、各所に自警団が組織され、消防団、一般住民、さらに東京方面からの避難民も加わり、日本刀を持ち出す者や竹槍を携えるものもあり、物情騒然た

るものがあった。また、鉄道線路に押し掛けて、列車に停車を命じて車内を捜索する等、治安は極度に乱れた。

一方、関東地区に戒厳令が公布されて武装した軍隊が各所に配置され、船橋無線電信所の警備や市川橋や行徳橋等には、実砲着剣の軍人が通行人を尋問していた。そして各地で、流言で迷わされた軍人に、朝鮮人や言葉の明確でない日本人も相当射殺された。

［略］

大正一二年九月四日午後一時頃、元吉署長から、「北総鉄道に従事していた朝鮮人が、鎌ケ谷方面から軍隊に護られて船橋に来るが、船橋に来ると皆殺しにされてしまうから、途中で軍隊から引継いで、習志野の捕虜収容所に連れて行くように。」と命ぜられた。私とほか数人の警察官が出掛けて行き、天沼の付近まで行くと、騎兵が前後について手を縛られている朝鮮人約五〇人位が列をなしてやって来た。私達はその騎兵に手を拡げて、「この人達を我々に渡してくれ！」とお願いした。すると騎兵隊は、「船橋の自警団に引き渡せと命令を受けて来たので、駄目だ。」と聞き入れてくれなかった。（みると、みんな針金でしばられていた。みんなつながっていた。）

「もし船橋に行くと皆殺しにされるから、引き渡してくれ」と、押し問答しているうちに、ちょうどその時、船橋駅付近で列車を停めて検索していた自警団や、避難民の集団に発見された。警鐘を乱打して、約五〇〇人位の人達が、手に竹槍や鳶口等を持って押し寄せて来た。私は、ほかの人達に保護を頼んで、群集を振り分けながら船橋警察署に飛んで戻った。署に着いて元吉署長にその状況を報告すると、署長は、「警察の力が足りないので致し方ない。引き返して、状況をよく調べて来てくれ。」と命ぜられた。私がすぐ引き返して行くと、途中で、「万歳！　万歳！」という声がしたのでもう駄目だと思った。現場に行ってみると、地獄のありさまだった。保護に当った警察官の話では、「本当に、手の付けようがなかった。」とのことであった。調べてみると、女三人を含め、五三人が殺され、山のようになっていた。人間が殺される時は一カ所に寄り添うものであると思い、涙が出てしかたがなかった。後で判ったことであるが、船橋の消防団員が、朝鮮人の子ども二人を抱えて助け出し、逃げて警察に連れて来たとのことだった。少しは人の情というものが残っていたと思った。五三人の屍体は、付近の火葬場の側に一緒に埋めたが、その後、朝鮮の相愛会の人達が来て、調査するとのことで屍体を焼却して散乱してしまった。

［略］九月二〇日頃から、自警団、その他の殺人犯人の検挙が開始された。私達は、重大問題が起こるなと心配しながら、浦安町や行徳町方面に早朝出張して、犯人多数を連行してきた。その時、船橋町の稲荷屋という料理屋に、千葉から裁判官と検事や書記が来て二階に陣取っていた。彼等は、連行して来た犯人を次々と呼び出し、検事から最初に、「君は執行猶予にする。」と予言して、取調べを始めた。すると犯人は、素直に犯行

を認める。そこで、隣に控えている判事の手に渡すと、判事は「お前は二人殺したか。それでは懲役二年、執行猶予三年に処する。わかったか。」「控訴するか。」と判事が犯人に尋ね、「控訴しません。」と答えが返ると、「それでは帰ってよろしい。」というような処置が行われたので、私達はこれを一日裁判と呼んだ。

〔当時、船橋警察署（千葉県）巡査部長〕

（千葉県における関東大震災と朝鮮人犠牲者追悼・調査実行委員会編『いわれなく殺された人びと――関東大震災と朝鮮人』青木書店、一九八三年）

公的史料に残された記録

警視庁『大正大震火災誌』一九二五年より

各警察署の「流言及び自警団の取締」報告

芝高輪警察署

管内に行われたる流言は、鮮人に関するものと、大本教に関するものとの二種あり。鮮人に関するものは、九月二日午後四時三〇分頃始めて伝わりしものにして、「不逞鮮人等大挙して大崎方面より襲来せんとす」と称し、民心これが為に動揺せり。即ちその真相を究めんが為に、各方面の警戒と偵察とに当りしが、同五時頃小林某は、鮮人と誤解せられ、白金台町に於て群集の為まさに危害を加えられんとするを知り、その鮮人にあらざるを戒諭してこれを救護せり。

なお六時三〇分頃、大崎署管内戸越巡査派出所付近の空家内に、群集の迫害を受けたる四七名の鮮人が蟄伏せるを発見し、直にこれを検束して保護を加えしが、会〻品川駅長の警告なりとて「社会主義者と不逞鮮人とは相共謀して井戸に毒薬を投入せり」と伝えるものあり、よりて更に警戒を厳にすると共に鮮人の動静を監視せし［略］

又大本教に関する流言は、九月七日に至りて起りしが、這は牛乳配達掃除夫等が心覚えの符号を各所の板塀、家屋等に記し置きたるを見て、同志に示さんが為の暗号なりと誤解し、遂に大本教に陰謀ありとの流言を生ぜしものにして、けだし数年前に於ける同教の疑獄に対する記憶が、非常時に際して復活すると共に、動揺せる民心の反影としてかかる錯覚を来せるものなるべし。しかれどもただ一時の現象に留り、鮮人暴動説の如く多大の刺戟を民衆に及ぼす事なかりき。

赤坂青山警察署

九月二日午後四時頃、「鮮人の放火団体は、青山方面に襲来すべし」或は、「再び強震あるべし」等の流言いずこよりともなく宣伝せられて、人心頓（とみ）に不安に陥るや、所謂自警団の成立を促し、同日の夕刻、帝大教授某理学博士を鮮人と誤認し、明治神宮表参道入口付近に於て、まさに危害を加えんとせるを、署員の救護により辛うじてこれを免れしめたるが如き、或は、北町五丁目なる某家の押入中に放火せる鮮人ありとの急告によりて、これを調査せしに、羅紗洋服地布片の焼け残りを発見せり、けだし同人が火災時に外出せる折、火気を防がんが為に拾得し来れるものにして、その臭気を嗅ぎたる付近の民衆は、これを出火と速断し、やがて又鮮人の放火なりと誤りたるが如き、その事例に乏しからず。

然るに翌三日午後六時半頃に至りては、更に、「大本教信者は爆弾を携帯し、数台の自動車に分乗して、まさに帝都を襲わんとす」との流言すら起り、倍々、民心の動揺を来せしが、同四日午後一一時三〇分、青山南町五丁目裏通方面にあたり、数カ所より警笛の起ると共に、銃声、また頻りに聞えるに至りて、鮮人の襲来と誤認し、一時騒擾を生じたりしが、その真相を究むれば、付近邸内なる、月下の樹影を鮮人と誤認して警戒者の空砲を放てるものなりき。

爾来本署は、流言に就きて厳重なる偵察を遂げたる結果、その誤伝に過ぎざるを確めたるを以て、自警団の取締に着手すると共に、流言に惑うべからざるを説きて、民衆の反省を促せしも、容易にこれを信ぜざりしが、やがて警視庁の命令によりて戎兇器の携帯を禁じその押収に着手するや、民衆はこれに反対し、「氷川神社方面には、鮮人等暴行を逞くせる事実あり、いわんや、三軒茶屋付近に於ては、鮮人との闘争既に開始せられたるに於ておや。この時にあたり、身を衛り、衆を護らんものは、唯武器あるのみ、もし、万一の変起らば、警察署は、能くこれを撃退して生命財産の安全を保障するを得るか」とて、本署に来りて署長に肉薄するもの少なからず、即ちその事理を戒諭し、更に各団体の幹部と懇談するに及び、漸次、その意を得るに至りしが、疑心、未だ全く解けず、「青山墓地には、夜間密に鮮人等の潜伏して、陰謀を企つるものあり」との説行われたれば、誤解を一掃せんが為に、同五日午後八時、鷺・大森両警部補に命じ署員数十名を率い、歩兵第二連隊の一個大隊と協力して、一斉に厳密なる検索を実施せしが、遂にその隻影だに見ず［略］

本郷駒込警察署

九月二日午後二時頃に至りて流言あり、曰く「今回の大火災は概ね不逞鮮人の放火に原因せるものにして、赤坂青山・深川の諸方面に於てはその現行を取押えたる者多し」と。人心これが為に稍々動ける折しも、幾もなく「鮮人は毒薬を井戸に投じたり」との風説さえ伝わりて、鮮人に対する迫害漸く行われ、早くもこれを捕えて本署に同行するものあり、就きてこれを検するに爆弾なりとせるものはパイナップルの缶詰にして、毒薬なりとせるものは砂糖の袋なりき。しかるに夜に入るに及び、「下谷池之端七軒町は既に猛火の襲う所となり、今やまさに根津八重垣町に於てその威を揮えり、管内は到底全焼を免れざるべし」との流言起り万一を慮りて避難の用意に着手するもの少なからず、混乱の状益々甚し、しかれども延焼の流言は下谷方面の鎮火に依りて自ら消滅したれども、鮮人に関するものに至りては漸次拡大せられ「鮮人等は左袖裏に赤布を纏い、或は赤線を描けり。警察官や軍人に変装せり。鮮人の婦人は妊婦を装い、腹部に爆弾を隠匿せり」など言える蜚語漫に行わるると共に、自警団の粗暴なる行動相次いで演出せられ、同三日午後二時頃駒込追分町に於て通行人四名に重傷を負わしめ、五日には公務を帯びたる輜重兵中尉を嫌疑者として本署に拉致せるなどの事ありしのみならず、戒厳令を誤解して、警察権はすべて軍隊に移れりと為し、眼中また警察なきに至る、［略］

品川警察署

九月二日午後二時二五分、横浜方面より来れる避難者に依りて恐るべき流言始めて宣伝せらる、曰く「横浜の大火は不逞鮮人の放火に原因するもの多し、而して彼等は団結して到る所に掠奪をほしいままにし、婦女を姦し、残存の建物を焼き尽さんとするが如く、暴虐はなはだしきを以て同市の青年団・在郷軍人等は県警察部と協力して防御中なり、彼等の集団は数十名乃至数百名にして、漸次上京の途に在るものの如く、神奈川・川崎・鶴見等各町村の住民を挙げて警戒に従えり」と真偽未だ詳かならずといえども又等閑に付すべからざるが故に、ただちにこれを警視庁に報告すると共に、署員を大森・六郷川鉄橋付近に急派して形勢を視察せしめたるに、大森付近に於ては不逞鮮人等既に六郷川鉄橋付近に迫れりと称し、在郷軍人・青年団員等は防御の為に六郷川方面に出動せりとの事なれども、その真相は詳かならず、而して鉄道沿線に避難中の群集は恐怖の余り東京方面に遁るるもの多しとの報告あり、かつこれと相前後して
①鮮人約二、三百名、或は銃を携え、或は白刃を持して横浜方面より東京に向わんとす、
②鮮人約二千名は既に六郷の鉄橋を渡れり、
③軍隊は鮮人の入京を防がんがために六郷川岸に機関銃を備え、在郷軍人・青年団員の多数亦出動してこれに応援せり、

④軍隊のために六郷川において阻止せられたる鮮人は、更に矢口・玉川方面に向えり、
⑤東京・横浜における火災は概ね鮮人と社会主義者とが共謀して爆弾を投じたる結果なり等云える流言また伝わりて人心兢々たり。

かくて不安に襲われたる民衆は、疑心自ら暗鬼を生じて、牛乳・新聞の配達人、肥料汲取人等が心覚えの為に路次に記し置きたる符号をも、鮮人が放火・殺人又は毒薬の撒布を実行せんがための目標なりと信じて、益々動揺するに至れり。

これにおいて本署は管内警備の必要を認め、警戒隊を編成して大井町に派遣せしが、この時にあたり、民衆は戎兇器を携えて各所に屯在するもの、或は百名、或は数百名に上り、いずれも鮮人の不逞行為を誤信してこれに当らんとするなり。

しかれども本署は固くその軽挙を戒め、万一事変起らば警察の応援機関たらん事を諭告する所ありしが、民衆は容易に耳を傾けず、相率いて鮮人を迫害し、同日薄暮八ツ山下において爆弾所持者なりとて一名の鮮人を捕えて重傷を負わしむるに至りしが、これを調査するに爆弾なりと信じたるは大和煮の缶詰と、二瓶の麦酒とに過ぎざりしなり、かくのごとくにして婦女子等は難を本署に避けて保護を求むるもの少なからず、しかるに民衆の鮮人を捕えて本署に同行するもの多きに及び、婦女子を諭して荏原神社境内に収容せり。

かくて鮮人に対する人心の動揺は日を遂いてはなはだしく、九月四日大井町方面にお

いては鮮人既に管内に入れりとて警鐘を乱打するものあり、警戒隊馳せて現場に赴けば、横浜より来れる七名の鮮人と一名の同胞とを包囲せる多数の民衆は将にこれに危害を加えんとして闘争中なりしかば、即ち民衆を戒めて鮮人等を保護検束したるに、幾もなくして品川橋南側において鮮人を殺害せりとの報告に接し、直に署員を急行せしめたるに、実は猟師町の一青年の鮮人と誤解せられ、瀕死の重傷を負えるなりしかばこれを品海病院に護送して手当を加えたれども数時間にして絶命せり。この外大井町の某々等二名の内一名は同町において殺害せられ、一名は重傷を受けたり、而してまさに迫害を受けんとする鮮人を救護して本署に収容せるもの四七名に及べり。

既にしてまた流言あり「鮮人を使嗾する者は社会主義者なるべければその患を除かんにはこれを応懲するにしかず」と。時に要視察人某は同志十数名と共に大井町に住し、某雑誌を発刊し居たるが、これを知れる民衆はこれを危険視して注意を怠らざりしが、会々(たまたま)某等もまた自警団員としてその任に就けるの際、部下の某は兇器を忘れたりとてその寓に到りしに、門戸堅く鎖して開かざるを以て、板塀を乗りこえて屋内に入りしが、これを見たる民衆は鮮人が主義者の家に来りしものと誤解してこれを殴打して昏倒せしむるに至れり。

かくて要視察人の身辺また危険なるを慮り、遂に某々等を始め数名を保護検束し、かつ某は曩に負傷せるを以て応急手当を加えたり。

渋谷警察署

九月一日午後四時に至りて説を為すものあり、曰く「管内に接近せる芝区三田三光町衛生材料廠の火災はまさにこれと相隣れる陸軍火薬庫に及ばんとす、火薬庫にしてもし爆発せんか、その一方里は惨害を被るべきを以て速に避難せざるべからず」と。宮澤署長はこれを聞くと共に署員をして偵察せしめ全くその憂なきを確めたれば民衆に諭して漸くその意を安んぜしむを得たりしに、翌二日午後四時頃「鮮人約二千余名、世田谷管内に於て暴行を為し、今やまさに管内に来らんとす」との流言あり、これに於て各所に自警団体の組織を見るに至りし為、署長即ち署員を玉川方面に急派せしが、その途上駒沢村新井付近に於て鮮人二〇名が自警団の為に迫害に遭わんとするを見て直に救助し、一旦本署に護送せる後、更に進みて神奈川県高津村に赴きたれども、事実の補足すべきものなし。しかれども民衆は固く鮮人の暴行を信じて疑わず、遂に良民を鮮人と誤解して世田谷付近に於て銃殺するの惨劇を演ずるに至り、騒擾漸く甚しく、流言また次第に拡大せられ、同三日には「鮮人等毒薬を井戸に投じたり」といい、果ては「中渋谷某の井戸に毒薬を投ぜり」とてこれを告訴するものありたれども、就きてこれを検するに又事実にあらず、更に同日の夜に及びては或は「鮮人が暴行を為すの符牒なり」とて種々の暗号を記したる紙片を提出し、或は元広尾付近にその符牒を記せるを見たりとて事実を立証するものあり、人心これが為に益々動揺してほとんど底止する所を知らず、自警団の警戒また激越となり戎・兇器を携えて所在を徘徊し、かつ縄張を設けて通行人を誰何せるのみならず、挙動不審と認めらるるものは直に迫害せらるるなど粗暴の行為少なからざるを以て〔略〕

同八日に至り「鮮人等下広尾橋本子爵邸に放火せり」との訴えあり、これを臨検するに何者かが同邸の便所に放火せしを直に消止めたるなり、尋て「中渋谷某の下婢が凌辱せられたり」との訴えあり、これを臨検するにその四肢を緊縛せられて同家の玄関前に横わり居しが凌辱の事実なく、又鮮人の犯罪にあらず、尋て同一一日、「下渋谷平野某の雇人高橋某鮮人の為に殺さる」との訴えあり、これを臨検するに殺害は事実なれどもその手を下したるは平野にして所持金を奪わんが為に兇行を敢てせるなり。

寺島警察署

九月二日午後五時「不逞鮮人等四ツ木橋付近に集合し、放火その他の暴行を為さんとす」との報告あり、ただちに署員を派遣したるに避難せる鮮人一六〇人を発見せしかばこれを検束して保護を加えしも、民心の動揺甚しく、鮮人にして自警団の為に本署に同行せらるるもの同三日既に二三六名に上れり。

亀戸警察署

九月二日午後七時頃「鮮人数百名管内に侵入して強盗・強姦・殺戮等暴行至らざる所なし」との流言行わるると同時に、小松川方面に於て警鐘を乱打して非常を報するあり、事変の発生せるものの如くなれば、古森署長は軍隊の援助を求むると共に署員を二分し、一隊をして平井橋方面に出動せしめ、自ら他の一隊を率いて吾嬬町多宮ヶ原に向いしに、多宮ヶ原に避難せるおよそ二万の民衆は流言に驚きてことごとく結束し鮮人を求むるに余念なく、闘争・殺傷所在に行われて騒擾の衢と化したれども、遂に鮮人暴行の形跡を認めず、即ち付近を物色し鮮人二五〇名を収容してこれを調査するにまた得る所なし、而して民衆の行動は次第に過激となり、警察官及び軍人に対してまで誰何訊問を試み、又は暴挙に出でんとせり。しかるに鮮人暴行の説が流言に過ぎざることようやく明かとなりたれば、同三日以来その旨を一般民衆に宣伝せしも肯定する者なく、自警団の狂暴は更に甚しく鮮人の保護収容に従事せる一巡査に瀕死の重傷を負わしめ、又砂町の自警団員中の数名の如きは、良民に対して迫害を加えたる際、巡査の制止せるを憤り、これを傷けしかば、直に逮捕したるに、署内の留置場に於て喧騒を極め、更に鎮撫の軍隊にも反抗して刺殺せられたり。

［略］亀戸町柳島新地の某は平素より十余名の乾分を養いしが、この日兇器を携えて徘徊せるを以て、本署巡査のこれを制止するや、直に抜刀して斬付しかば、同巡査もまた

やむを得ず正当防衛の手段としてこれを斬殺せり。かつ流言蜚語を放ちて人心を攪乱し、革命歌を高唱して不穏の行動ありしが為に、九月三日検束せる共産主義者数名も是日留置場に於て騒擾し、鎮撫の軍隊に殺されたるが如き、以て当時管内に於ける情勢を察するに足らん。

八王子警察署

九月二日午後四時頃に至り、鮮人暴行の流言始めて管内に伝わりて「多数の鮮人原町田方面に襲来し、同地の青年団及び在郷軍人等と闘争中なり」「原町田方面より来る鮮人約二五〇名は相原町を侵したる後、更に片倉村に入り婦女を殺害せり」「鮮人二〇〇余名原町田方面より由木村方面に進撃せんとす」「鮮人約四十名七生村より大和田橋附近に来り青年団と闘争を開き、銃声頻に聞ゆ」等言える風説を為す者あり。而して片倉村の住民三〇名は恐怖して本署に避難せるを始めとし、各地民衆の来りて援助を請うもの少なからず、これに於て本署は署員を数隊に分ち、寺町・八幡町・由木村・片倉村・子安村等に派遣し、更に相原・原町田方面を偵察せしめたるも徒らに民衆の騒擾するを見るのみにして遂にその事実を認めざりしかば、これを民衆に宣伝し、又巡査派出所・出張所及び市町村役場等に掲示して誤解の一掃に努めたり。

会々午後一一時頃、八王子市役所の吏員来り、人心鎮撫の為に軍隊の出動を求むる事に就きて本署の同意を促したれども、本署は必要を見ざるのみならず、むしろ流言の信ずべからざるの事を周知せしむるにしかざる旨を答えてこれを斥けたり。

　この日五日市分署管内に居住せる鮮人一〇名は、横浜よりの帰途八王子市萬町に於て自警団員数百名の包囲する所となりて死地に陥れるを救助し、保護・検束を加えしが民衆の流言を信ずるの念は容易に除去する能わず、戎兇器を携えて各所に横行するに至れる［略］

神奈川県警察部編『大正大震火災誌』一九二六年より

各警察署の「流言蜚語及自警団の取締」報告

山手本町警察署管内の状況

（一）、根岸町相沢及山元町方面に於ては九月一日午後七時頃鮮人約二百名襲来し、放火、強姦、井水に投毒の虞ありとの浮説寿警察署管内及中村町及根岸町相沢山方面より伝わるとて、部民の一部は武器を携帯し、警戒に着手し、該浮説は漸次山手町及根岸桜道方面に進行伝播せり。

（二）、根岸町柏葉方面に於ては同一日午後八時頃中村町方面より前記の説伝わり、同地青年団員は該説を直信して部民に警戒を伝えたることありという。

（三）、同町鷲山方面は同一日午後八時頃中村町相沢方面より鮮人襲来の流言伝わり、各自警戒に当れり。

（四）、根岸町立野方面に於ては同一日午後八時頃本牧町大鳥谷戸及箕輪下方面は鮮人のために放火され、目下延焼しつつあり、また大鳥小学校に鮮人二、三百名襲来鉱山用の爆弾を所持するを以て各自警戒を要すとの浮説本牧方面より伝わり、根岸町字仲尾及同矢口台方面に伝播せり。

（五）、本牧原及矢口方面は同二日午前一一時頃根岸刑務所より解放囚人及不逞鮮人等大挙当地に襲来し、暴挙、放火の虞あり、警戒を要すとの浮説加会方面より伝わり、これに加え海嘯の再来説加わり、一層人心をして恐怖の念を抱かしめ、該流説は同日漸次各方面に伝播せるものの如し。

（六）、山手町谷戸坂方面は同二日正午頃鮮人襲来、井水に投毒しつつあるを以て飲用水に注意を要すとの浮説本牧方面より伝わり、新山下町方面に伝播せり。

小田原警察署管内の状況

三日午前七時頃避遭難者等により京浜地方の朝鮮人暴行の流言を伝える者あり、やがて刻一刻に蜚語盛んとなり殊に在郷軍人の服装をなし宣伝するものありしによりて部民はこれを信ずるにいたり、函嶺を越えて静岡県方面に避難せんと、旧東海道を歩行し、五人あるいは八、九人隊伍を組みて陸続通過しつつありてこれらは何れも腕に赤布を巻き付け甲斐々々しき扮装をなすも、食に窮して小田原付近避難民に飢を訴えて食を乞うものあり、不安に駆らるる避難民は京浜間の状況を知らんとしてこれを尋ねるに至り、避難通行者は京浜方面に於ては横浜刑務所の解放により囚徒は八方に出没し、宛然猛虎を放ちたるが如く在住鮮人等は隊伍を組みて財物を掠奪し、或は婦女に対して獣欲を遂ぐるが如き事件各所に起り、これに憤慨したる罹災民は手に武器、兇器を持し、自警団と称して団体を組織し、鮮人その他不逞者に備えつつあり、現に戸塚方面までの通行路には各所にその団体の活動を目撃したりとの説をなしたるより、たちまち小田原町一帯に伝わりて益々人心恟々たる折柄漸次不逞の徒及不逞鮮人は小田原方面に侵入し来るべしとの誤報伝わるに至りたり、当署は交通、通信機関の破壊によりこれが真偽を糺すに由なく九月三日午後七時頃より前羽村及国府津町酒匂川河畔に巡査二名及消防組員四、五名を交代に勤務せしめ置きたり、偶々九月三日午後七時頃部内居住鮮人二名、食をもとめんと小田原町を徘徊するや、罹災民等は不逞鮮人襲来せりと誤報を伝えたりしも、警察署に於てこれを保護し、また大磯署より鮮人保護の目的を以て伝逓押送し来りたるありてこれを松田署に押送するや、不逞鮮人逮捕と早合点するものさえ顕わるるに至りたる矢先き松田方面より函嶺に向いたる避難通行者によりて、午後三時足柄村多古付近の井戸に毒薬を投たしるが如き、流言蜚語伝わり取り調べたるも、鮮人の出没毒薬投入の形跡なく、これが事実の周知に努めつつありしに午後一一時頃に至り、酒匂川畔に鮮人約五〇〇名来襲せりとの誤説伝わりまた居住民は武器、兇器を持してこれに対抗せんとしたるも、当署に於てはさきに配置したる巡査との連絡を採りつつありし故に、これが虚報なるを説きて人心の安定を計りたるため、何ら殺傷事件の発生を見ざりしが、流言蜚語はかくして京浜方面より東海道筋を漸次西方に伝播せり、同署管内に於ては九月三日午前五時頃京浜方面よりの避難民により宣伝されて箱根、湯河原方面に流布せられ、いずれも殺気立ちたるに際し土肥村に於ては多数鮮人土工の居住者多きより、居住者もまた神経過敏となりたるに、九月四日午後六時たまたま鮮人土工と日本人土工の喧嘩より鮮人の暴行と誤認し、遂に五人を殺傷するに至りたる状況にして、九月三日より五日に至る短期間なりといえども、部内一般部民はこれがため恐威を感じ婦女子の夜間通行者なきのみならず灯火を得るに困難なるものありしと、鮮人の襲来を恐れて灯火を滅するなど、当時の人心は恟々たりしも六日に至りこれら鮮人騒ぎもようやくその声を絶つに至れり。

長岡熊雄編『横浜地方裁判所震災略記』

横浜地方裁判所、一九三五年より

「震災日記」小野房子〔検事 小野廉平未亡人〕

〔二日〕夜に入りて土地の青年団のもの「鮮人が三百名ほど火つけに本牧へやって来たそうだからもの言って返事しないものは鮮人と見なして殺してもよいとの達しがあった、皆んな注意しろ」と叫びふれて来るあり。

ようやく命拾いしとおもうまもなく、また火つけさわぎとはと涙さえ出ず。

またつづきてどなり声きこゆ「屈強の男は集まれ、鮮人三名この避難地へまぎれ込んだからさがすんだ」〔略〕すぐ側にわっとさけぶ声す。大勢のたくましき漁夫は手に手に竹槍いずこにて見つけしか長刀などひっさげ何やらかこみて「そんなやつ殺せ」「ころすな、他にまだ二人仲間があるから証人にしろ」などめいめい勝手なことをわめきおれり。遂に我等の前までおいつめ来り一度(ママ)その時、「許してください。私は鮮人じゃありません」と泣き声きこゆ。

如何にしてのがれしか海水の方へにげ出しぬ。気のあらき漁師たちは「そら逃げた、やっつけろ」と、とびの如きものにてひっかけその男は遂に半死半生にていずこかに引かれて行きたり。
人一人殺さるるを目の前に見し我等の心は想像の及ぶべくもあらず。
後にてよく聞けば彼は日本人にして避難民の荷物に手をかけしためなりと。その夜は鮮人騒ぎにおびやかされねもやらず涙さえかれて空しくあけ方をまつ。

「震災手記」玉井忠一郎〔判事〕
同人〔親戚の浅川氏〕の話では裁判所は全潰、在庁の人々は全滅、街は朝鮮人が非行を働くのでこの場合警官の手が廻らずどしどし私刑に処している、現に公園の横で朝鮮人十数名殺されていたのを見て来た。橋という橋は大概焼落ちて自分等は山を廻りどうとかしてここまで来た。往来は甚だ危険で武器を携帯しなければ歩かれぬ、との事であった。その浅川氏が私の宅〔北方町大神宮山〕からさらに山道を廻って久保町の自宅へ帰る途中、山の降り口で鮮人と間違えられ自警団の者に殴られ傷を負ったのは気の毒の事だ。

「震災遭難記」長岡熊雄〔部長判事〕
〔二日朝〕事務長に向いランチの便あらば税関附近に上陸し裁判所の焼跡を見て司法省に報告したい、と話したが事務長は「陸上は危険ですから御上陸なさることは出来ない」という。何故危険かと問えば「鮮人の暴動です。昨夜来鮮人が暴動を起し市内各所に出没して強盗、強姦、殺人等をやっている。ことに裁判所附近は最も危険で鮮人は小路に隠れてピストルを以て通行人を狙撃しているとのことである。もし御疑あるならば現場を実見した巡査を御紹介しましょう」という。

私は初めて鮮人の暴動を耳にし、異域無援の彼等は食糧に窮しかくの如き凶暴をなすに至ったのであろうと考え、事務長の紹介した県保安課の巡査（その名を記し置いたが何時かこれを紛失した）に逢いその真偽を確かめたところ、その巡査のいうには「昨日来鮮人暴動の噂が市内に喧しく、昨夜私が長者町辺を通ったとき中村町辺に銃声が聞えました。警官は銃を持っていないから、暴徒の所為に相違ないのです。噂によれば鮮人は爆弾を携帯し各所に放火し石油タンクを爆発させまた井戸に毒を投げ婦女子を辱むる等の暴行をしているとのことです。今の処御上陸は危険です」という。

私は「市内の巡査はどうしたのか」と尋ねましたら「巡査も大多数は焼け出されて何処へ行ったか判らず、残っている者も飢餓に苦み活動に堪えられないのです」という。

ああ無警察の状態か、天何ぞ我邦に災することの大なると心の内になげいていた。

［略。三日］生麦から鶴見に行く。この辺の壮丁も抜刀又は竹槍を携えて往来している。路傍に惨殺された死体五、六を見た。あまり惨酷なる殺害方法なので筆にするのも嫌だ。事変のため人心が狂暴になるのはやむを得ないがこの辺は火災もないのだ、平素訓練の足りない事がつくづくと感ぜられる。

『浅草区史』より

〔四日午後〕折しも今戸方面に鮮人大挙来襲の報に接したる〔略〕その頃より鮮人に対する流言蜚語甚しく恐怖と不安一層その度を昂め、各町の夜警者は鉄棒又は白刃を提げ何人を問わず誰何する有様にて、はなはだ危険名状すべからず、しかも安寧秩序維持公安保持の職務にある警察官吏によって一層この流言を昂張せしめ不安を愈々大ならしめ、心窃かにこれを憂い鮮人必ずしも不逞の行動をなすに非ず、充分保護を差加え本土人の義と俠を示し出来得る限り愛護を加え、その妄動を戒告するも恬として聞き入るべくもあらず、とりあえず各事務所に向って〔在郷軍人会〕正会員が訓練なき地方民に伍し軽挙盲動を戒むべしと通告し、又一面不安防遏の手段として差当りその範を示す為、向柳原町全体に亘り南元町警察署の諒解を得て分会長監督の下に正会員を基幹とする自衛団を組織せしめ終夜交代一一月二〇日までこれを継続せしめ偉大の効果と実績とを挙げ付近地方民のひとしく賞讃して措かざる所なり。

（浅草区史編纂委員会編『浅草区史・関東大震災編』浅草区史編纂委員会、一九三三年）

「小見川役場報」より

市川橋上の避難者は陸続として殺到し見るも悲惨の極み、加うるに軍隊の戒厳物々しく騎馬の馳せ交いただならず、人々は鮮人の暴挙を叫びて喧々囂々たるの状態である。されどこのままにては救済の途も覚束ないので、何とかして前進の策をとまず市川警察署で状況を尋ねたが、依然として不明なりとのこと、通信機関はと言えば電話も電信も不通だとのこと、止むを得ず更に軍隊の屯所で問合せると途中の危険は保証しかねるが、小松川ならば警備もやや整っているからとのことに活路を得て直に出発して荒川放水路に停船した。

しかしここもまた向うの葦の中、この方の橋の上等死人夥しく鮮血は付近を染めて戦慄せざるを得なかった。

(安田亀一編『大正大震災の回顧と其の復興』千葉県罹災救護会、一九三三年)

「海軍火薬廠爆薬部震災事項に関する報告書」一九二三年九月

①大正十二年九月三日　海軍火薬廠爆薬部　海軍副官殿
　本日赤羽、川口方面の鮮人約四百名当部方面に襲来の情報に接したるため、別紙の通り陸軍省高級副官宛警戒援助を依頼すると同時に、工場員を二分し昼夜内部より警戒に努め居り候　右報告す　(了)
大正十二年九月三日　海軍火薬廠爆薬部　陸軍省高級副官殿
　警戒援助の件本日赤羽、川口方面の鮮人約四百名当部方面に襲来の情報に接したるため、別紙の通り赤羽工兵隊に援助を依頼すると同時に、中山騎兵大尉に依頼の上、滝野川町在郷軍人並に青年団の応援を受けつつあるも、尚応分の御援助方御配慮相煩度右依頼す　(終)
大正十二年九月三日　爆薬部　赤羽工兵隊御中
　鮮人約四百名板橋、赤羽、川口方面より当部方面に向って襲撃せんとする情報に接し候処、当部に於ても全力を尽して警戒防禦に努め居り候も、如何にせん当部に於ては全員二百余名に過ぎざるのみならず、防禦力微弱に且つ防具の設備もなく困難到居り候に

付、特に右御依頼す　（終）

②大正十二年九月三日　海軍火薬廠爆薬部　海軍高級副官殿
報告第二報（大正十二年九月三日午後二時）
巣鴨町在郷軍人会よりの情報　鮮人約数名自動車にて横浜を出発したり　目的は滝野川海軍火薬廠爆薬部を爆発せんとするにあり　（了）

③大正十二年九月三日　海軍火薬廠爆薬部　海軍省副官殿　第三報
第一信　朝鮮婦人約六十名日本婦人の服装をなし飲料井水戸に毒薬を投ずるの企てあるを聞く
第二信　今朝八時陸軍火薬製造所に於て爆発を企てたるを聞きたり
第三信　滝野川商工学校裏に於て鮮人が放火の企てたるを発見し未然に消火したるを聞きたり［略］

（防衛研究所所蔵。のち北区史編纂調査会編『北区史・資料編・現代1』東京都北区、一九九七年）

東京鉄道局

〔二日〕午後七時五〇分抜刀鮮人千名が品川方面へ来襲したとの飛報があったので、右防備打合せのため参謀本部へ貨物自動車一輌を急派すると共に自動車全部を挙げて兵員輸送の手配をした。〔略〕不逞鮮人暴行に対する流言蜚語が伝わり各所共人心恟々として不安に脅かされている折柄、恰も新宿駅には陸軍兵器支廠より関西線津田駅宛の火薬が一部積込まれてあったので右出貨主に交渉し兵員護衛の下にこれを引取らせた。〔略。四日〕不逞鮮人妄動の噂で人心頗る穏で無かったが、本日近衛第二連隊第二大隊第六中隊が東京駅に来着し、ここに大隊司令部が置かれることになったので、一同愁眉を開いて執務することが出来るようになった。

（鉄道省編『関東大震災・国有鉄道震災日誌』日本経済評論社、二〇一一年）

警視庁外事課長広瀬久忠の外務省宛報告「大島町支鮮人殺害事件」

目下東京地方にある支那人は約四千五百名にして、内二千名は労働者なるところ、九月三日大島七丁目〔現・江東区〕に於て、鮮人放火嫌疑に関連して支那人及び朝鮮人三百名乃至四百名三回にわたり、銃殺または撲殺せられたり。

第一回は同日朝、軍隊に於て青年団より引渡しを受けたる二名の支那人を銃殺し、第二回は午後一時ごろ軍隊及び自警団（青年団及び在郷軍人団等）に於て約二百名を銃殺または撲殺、第三回は午後四時ごろ約百名を同様殺害せり。

右支鮮人の死体は四日まで何等処理せられず、警視庁に於ては直に野戦重砲兵第三旅団長金子直少将及び、戒厳司令部参謀長に対し、右処理方及び同地残余の二百名乃至三百名の支那人保護方を要請し、とりあえず鴻ノ台兵営に於て集団的保護をなす手筈となりたり〔以下略〕

（外務省「大島事件其ノ他支那人殺傷事件」のち田原洋『関東大震災と王希天事件――もうひとつの虐殺秘史』三一書房、一九八二年）

内閣府中央防災会議が設置した専門調査会のうち災害教訓の継承に関する専門委員会がまとめた「第3期報告書」の中の『1923関東大震災［第2篇］』より

「第4章　混乱による被害の拡大」「第2節　殺傷事件の発生」

関東大震災時には、官憲、被災者や周辺住民による殺傷行為が多数発生した。武器を持った多数者が非武装の少数者に暴行を加えたあげくに殺害するという虐殺という表現が妥当する例が多かった。殺傷の対象となったのは、朝鮮人が最も多かったが、中国人、内地人も少なからず被害にあった。加害者の形態は官憲によるものから官憲が保護している被害者を官憲の抵抗を排除して民間人が殺害したものまで多様である。また、横浜を中心に武器を携え、あるいは武力行使の威嚇を伴う略奪も行われた。

殺傷事件による犠牲者の正確な数は掴めないが、震災による死者数（一〇万五三八五人）の一～数パーセントにあたり、人的損失の原因として軽視できない。また、殺傷事件を中心とする混乱が救護活動を妨げた、あるいは救護にあてることができたはずの資源を空費させた影響も大きかった。自然災害がこれほどの規模で人為的な殺傷行為を誘発した例は日本の災害史上、他に確認できず、大規模災害時に発生した最悪の事態として、今後の防災活動においても念頭に置く必要がある。［略］

1、殺傷事件の概要

（1）朝鮮人への迫害

［略］軍や警察の公的記録では作業量が大きかった朝鮮人の保護、収容が強調されるが、特に三日までは軍や警察による朝鮮人殺傷が発生していたことが東京都公文書館所蔵の「関東戒厳司令部詳報」の「震災警備ノ為兵器ヲ使用セル一覧表」から確認できる。戒厳司令部が陸軍各部隊からの報告に基づいて作成したこの史料では、軍隊の歩哨や護送兵の任務遂行上のやむを得ない処置として一一件五三名の朝鮮人殺害が記録されている。一方、警察の記録で警察関係者による朝鮮人殺傷は確認できない。しかし、「兵器使用一覧表」には次のような記述がある。三日午後に野戦重砲兵第一連隊の兵卒三名が洲崎警察署の要請で巡査五名とともに朝鮮人約三〇名を移送中、永代橋付近で彼らが逃亡した。隅田川に飛び込んだ一七名を巡査の依頼で兵卒が射殺したが、この際飛び込まずに逃亡しようとした他の朝鮮人は「多数の避難民及び警官の為めに打殺せられたり」。これにより、巡査と民間人が共同しての殺傷行動があり、それは警視庁の公刊の記録に記載されなかったことがわかる。

民間人による殺傷行動についての官庁資料で最も網羅的なものは、震災直後に内務大臣を務めた後藤新平の文書中に残る「震災後に於ける刑事事犯及之に関連する事項調査書」である。これは司法省が作成したもので、火災の原因、朝鮮人犯行の流言、朝鮮人の犯罪、朝鮮人・朝鮮人と誤認した内地人・中国人を殺傷した事犯、治安維持令違反、暴利取締令違反、社会主義者の行動、軍隊の行為、そして、警察官の行為、と章を分けている。一九二三（大正一二）年一一月一五日現在の調査結果を中心に作成されているところから、同年一二月の帝国議会開会を前に議会で問題となりそうな課題について、司法省としての見解をまとめたものと思われる。

この資料によれば、朝鮮人による殺傷事件は殺人二件、傷害三件が記録されているが、すべて被疑者不詳であり、殺人に関しては被害者も不詳である。このため、起訴には至らなかったと考えられる。流言にあった蜂起、放火、投毒等については、「一定の計画の下に脈絡ある非行を為したる事跡を認め難し」と否定している。検察事務統一のため、九月一一日に臨時震災救護事務局警備部で開催された司法省刑事局長主宰の司法委員会会同で、朝鮮人の「不逞行為に就ても厳正なる捜査検察を行ふこと」が決議され、翌日各主務長官の承認を得て実施されている。この方針に従って調査したものの、上述の程度にしか確認できなかったということである。

この資料に挙げられた朝鮮人殺傷事件は、「犯罪行為に因り殺傷せられたるものにして明確に認め得べきもの」として起訴された事件だけであり、朝鮮人が受けた迫害としては一部分にとどまる。九月二日から六日までに発生した五三件の事件で、合わせて朝鮮人二三三名を殺害し、四二名に創傷を負わせたことにより、一一月一五日現在、三六七名が起訴されていた。朝鮮人をめぐる流言の中で、二日夜から被災地の焼け残り地域や周辺部にほぼくまなく町内、部落ごとの自警団が組織され、通行人を尋問し、朝鮮人や怪しいと考えた者に暴行を加えた。〔略〕

なお、この「刑事事犯等調査書」に司法省から陸軍省への問い合わせの回答として収録された事例で、六日午後二時五〇分ごろ、市川町字新田三八九番地先で殺害された朝鮮人一名が、落伍して動けなくなったため、護送兵が「青年団及消防組の首脳者と覚しき者」に引き継いだ後、殺害された事件がある。しかし、これに相当する起訴は行われていない。また、警視庁『大正大震火災誌』（一九二五年七月）によれば、東京府下で警視庁が被疑者を検挙した殺人事件三件（被害者は各一名）が不起訴となっているが、これらの件も、「刑事事犯等調査書」には掲載されていない。このように、当時、官憲が殺傷事件の発生を認知し、あるいは公表した事例でも、犯人を確定して起訴していなければ上述の犠牲者二三三名には含まれない。

朝鮮人被殺害者数の全体について、朝鮮総督府の記録によれば、一〇月二二日現在、内務省は「朝鮮人被殺人員」を約二四八名と把握していた。しかし、朝鮮総督府東京出張員はこれを前提に「内査したる見込数」として、東京約三〇〇、神奈川約一八〇、埼玉一六六、栃木約三〇、群馬約四〇、千葉八九、茨城五、長野三の合計八一三名を挙げている。内務省の把握が部分的であることは、当時の植民地官僚の目にも明らかだった

のである。［略］

（2）中国人の殺傷

［略］「兵器使用一覧表」には、九月三日午後三時ごろ、大島町八丁目付近で野戦重砲兵第一連隊岩波少尉以下六九名と騎兵第十四連隊の一一名が群集と警官四〇〜五〇名が連行した朝鮮人約二〇〇名と出会い、その処置を協議中に騎兵卒三名が朝鮮人の首領三名を銃把で殴打したことから、群集及び警察官と朝鮮人が争闘となり、軍隊は防ごうとしたが、朝鮮人は全部殺害されたという事件が記録されている。これには被殺者が中国人だとの説があるが、軍隊側は朝鮮人だと確信していたという付記がある。これは一件の事件としては震災時に生じた最大の殺傷事件である。

この事件に関しては、外務省記録にも関係文書がある。このうち、現在、国立公文書館アジア歴史資料センターによってインターネット上で画像が公開されている「大島町事件其他支那人殺傷事件」の綴は、外務省内で回覧され大臣、次官をはじめとする関係者の花押が記された文書群である。その冒頭に収録された坪上（貞二）書記官「支那人ニ関スル報道　九月六日警視庁広瀬外事課長直話」には、「九月三日大島町七丁目ニ於テ鮮人放火嫌疑ニ関連シテ、支那人及朝鮮人三百名乃至四百名三回ニ亘リ銃殺又ハ撲殺セラレタリ」とある。また九月二一日、亜細亜局長「支那人王希天行衛不明ノ件」によれば、「本所大島町付近ニ於テ約三百名ノ支那労働者殺害セラレタル事実ハ、九月十六日、警視総監ノ出渕局長ニ言明（正力官房主事熱心ニ之ヲ裏書セリ）セル所」、と警視庁が外交問題となり得る中国人労働者大量殺害事件としてこの事件を外務省に伝えていたことがわかる。そして、一一月八日、亜細亜局出淵（勝次）局長口述とある亜細亜局作成の「王希天問題及大島町事件善後策決定ノ顚末」では「（十一月）七日閣議散会後、内務大臣ヨリ本件ニ付キ相談シ度シトテ外務、司法、陸軍各大臣ノ集合ヲ求メ、四大臣鳩首協議中偶々総理大臣モ参加シテ本件ヲ議シタルガ、結局本件ハ諸般ノ関係上之ヲ徹底的ニ隠蔽スルノ外ナシト決定」したと記録されている。政府首脳は、事件被害者を中国人と理解しながら、公式にはそれを認めないことを決定したのである。

（３）日本人の殺傷

［略］以上、公的記録を見ても、震災直後に殺傷事件が多発したことは明らかである。そして、これらは殺傷事件の全貌を示そうとした調査ではないので、この他にも殺傷事件が発生していたことは確実である。もちろんすべてではないが、軍、警察、市民ともに例外的とは言い切れない規模で武力や暴力を行使したことは、重く受け止める必要があろう。

（中央防災会議災害教訓の継承に関する専門調査会『１９２３関東大震災報告書──第２編』内閣府、二〇〇八年より抜粋。この資料はインターネットで閲覧できる）

編者解説　関東大震災時の朝鮮人虐殺とは何か？

震災発生、流言蜚語発生

一九二三年九月一日に発生した関東大震災時の死者数は次のとおりである。

全体　一〇万五三八五人

そのうち東京　七万三八七人（旧東京市内〔現在の東京二三区の内側約四分の一〕が六万八六六〇人）

そのうち神奈川　三万二八三八人（横浜市内が二万六六二三人）

死者数だけを見ても未曾有の大災害だったことがわかる。生き残った多くの被災者たちは、家を失い肉親を失い火災に追われて途方にくれていた。まだラジオもない時代で、みんな情報に飢えていた。そこに「朝鮮人が井戸に毒を入れた」「放火した」などの流言蜚語が起こった。

流言の拡大に積極的な役割を果たしたのは内務省（警察や地方行政を管轄する官庁）だった。内務省は治安確保のために二日に戒厳令を施行し、三日に船橋の海軍無線送信

所から全国に、

「東京附近の震災を利用し、朝鮮人は各地に放火し不逞の目的を遂行せんとし、現に東京市内に於て爆弾を所持し石油を注ぎて放火するものあり」

という内容の打電をした。また本書の多くの証言にもあるように、地域の警察署・警官なども流言を拡げた。こうして公的機関によって裏打ちされた流言蜚語が被災地を席巻していった。

新聞社による流言の拡大も影響が大きい。テレビもラジオもない当時は新聞が唯一の情報源だったが、被災地では発行不能となっていた。だが震災で被害を受けなかった各地方紙は、主に避難民から伝えられる流言蜚語をそのまま紙面に掲載した。そのためデマが全国に拡大した。

流言の拡大と同時に、武装した軍隊が出動して朝鮮人を虐殺した。『関東戒厳司令部詳報　第三巻』には、「震災警備の為兵器を使用せる事犯調査表」として、二〇件が記載されているが、うち朝鮮人虐殺が半数以上である（残りは日本人・中国人虐殺）。「兵器使用者」は習志野騎兵が最も多い。だがこの表には荒川河川敷で軍隊が機関銃で朝鮮人を殺した事犯等が含まれていないので、これがすべてではない。

なぜ虐殺事件は起きたか

内務省や軍は、なぜこれほど朝鮮人を警戒したのか。一九二三年前後は日本の工業化が進み労働需要が高まっていた時期である。そこへ植民地下の朝鮮で生活に困窮した朝鮮人がたくさん日本に働きに来た。朝鮮では上級学校に進む道が限られることもあり、朝鮮人留学生も東京などの都市部に多く来ていた。一九一九年に朝鮮で起きた「三・一独立運動」の余波も冷めやらぬこの時期、急激に増えた朝鮮人に対して、植民地支配を支える日本の官憲は監視を強めていた。こうした時代背景が虐殺事件の発生につながっている。

だが朝鮮人を最も多く虐殺したのは自警団である。本来なら町を守り人の命を守るはずの集団が、多くの人の命を奪ってしまった。当時は日本人より低賃金で働く朝鮮人・中国人に対して、日本人労働者が排外意識を高めていた時期でもあったのだ。そこへ震災が起き、流言に煽られた自警団が各地で朝鮮人を虐殺した。

犠牲者は何人か？

当時の司法省がまとめた自警団による朝鮮人殺傷事件の一覧表があるが、その前書きには、

「被害鮮人の数は巷間伝うる所甚だ大なるものありと雖も不法に殺傷せられたるもの

第四　犯罪事實個別的調査表

廳名	日時	場所	犯人氏名	被害者氏名	罪名	犯罪事實
東京	九月二日午後十時	吾嬬町亀戸二七五	●中●義外一名	鮮人一名（氏名不詳）	殺人	杉棒又ハ割木ニテ亂打ミ殺害ス
〃	九月二日午後四時半	荏原郡大崎町大字桐ケ谷三四二	●谷川●次外二名	金容宅外二名	殺人未遂	鳶口金槌等ヲ以テ亂打シタルモ殺害スルニ至ラス
〃	九月二日夕刻	吾嬬町放水路四ツ木橋附近	●島●五郎	鮮人一名（氏名不詳）	殺人	鐵棒ヲ以テ毆打殺害ス
〃	九月二日午後五時	世田谷町大字太子堂四二五	●林●二	鮮人一名（氏名不詳）	殺人	猟銃ヲ以テ射殺ス
〃	九月二日午後五時半	荏原郡平塚村大字下蛇窪三五六道路	●山●吉外二名	洪弘祚	殺人未遂	竹槍、天秤棒等ヲ以テ頭部其他ヲ亂打シタルモ殺害スルニ至ラス
〃	九月二日午後九時半	北多摩郡千歳村烏山下田甫	●山●太外十二名	洪基日外十五名	殺人及同未遂	仕込杖鳶口竹槍等ヲ以テ二名ヲ殺害シ十四名ニ創傷ヲ與ヘ
〃	九月二日午後十時	千住町二丁目八四六道路	●川●榮	崔圭石	殺人未遂	仕込日本刀ヲ以テ斬付ケ傷害ス

「震災後ニ於ケル刑事事犯及之ニ関連スル事項調査書」司法省刑事局より

にして明確に認め得べきは別表に示すが如く其の数三百を超えず。加害者は捜査の結果概ね之を明にすることを得たるを以て其の情極めて軽くして処罰の必要なきものの外は之を起訴し其の数実に四百に垂んとす」

と記されている。ここに書かれた「不法に殺傷せられたるものにして明確に認め得べき」という条件から漏れる虐殺事件は多かったのではないか。亀戸警察署内で軍隊が日本人労働運動家たち十四人を殺した事件も、「合法」とされた時代である。当時の「不法」「合法」のラインは極めて曖昧だ。自警団による虐殺犠牲者数が三〇〇人にとどまったとは思えない。それは多くの証言からも推測できるだろう。

それでは虐殺された朝鮮人は何人なのか。当時の日本政府は実態調査を行わなかったので、今日でも正確な人数はわからない。当時行われた唯一の犠牲者調査は、留学生を中心とした朝鮮人自身の手によって行われた。だが「在日同胞被虐殺真相調査会」として成立しかけた調査主体は警視庁から不許可とされたので、「在日本関東地方罹災朝鮮同胞慰問班」という名で活動した。つまり虐殺調査としては禁止された中で密かに調査するしかなかったのだ。その結果が上海の大韓民国臨時政府機関紙『独立新聞』に、虐殺された朝鮮人総数六六六一人として報告された（一九二三年十二月五日）。だが行動の自由を制限された朝鮮人自身による民間調査の正確性に限界があるのは当然だろう。

内閣府の中央防災会議が設置した専門調査会は『災害教訓の継承に関する専門調査会

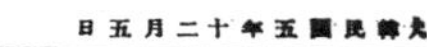

定價 每部郵稅幷五錢
一百部以上은每部先金三錢五厘

廣告料 五號十五字一行三十錢、二號活字는倍額

中國及俄領서는中國銀貨로、美洲서는美貨로、本國서는金貨로

通信處 上海郵務信箱二百八十三號

一萬의犧牲者!!

(本社被虐殺僑日同胞特派調查員第一信)

슬프다七千의可憐한同胞가 敵地에서피바다를이루엇다

希山先生！바람은蕭瑟하고하늘은흐리며구름은暗하고해는따뜻하지못한가을날에

先生과分袂한生等은千辛萬苦中에서九死一生으로十日만에야겨우東土로化한東京에이르러서卽時責任을맛흔地方으로各各헤여젓나이다。그러나先生이想像하실수잇는것과갓치詳細히所任을盡하기는極히困難하엿나이다。그럼으로가을을다지나고白雪이紛紛하는이때에야겨우各地의報告를綜合하야第一次로大綱을적어올니오니더仔細한것은다음便을기다리시고또先生갑한것만푸시기를비나이다。果然生等의生活은甚히不自由하야定處가업사오며通信은더욱不便하야길게告할거를파便宜가업사오니이젓을深諒하여주시기를비나이다。

先生！敵京의慘酷한優은可憐하다는것보다는可哀하겟더이다。그놈들이우리를虐殺한것을생각하면더욱怨하고니가갈니며敵土가全滅되지안은것만恨하나이다。

先生！左記한報告는急急히맛친第一次의調査인데第二次의調査도일의着手하엿나이다。

先生！그러나나는피가끌코피가뛰며가슴이두근거리고눈물이납흘가립어果然붓을들고이것을쓰기에참아못하얏나이다。이것을보는우리사람이뉘가그럿치안으릿가만은붐소리갓흔총장을보매가슴이쓰리며무순으로라고남은고기의자최를차즈매몸이썰이나이다。아아天地가다함이잇슨들우리의싸인怨恨이야가실날이잇스릿가。슬프다이寃讐를갑흘者가누구인가。空山明月夜三更에杜鵑이벌재울거든三千의우리孤魂을잇지마러지이다。구진비가실음업시부리며번개불이는번적지릐는장랑하고요한그음밤에멀니들니는우름소리가잇거든敵地에서寃鬼가된七千 — 아니七千보다도더만은姻婭의哀哭인줄알어지이다。아아봄바람가을비가이떼부터몃번이나이로라는가。다만라는것은우리의한조각붉은마음뿐이겟나이다。

報告

被殺地	被殺人數
龜戶停車場前	一百人
龜戶	二人
大島六丁目	二十六人
同七丁目	六人
同八丁目	一百五十人
小松川附近	二人
同區城內	二百二十人
小松川附近	二十人
同區城內	一人
同區城內	二十六人
平井	七人
淸水飛行場附近	二十七人
八千代	二人
寺島署內	十四人
月島	十一人
三戶地	二十七人
三戶地附近	三十二人
龜戶警察署演武場騎兵二十三聯隊少尉田村刺殺	八十六人
深川	四人
向島	四十三人
寺島濟地	十四人
芝公園	二人
琦玉縣 熊谷	六十人
琦玉縣 本庄	六十三人
千葉縣 船橋	三十七人
千葉縣 法殿村·塚田村	六十人
千葉縣 南行德	三人
千葉縣 流山	一人
千葉縣 佐原	七人
千葉縣 馬橋	三人
琦玉縣北葛飾早稻村大字幸房에서深谷人	十七人
品川停車場前	二人
茨城縣東那須野	一人
宇都宮	三人
群馬縣藤岡警察署內	十七人
琦玉縣寄居	十三人
琦玉縣妻沼	十四人
中野(東京府下)署內	一人
世田谷(東京府下)	三人
東京府中	二人
千葉市	三十七人
成田	二十七人
波川	二人
我孫子	三人
馬橋	三人
千住(東京市內)	一人
淺草區吾妻橋附近	八十人
長野縣과琦玉縣의境界	二人
琦玉縣大宮	一人
同縣神保原	二十五人
荒川附近	十七人
同區城內	一百人
赤羽岩淵(工兵에게)	一人
神奈川縣	千七百九十五人
合計	三千二百四十人

(以上은屍體도못차진同胞)

(以下에記錄하는것은屍體를發見한同胞인데其數一千五百人에至하나余(特派員)가實地로본것은一千一百六十七人其餘三百三十三人은方在調査中)

發見場所	屍體數
神奈川淺野造船所	四十八人
神奈川警察署	三人
程谷	三十一人
井戶谷	三十人
根岸町	三十五人
土方橋로八幡	一百三人
播外지	
中村町	二人
本牧	三十二人
山手町埋地	一人
御殿町附近	四十人
山手本町警察署立野派出所	二人
若屋別莊	十人
新子安町	十人
子安町에서神奈川停車場外지	一百五十人
神奈川鐵橋	五百人
東海道茅崎停車場前	二人
久良岐郡金澤村	十二人
鶴見附近	七人
川崎	四人
久保町	三十人
戶部町	三十人
津間町	四十人
水戶山鴨山	三十人
九月六日頃에習志野軍人營廠	十三人
以上合計	一千一百六十五人
以上累計	四千四百〇五人

上記는第一次調查를終了한十一月二十五日에다시各縣으로부터寄來한報告는如左。

被殺地	被殺人數
東京府	七百五十二人
琦玉縣	二百九十三人
栃木縣	四人
千葉縣	一百三十三人
群馬縣	十七人
茨城縣	五人
神奈川縣	一千五十二人
以上合計	二千二百五十六人
被殺者總合計	六千六百六十一人

大韓民國五年十一月二十八日 피눈물속에서 ○○○上

獨立新聞社希山先生 압헤

悽悵痛切追悼會

虐殺된同胞를爲하야

去十一月十七日夜에開催

今秋敵倭의關東地方에震災가잇슬때에多數한同胞가無故히虐殺됨은임의屢報한바此로因하야去十一月十七日下午七時에上海僑民團主催의追悼會를上海法界三一堂에서開催하엿다定刻이近하매霏霏한細雨를무릅쓰고모혀드는僑民은모다緊張한얼골로써着席하고式場에는「追悼被虐殺僑日同胞之靈」이라는黑質白書의것을掛하엿다無窮花의노래로써開會하야民團總務金朋濬氏의式辭와趙德津氏의被害狀況의簡略한報告가잇서다그다음에仁成學校學生一同의嗚咽한追悼歌와趙琬九氏의痛哀한追悼辭의朗讀은會衆으로하야금큰感動을주엇고一同은모다起立하야靜肅한態度로써默悼의뜻을表한뒤에헤여젓는대時는下午八時二十分이며그追悼辭와追悼歌는左와如하더라

追悼文

나라가망함은갈뉘 서러하지안으리오마는 [illegible]

[illegible]

追悼歌

[illegible]

報告書』の中で、

「殺傷事件による犠牲者の数は掴めないが、震災による死者数の一～数パーセントにあたり、人的損失の原因として軽視できない。」

と記している。関東大震災の死者数から計算すると、殺傷事件の犠牲者数は千～数千人になる。犠牲者数が今日でも不明なのは、日本政府が犠牲者調査を行ってこなかったためであることを、ここであらためて確認しておく。

中国人犠牲者調査との違い

ここで震災時に虐殺された中国人について触れておきたい。中国人に関しては詳細な調査が行われ、誰がいつどこでどう殺されたか、記録が残っている。そのきっかけを作ったのは、王兆澄という人物である。彼は、江東区大島で軍隊により虐殺された僑日共済会会長の王希天の親友だった。彼自身も小石川で暴漢に襲われ負傷したが、なんとか生き延びて十月に上海に帰った。帰国するとすぐ難民委員会を組織し、自ら委員長となって生き残った中国人からの聞き取り調査を行い、上海の各紙に「日人惨殺華工之鉄証」として掲載した。こうした王兆澄の調査をまとめた故・仁木ふみ子氏によれば、中国人被害者総数は七五八名、うち死者は六六七名である。ちなみに当時の外務省は賠償金を中国人被害者五六〇名で試算している。

なお中国人犠牲者の場合は詳細が分かっているため、大規模な遺族会が組織されている。三〇二名の遺族が連署した一〇メートルを超える日本政府あての「連判状」を二年前に私も見せてもらった。

だが朝鮮人の場合は、植民地であったため、生き延びて帰国した人々に発言の自由はなかった。帰国して虐殺事件を伝えた何人もの人が「治安維持令」違反で逮捕・起訴されたという記録が残っている。こうして虐殺された人々の遺族や知人が沈黙を強いられたため、真相は闇に葬られた。遺族は今日に至るまで、肉親の消息を知ることができずにいる。

遺骨の行方

もう五年前になるが、韓国のソウルで講演をした後に「祖父の遺骨を探してほしい」と依頼されたことがある。その人の祖父は関東大震災の時に東京で留学生をしていたのだが、震災後に消息不明となった。「祖母は祖父の帰国をずっと待っていたが、亡くなるまで祖父の行方はわからないままだった。『おじいさんの遺骨を探して同じ墓に入れてほしい』という祖母の遺言を聞き、その後ずっと祖父の遺骨を探しているが、未だ手がかりすらない。協力してほしい」と言われ、帰国してから探してみたが公的史料がほとんど残されていないので見つからなかった。三年前にも別の人から「祖父の兄の遺骨を探してほしい」と頼まれたが、こちらも見つからずにいる。「遺族は今も遺骨を探している。過去の問題ではないのだ」と痛感させられた出来事だった。

犠牲者の遺骨の行方すらわからないのは、日本政府の事件隠蔽方針のためだった。朝鮮総督府警務局が一九二三年一二月に作成した極秘文書の中に、殺された朝鮮人の遺骨をどう「処置」すべきかの政府方針が五項目にわたって書かれている。その最後の項目には「五、起訴セラレタル事件ニシテ鮮人ニ被害アルモノハ速ニ其ノ遺骨ヲ不明ノ程度ニ始末スルコト」とある（国会図書館憲政資料室・斉藤実文書より、朝鮮総督府警務局「大正十二年十二月　関東地方震災ノ朝鮮ニ及ホシタル状況」）。虐殺犠牲者の遺族にとって、あまりに無残な政府方針ではないか。

学ぶべき教訓

今日、一九二三年に起きた関東大震災の記憶を語れる人はもういないだろう。でも過去の災害から学ぶことは多い。とりわけ関東大震災からは、朝鮮人虐殺事件の教訓を痛切に学ぶべきだろう。ところが朝鮮人虐殺事件関連の史料は極めて少ない。とりわけ公的史料はごくわずかだ。それは当時の政府が虐殺事件を徹底的に隠蔽したからである。それでも残された公的史料から知り得ることは多い。本書には東京や神奈川の警察署の報告を一部掲載した。どの署も幻の「朝鮮人暴動」の流言に振り回されたことが書かれている。掲載できなかった他の各署でも同じような報告が羅列されている。

ラジオもまだない時代、そうした流言蜚語はまたたく間に広まった。その結果起きた数多くの虐殺事件を伝えるものは、人びとの証言しかないと私は思っている。関連する公的史料が少ない以上、事件の真相に迫るには証言に頼るしかない。こうした手法を採ったのは、事件の体験者・目撃者から多くの聞き取りをしてきた私自身の経験が大きく影響している。

だがこうした証言史料でも、戦前に発行されたものは伏字［××］が多く、内容がわかりにくい。とりわけ震災直後は戒厳令が布かれており、検閲が一層厳しかった。こうした時代の制約を踏まえて史料は読まれるべきだろう。

また後年自伝等の形で証言を残している人も多いが、著名人以外は一般の目に触れることも少ないと思い、ここに収録した。とりわけ子どもの作文は、見聞きしたことをそのまま書いているので一級の史料だと思う。ただし、『子供の震災記』に関しては、伏字どころか文章の改ざんが行われているので、刊行本ではなく改ざん前の原本を出典とした（詳細は現代書館発行の拙著を参照されたい）。

今でも大きな地震があるたびに外国人を排斥するデマが流れる。「朝鮮人を殺せ！」というヘイトスピーチが大音量で街頭を流れる。日本社会には九五年前と変わらぬ光景が現れつつある。その恐ろしさの一端でも本書で感じていただけたら幸いである。

西崎雅夫

本書は文庫オリジナルです。

本書収録の文章のなかには、著作権継承者に連絡が取れなかったものがあります。関東大震災から九十五年という年月が経過したことと、二〇〇三年の個人情報保護法の発効以降、著作権継承者の追跡に際して関係者の方々が慎重にならざるを得ない環境にありますことをご理解いただき、お心当たりのある方は編集部宛にご連絡ください。

ちくま文庫

証言集　関東大震災の直後　朝鮮人と日本人

二〇一八年　八 月十日　第一刷発行
二〇二三年十二月五日　第三刷発行

編　者　西崎雅夫（にしざき・まさお）
発行者　喜入冬子
発行所　株式会社　筑摩書房
東京都台東区蔵前二―五―三　〒一一一―八七五五
電話番号　〇三―五六八七―二六〇一（代表）
装幀者　安野光雅
印刷所　中央精版印刷株式会社
製本所　中央精版印刷株式会社

ISBN978-4-480-43536-1 C0195